U0529209

内蒙古自治区一流学科中国语言文学学科建设经费资助出版

方以智的艺文活动与学问之道

韩琛 著

中国社会科学出版社

图书在版编目（CIP）数据

方以智的艺文活动与学问之道 / 韩琛著. -- 北京：中国社会科学出版社，2025.4. -- ISBN 978-7-5227-4991-4

Ⅰ. B248.935

中国国家版本馆 CIP 数据核字第 20257FB463 号

出 版 人	赵剑英
责任编辑	石志杭
责任校对	禹　冰
责任印制	李寡寡

出　　版	中国社会科学出版社
社　　址	北京鼓楼西大街甲 158 号
邮　　编	100720
网　　址	http://www.csspw.cn
发 行 部	010-84083685
门 市 部	010-84029450
经　　销	新华书店及其他书店
印　　刷	北京明恒达印务有限公司
装　　订	廊坊市广阳区广增装订厂
版　　次	2025 年 4 月第 1 版
印　　次	2025 年 4 月第 1 次印刷
开　　本	710×1000　1/16
印　　张	19
插　　页	2
字　　数	273 千字
定　　价	98.00 元

凡购买中国社会科学出版社图书，如有质量问题请与本社营销中心联系调换
电话：010-84083683

版权所有　侵权必究

前　言

方以智是明清之际的大思想家，同时还是博物学家、诗人、画家、书法家，还对医学有精深的研究，其艺文活动与学问之道非常值得探究。借本书出版之际，我想趁机聊聊本书的撰写过程。同时，我还想在前言部分为读者朋友介绍一下本书的主要内容。

《方以智的艺文活动与学问之道》是在我的博士论文基础上修订而来的。关于博士论文的题目，我在开题之前与我的导师刘梦溪先生讨论了很多次，我大概前后给了刘先生十几个选题，刘先生都表示还得再商量。终于有一天，刘先生问我能不能写方以智。因为选题的事，我在一年时间里都处于精神高度紧张的状态，突然听到刘先生给了一个选题方向，那时候异常高兴，于是满口答应下来。有了选题方向，我的心气儿很足，很快买来了我能在市面上看到的所有关于方以智的书（包括方以智的著作和研究方以智的著作）。至今我还记得搜购方以智相关文献的场景，我甚至还大费周章地托人去港台的图书馆扫描文献。想要买的文献先后到了，我开始读的第一本书就是《东西均》，当我翻开书的那一刻，我有些不知所措。方以智的书与我看过的中国古书不大一样，他喜欢用偏难怪字，喜欢让读者猜哑谜，更让我感到不适应的是，我好不容易知晓方以智一段话的字面意思，但在文字背后仿佛还有一层意思。我还记得，冬天没有暖气的房间，我读方以智的书居然读到汗流浃背。我慢慢觉察到，以我目前的能力，无论如何也不能支撑我读完方以智的书。那一刻，巨大的无力感向我袭来，我突然间仿佛明白了刘先生的苦心——

刘先生就是想让方以智这样的大学问家打开我封闭、狭隘、自以为是的心！还好我没有放弃。我喜欢和人生中艰难的事情较劲。方以智是"坐集千古之智"的大学问家，他的学问历来以艰涩著称，我心想，我何不趁此机会训练一下自己的思维。方以智的学问会通三教，我不熟悉《庄》，我补习《庄子》；我不懂《易》，我补习《易经》；我不了解禅，我读禅宗史和《佛教十三经》。那个时候，我真是想下些功夫。尤其是《易》，我一个几乎没有经学训练的年轻人，如何可能真正读懂《易》。为了读懂方以智，我只能硬着头皮去学。我比照、参看各种注本，还看了不少今人的易学讲解内容，学着分析卦爻、体会河图洛书与八卦的精微，甚至还尝试用《易经》理论解决现实问题。做学问讲究一个"诚"字，那个时候，我主观上做到了诚心正意。实心读书是一回事，但我深知，我的阅历和年龄还是无法抵达《易经》的深处。

我的博士开题报告提交的题目是"方以智易学新论"，但最终的论证还有很大问题，最终在邢益海、李修建、秦燕春等老师的建议下，我将选题方向换成了方以智的诗书画研究，而我最终的博士学位论文题目则是刘梦溪先生亲自为我敲定的——"方以智的艺文活动与学问之道"。硕士阶段我在西北大学学习古典文学，之后又零碎写过一些书法相关的文章，对于绘画我一直有兴趣，但没有经过系统的学习。趁着这个机会，我又系统检阅了中国绘画的历史，还买了很多画册，尝试体会中国古人在虫鱼鸟兽与山水田园中想要构建的精神世界。

在撰写论文的过程中，我一边阅读方以智的诗集，一边收集方以智存世的书画作品，同时也在关注前辈学者的研究。关于方以智目前学界的研究主要集中在哲学思想领域，梁启超、侯外庐、庞朴等前辈学者都注意到了方以智其人其学的学术价值，还专门撰写了相关文章。中国台湾地区也有不少学人关注到方以智的价值，写了不少有分量的文章。改革开放之后，尤其是到20世纪90年代以后，方以智研究开始逐渐受到学界重视，时至今日，方以智思想的价值已经得到了海内外学人的广泛认可。与方以智的哲学思想研究相比，方以智的艺术方面的研究还比较薄弱,就目前的研究成果来看,前辈学者主要从艺术史、艺术技法的角度对方以智的艺术作品进行研究。方以智是明末清初的大学问家,大学问家的艺文作品一般不仅仅表现艺术技法,通常情况下,他们的作品背后都寄寓着他们的思想。与方以智同时代的八大山人、石涛、傅山、王夫之等人皆是如此。因此,在研究方以智诗书画的过程中,我仔细阅读方以智的诗书画作品,另外,我也希望从他的诗画题跋中看到他的艺文作品和他的学问之间到底有什么关联。令我感到高兴的是,我发现了方以智的艺文作品与他学问之间的关系,正如刘梦溪先生后来告诉我的:"方以智的诗书画是他学问的别体。"

接下来,我再向读者朋友介绍一下本书的主要内容。

绪论部分,首先对方以智的一生作了简要的回顾,继而对本书书名中的"艺文活动"和"学问之道"作了相关界定。最后,对方以智的研究史作了系统梳理,并指出了本书的研究价值与创新之处。

第一章主要探讨方以智的诗与学问。首先主要探讨方以智早年诗歌所呈现出的拟古与创新的双重特点,认为方以智早年写诗主要从拟古开始,与一般拟古之作不同的是,方以智早年的拟古诗不乏创新精神,其诗"为时而著"、能真实表露性情与扩大"兴"之范围即其创新精神的三个显著特征。其次,主要围绕方以智诗歌中的"中边"进行讨论。方以智的"中边"说与其"一在二中"在内在理论上极为相似,而"中边"说与"一在二中"均源于方氏易学。最后,探讨方以智的"中和"说。先从"中和"说的基本概念入手,再结合方以智的具体诗歌作品,指出"诚"是方以智"中和"诗说的前提,而其诗歌中呈现出的"怨"(怨怒)也符合方以智"中和"诗说的范畴。

第二章主要探讨方以智的书法与学问。首先指出方氏书法的学习也是先从临摹前人法帖开始的,在对前人法帖有过系统、艰苦的学习之后,方以智破除了对"法"的执着。其次,探讨了方以智随"时"而变的书学理念和"方圆同时"的审美理想,并指出方以智"方圆同时"的审美理想与方氏易学有很深的渊源。最后,回顾方以智对前人书法作品的赏评，指出书法作品中的气韵精神是方以智更为看重的内容。

第三章主要探讨方以智的画与学问。首先探讨方以智在画论中出现的"顿在渐中""儾儾""不觉一笑"三个画论名词。此后，以方以智的《墨石画册》（又名《奇石图册》）为研究对象，指出此画册寄寓着他无问东西、以奇破执、寓正于奇的学问态度。其次探讨方以智绘画活动中的会通精神，指出会通文人画与院体画、会通中西、会通拟古与写生是其绘画活动具有会通精神的三个显著特征。最后，论述方以智绘画活动中的遗民心绪，揭示方以智与晚明遗民画家的广泛交往以及绘画风格都呈现出浓厚的遗民心绪，另外，方以智晚年的绘画有着"松柏而后凋"的遗民心志，但同时指出方以智晚年绘画并非只有遗民的哀伤。

第四章主要探讨方以智的文道观念。方以智下学上达的文道观念是从传统文道观念中发展而来的，并且对传统文道观念有较大的推动，而且方以智下学上达的文道观与方氏家族的崇实观念比较相似，二者都与方氏易学有密切关联。

第五章主要探讨方以智艺文活动中存在的尚"奇"现象。论述方以智艺文活动中的"奇"到底"奇"在何处，"奇"与"正"的关系，同时结合具体艺文作品探讨方以智在"奇"背后的深厚寄托。

第六章主要探讨方以智艺文活动中的会通精神。首先探讨方以智"公全"与"专偏"的关系，并指出"公全"不害"专偏"，合诸"诸偏"可成就"公全"，这些都是方以智会通精神的两个非常显著的特征，而后又探讨了方以智如何做到思想的会通，分别从合并诸"偏"以至于"全"、以易会通、会通有时三个部分对此问题展开论述。

方以智的艺文作品与他的学问思想一样博大精微。可惜目前学界还未对他的艺文作品有足够的重视。我怀着崇敬的心情，希望学界朋友关注方以智在艺文方面的价值。当然，本书是我进入学术训练之后第一本学术著作，书中对内容和文字一定还有很多不尽如人意的地方。我诚恳希望读者朋友们能够给我更多批评和指正。

目 录
Contents

绪 论 …………………………………………………………… (1)

第一章 方以智的诗与学问 …………………………………… (47)
 第一节 论方以智早年诗歌的拟古与出新 …………………… (49)
 第二节 论方以智的"中边"说 ……………………………… (72)
 第三节 "怨怒皆中和"——论方以智的"中和"诗说 ……… (89)
 本章小结 ………………………………………………………… (106)

第二章 方以智的书法与学问 …………………………………… (107)
 第一节 学书先从下苦功开始 ………………………………… (107)
 第二节 学书请放下成见 ……………………………………… (114)
 第三节 从随"时"而变到"方圆同时" …………………… (118)
 第四节 学书须有一个开放的心态 …………………………… (125)
 第五节 如何欣赏一幅书法作品？ …………………………… (133)
 本章小结 ………………………………………………………… (138)

第三章 方以智的绘画与学问 …………………………………… (140)
 第一节 方以智画论三题 ……………………………………… (141)
 第二节 方以智的奇石之癖与学问寄寓 ……………………… (153)

第三节　不止于遗民：方以智画事活动中的遗民心绪及其
　　　　精神超越 …………………………………………… (168)
本章小结 ……………………………………………………… (180)

第四章　下学上达：方以智的文道观论略 ……………………… (182)
第一节　方以智对传统文道观的推进与发展 ………………… (182)
第二节　下学上达：方以智艺文活动中的崇实观念 ………… (189)
第三节　方氏易学与"下学上达" …………………………… (195)
本章小结 ……………………………………………………… (200)

第五章　论方以智艺文活动中的"奇" …………………………… (202)
第一节　尚"奇"之癖 ………………………………………… (202)
第二节　为何尚奇？ …………………………………………… (205)
第三节　从"奇""平"融合到思想融合 …………………… (213)
第四节　"奇"背后的深切寄托 ……………………………… (219)
本章小结 ……………………………………………………… (224)

第六章　方以智艺文活动中的会通精神 ………………………… (225)
第一节　"合并诸偏"：方以智绘画中的会通精神 ………… (225)
第二节　"公全"不害"专偏"：论方以智艺文活动中的
　　　　会通精神 …………………………………………… (245)
第三节　何以会通？——论方以智的合并诸偏与以易会通 …… (260)
本章小结 ……………………………………………………… (269)

结　语 ………………………………………………………………… (272)

参考文献 ……………………………………………………………… (278)

后　记 ………………………………………………………………… (292)

绪　论

一　知方以智很难

"知之难乎哉"！真正读懂一个人何其难也，连两百年前的一代鸿儒章学诚都不由发出这样的喟叹。

知明末清初的学人更难。那是一个"天崩地坼"的时代，也是一个学人辈出的时代。频出的政治闹剧、国破家亡的屈辱、多种思想的交替演进都在那个时代同时发生。孟子谈到"知人论世"，我们单单想要了解那个难以用标尺衡量的时代就困难重重，更何况是当时身处复杂境遇的知识人。

知方以智亦难上加难。

方以智的一生是传奇的一生。他童年经历过严格的经史发蒙，又曾主盟复社，流连于秦淮河畔，还经历过为父申冤而跪拜朝门两年的悲怆。明朝灭亡之后，方以智流寓岭南，再次经历从入世到避世的无奈转变，又经历清军逼降的生死考验。被迫逃禅之后，方以智以学问为寄托，力主三教合一，但始终未曾忘却忠臣孝子的儒生本色。康熙十年（1671），"粤难"发作，方以智自沉于惶恐滩头，全节以终。方以智复杂的人生经历、淹通的学问体系、微妙的内心世界，对我们探究其学问的渊源与构成，完整了解其艺术、文学创作与学问之关系，带来重重困难。

方以智跌宕起伏的一生让人称奇，让人不可思议，也让人怆然感伤，我们不妨先回顾一下密之先生传奇的一生。

方以智的艺文活动与学问之道

1611年方以智出生在安庆府桐城县一个官宦家庭，他的祖父方大镇曾任万历朝大理寺少卿，他的父亲方孔炤万历四十四年（1616）进士及第，崇祯朝官至湖广巡抚。在这样一个官宦家庭中，方以智自幼生活条件优渥。

方以智二十岁时，不甘局促里巷，于是载籍出游，至江淮、吴越间，以文会友，参与社事，"与陈卧子、吴次尾、侯朝宗诸公，接东林，主盟复社"（王士禛《感旧集》卷三），俨然为东南名士之魁。彼时方以智还随阮自华学习《离骚》，随陈仁锡学习经史河洛，随陈继儒学习读书明理之教。此外，方以智还遍览师友藏书。对此，方以智在《通雅·释诂》中说：

> 年二十出游，遍访诸藏书家，就钞其目，许借者借之……与卧子定交，问其所藏书，正不必异书也。流寓白门，收焦、顾两家之遗。吴中所刻小说亦多。

方以智还博览钱谦益之藏书，观项仲昭之法帖，欣赏陈继儒、范凤翼等人所藏之书画。方以智结社时期所见所闻后来都成为《通雅》一书的重要资料来源。

在结社东南期间，方以智与西方传教士毕方济等人交往，并且读过《天学初函》等西书，对于当时从西方所传入的各项神学思想与物理知识，方以智更是在《物理小识》等著作中对西学思想予以扬弃之后的吸收。方以智在青年时期与诗社诸子切磋思想、交流学术，又以此为契机，遍览诸家藏书，广博见闻，这些都为方以智日后的艺文和学问奠定了坚实的基础。

方以智二十九岁受学于余飏，同年乡试中榜，次年赴京，中进士第。当时，流寇纷起，海内动摇，方以智之父方孔炤因剿匪不力而遭诬，以坐失军机之罪而下狱。方以智时为新科进士，身怀血疏，日日跪泣于宫门之外几达两年，崇祯帝闻之，叹曰："求忠臣必于孝子之门。"于是乃进用方以智而诏赦方孔炤。父亲被赦让方以智对崇祯帝感激涕零,其对明王朝之忠也有了更具体的表达——建功以报效朝廷。此时正值明王朝覆灭前夕,方以智先上疏以求从军报国,后又力陈救国之策,然而皆为小人佞语所害,终不能舒展其志。彼时之方以智感念君主的拔擢,又哀叹国势之危殆,其经世思想达到顶峰。

甲申之变,明朝覆灭,方以智哭崇祯灵于东华门时,为流贼所俘,拷掠不屈,又乘隙逃抵南京。时弘光政权初立,马、阮乱政,阮大铖与方以智夙有怨隙,于是乃诬以降贼之罪,下令搜捕,方以智仓皇南奔,于患难之中流寓岭南。后值永历帝即位肇庆,方以智以拥戴之功擢任左中允,充经筵讲官,然旋因宦官王坤弄权,罢官求去。其后永历帝屡次以内阁大学士诏起,方以智十诏十辞,从此隐居山林,绝意仕进。彼时方以智的内心是矛盾的。一方面方以智对腐败的永历朝廷颇感失望,欲报国而无门;另一方面桐城老父安危不详,有孝心而孝道难尽。方以智的经世宏愿遭到巨大挫伤。方以智彼时虽想要出家为僧,但方学渐家训不得事佛,方大镇毕生力排异学,让方以智儒不可、为僧不能,方以智只好佯狂避世,以"愚道人"自殇。

永历四年(1650),方以智三十九岁,清兵下岭南,大肆搜捕南明诸臣,方以智为免连累他人,剃发着僧服,从容被捕,清帅马蛟敬其气节,乃听任其出家,并供养于梧州寺。方以智四十二岁时,得清将彭广具文出保,始得度岭北归,方以智归心似箭,欣喜若狂,道经庐山五老峰时,即托名㵑㵑子而著《东西均》一书。是年除夕,方以智抵达桐城,方氏三代终于得以团聚。未料,翌年春,清吏李芃复以降清相逼,方以智斥绝,并直奔南京天界寺礼觉浪道盛为师,随后闭关修行于高座寺看竹轩。方以智四十五时,父卒,于是破关奔丧,庐墓于桐城合山三年。服丧期满,离开桐城而禅游江西一带。

方以智五十四岁时,应于藻、倪震等吉州士人之请,住持青原山静居寺。此后数年,弘法青原,大倡三教合一之旨,所与往来者皆四方名士,声誉日炽。康熙十年(1671),"粤难"发作,方以智受到牵连,自吉州被押赴至岭南受审，舟次赣江时，即于黑夜中自沉于惶恐滩头，全节以终，享年六十一岁。

方以智一生著作宏富，只可惜生逢明清鼎革之际，屡遭患难，是故亡佚者多。今存者，思想史方面有《东西均》《象环寤记》《药地炮庄》《冬灰录》《五位纲宗》《青原愚者智禅师语录》《禅乐府》《周易时论合编》《性故》《一贯问答》；博物学方面有《物理小识》《通雅》；诗文随笔方面有《浮山文集前编》《浮山文集后编》《膝寓信笔》《浮山此藏轩别集》《博依集》《流寓草》《痒讯》《瞻旻》《流离草》《借庐语》《鸟道吟》《建初集》《合山栾庐占》《五老约》《正叶》《药集》；声韵方面有《四韵定本》；医学方面有《医学会通》《内经经络》；其他尚有《青原志略》《庐墓考》《印章考》等书。

受清代政治高压政策影响，方以智的著作大都晦涩难懂，尤其是其晚年的著作《周易时论合编》①、《药地炮庄》、《东西均》、《易余》以及《浮山文集》等书，不仅难字僻字较多，而且还充斥着大量典故，更重要的是，其文风诡谲，其所提出的"均""∴"等富有原创性的哲学思想几乎不适合用文字阐释，这些都为我们理解方氏著作增添了难度。又，方以智的学问是会通一体的，很难将之割裂开来而单独研究，也就是说，方以智本身没有将他的学问分割成所谓的哲学、文学、艺术、物理等门类，这些学问之间彼此本来就是一体的。因此，方以智的艺文中有他的哲学思想，而他的哲学思想又常常和他的艺文思想紧密相关。此外，方以智的艺文活动虽然在早年与晚年呈现出一定差异，但其在青年时期的思想与后期思想在内在理路上呈现出相互交错、相互勾连的样貌，导致方氏学问很难简单地用划分时代的方式去阐释。譬如，方以智早年对博物学有极大兴趣，《通雅》与《物理小识》就是这方面的代表性著作。

---

① 《周易时论合编》系方孔炤和方以智父子合编的易学书目，方孔炤去世前此书仍未编撰完毕。方以智为了完成父愿、发扬家学，亦参与了是书的编撰。据彭迎喜先生考证，书中"愚者曰"之后的文字均系方以智之材料，详细考证可见彭迎喜先生《〈周易时论合编〉考》（中山大学出版社2007年版）一书。

但实际上,方以智早年就明确表达"下学"是"上学"的基础,学问不从"质测"处悟入非常容易流于空疏,这种质测不碍通几,同时注重"下学"与"上学"的学问倾向几乎贯穿他艺文活动的始终。当下学术发展的大潮是注重"专家"之学,这种治学模式势必导致当代学人更重视"窄而深"的研究,对于方以智这样跨学科、跨地域、跨时代的会通哲人来说,研究难度很大。

在笔者看来,知方以智最难的并不是其晦涩难懂的文字,不是令人"烧脑"的重重否定,也不是方氏宽广博大的学问本身,而是知方氏之心。当代学人无法超越时空见证方氏之患难,因而很难对方氏内心的"忧患"与"痛感"感同身受,但是,我们仍能从文字中感知其内心世界。

我们不妨看一看方氏描写家乡龙眠山的一段文字:

> 东西龙眠皆先垅,今日伯时不待尽画矣。俨玉峡瀑流最壮,叔祖户部公取以为号。寥天一峰,即老父跨涧之游云阁也。俱从境主庙入,左忠毅之三都馆在焉。极半天岭而北为舒矣。固非一幅可写,但指幽石清湍,即当归梦耳。①

与方以智晦涩的学术著作相比,这段文字最平淡无奇,我们以散文之眼光来审视这段文字固然可以,我们当然也能从中感受到方氏文字之美感。但若我们能细细品读方氏所提到的人物,或许会对这段文字有不一样的理解。李公麟是北宋画家,他亦是龙眠山人,有《龙眠山庄图》传世,方以智所忆之景正是此画之景;方以智的叔祖父方大铉,字君节,号玉峡,其号即取自龙眠山之俨玉峡;寥天一峰固然是龙眠山的一座山峰,但此山峰上却有方以智父亲方孔炤的身影;左光斗是方孔炤的友人,二人皆出东林党;三都馆是龙眠山上的一座楼阁,却

---

① (明)方以智著,张永义校注:《浮山文集》,华夏出版社2017年版,第430页。

是乡贤所建。

　　方以智写这段文字时已经步入暮年，他以僧人面目示人许久，我们若不留心"东西龙眠皆先垅"一句，几乎快被方氏的冷静笔调骗过，在没有丝毫感伤流露的文字背后却充溢着对故国家园的赤诚与眷恋。这难道是一个真正皈依佛门的僧人所写的文字吗？显然不是。方以智的忠心与孝心还在，只不过寓意在极平淡的文字背后不肯示人。这样的文字在方以智著作中比比皆是，稍不留心，读者就会止于物象本身，但方氏心中的忧患与痛感真正有几人能够觉察呢？

　　此外，方以智艺文活动的构成与渊源也非常复杂。

　　正如前文所讲，方以智的传奇经历让他的艺文活动有着迥异于常人的复杂性。方氏经历过国破家亡，经历过从忠臣孝子到道人、僧人的身份转变，他还曾数次经历生死关头，单单感受这些复杂的人生体验就足以令人感到困难，再加上方氏又常常以极为晦涩难懂的文字语言来表达他复杂的人生感悟，理解方氏艺文活动的大貌就更加困难了。如果以现代学科角度审视方以智的艺文活动，那么方氏之艺文活动已涉及了哲学、宗教学、文学、音乐学、考据学、书法、绘画、印学、音乐、物理、医学等各类学科，当代学人了解其中一个门类的学问就十分不易，更遑论了解方氏艺文活动的大貌。由此来看，方以智艺文活动的构成是非常复杂的。

　　从广义上来讲，方以智的学问也属于他艺文活动的一部分，方以智的学问渊源非常复杂，一方面他有极为深厚的家学渊源；另一方面，方以智对学问天然地抱有浓厚兴趣，故他又广泛吸收身边师友的学问。

　　兴月在《药地炮庄发凡》中言及其师方以智的学承时曾说道："浮山大人，具一切智，渊源三世。合其外祖，因缘甚奇。"[①] 可见，影响方以智学术思想者，除方学渐、方大镇、方孔炤三代相传的方氏之学之外，还有其外祖父吴应宾之学。

---

① （明）方以智著，张永义、邢益海校点：《药地炮庄》，华夏出版社2016年版，第3页。

绪 论

方学渐是方以智的曾祖父，少有志于洛、闽之学，后求教于耿定向，于是其学乃归而证诸心。晚年构筑桐川会馆，名曰"崇实"，以此阐其下学上达之宗旨。又曾赴东林书院讲学，大倡性善之教，为顾宪成、高攀龙所推崇，去世后学者私谥其为"明善先生"。方学渐之学问主要还是倾向于阳明的良知之学。《明儒学案》更是将方学渐归于《泰州学案》，但方学渐与王学末流不同，他对王学末流空疏不学之风极其厌恶，因此他的学问虽然主张理在心中，却已有避虚就实的显著倾向。方学渐对易学亦有相当程度的研究，其著作《易蠡》现已散佚，但在《周易时论合编》一书中仍有不少关于《易蠡》的引用和阐发。

叶燦在《方明善先生行状》中说：

> 先生潜心学问，揭性善以明宗，究良知而归实，掊击一切空幻之说，使近世说无碍禅而肆无忌惮者无所开其口，信可谓紫阳（朱熹）之肖子，新建（王阳明）之忠臣。①

依此看来，方学渐在心性上主张"性善"，在工夫上主张"崇实"，而在辨析朱、王立场上，方学渐乃具有以问学工夫穷究良知本体之"藏陆于朱"的显著倾向。以上三点为方氏之学的奠基，方大镇、方孔炤、方以智莫不沿着方学渐的学问基础而继续发展。方学渐以布衣振风教，失传其泽，是故学者论及桐城方氏之学，皆尊之为宗。方以智五岁时方学渐去世，然家学既扬，宗旨既立，方以智之学问亦受曾祖父之深刻影响，以致方以智在《象环寤记》中对曾祖父"善世、尽心、知名"的家训仍旧念念不忘。

方大镇是方以智的祖父，方大镇生于明嘉靖三十九年（1560），卒于明崇祯三年（1630），万历十七年（1589）中进士，官至大理寺少卿。方大镇一生力倡理学，曾谓：

---

① （清）方昌翰辑，彭君华校点：《桐城方氏七代遗书》，黄山书社2019年版，第1页。

用虚于实,即事显理,此治心游心之薪火也。①

《天启崇祯两朝遗诗小传·方大理》中亦有:

> 公每言性善,征诸仁义。仁义根于无为而无为之心,此为至善,此为良知,此为穷理居敬。作论六篇,立排异学。②

可见,方大镇之学问仍是沿着方学渐"性善""崇实""藏陆于朱"的学问发展而来。在易学方面,方大镇著有《易意》,此书全本亦不传于世,却是方氏易学的奠基之作。方以智幼年时期,方大镇对其督导甚勤,是故其后方以智之思想受到方大镇的影响颇深,方以智在《慕述》一诗中称其祖父方大镇:

> 以念庵(罗洪先)砺,完新建致,陆燧朱炊,饮食万世。有物有则,即物声臭,善贯有无,诚明之究。③

反观方以智之学问构成,我们亦能明显看到祖父方大镇对方以智的深刻影响。

方孔炤是方以智的父亲。方孔炤,字潜夫,号仁植,万历四十四年(1616)进士。崇祯时奉命至湖广一带平叛动乱,八战八捷,后因部将奉令中伏,方孔炤孤军趋援,不幸兵败,以此遭人构陷下狱。受崇实的家风影响,方孔炤好穷物理。方孔炤的学问以易学为中心,《周易时论合编》就是他主要参与编著的易学著作。在此书中,象数思想成为方氏易学的中心,黄道周则成为方氏易学转变的关键人物。

---

① (清)方昌翰辑,彭君华校点:《桐城方氏七代遗书》,黄山书社2019年版,第164页。
② (清)方昌翰辑,彭君华校点:《桐城方氏七代遗书》,黄山书社2019年版,第7页。
③ (明)方以智撰:《合山栾庐占》,载《方以智全书》(第十册),黄山书社2019年版,第343页。

绪 论

正如方孔炤所言：

> 黄石斋曰："学者动卑象数，故天道不著。……历律象数，圣人所以刚柔损益之具也。"余同西库而信之，贵学邵学。殚力不及，以命子孙。①

这就是著名的"西库论《易》"（方孔炤与黄道周在狱中推演《易》）的一些片段。

方孔炤对方以智学问的影响显然是巨大的，自方孔炤之后，象数易学正式成为方氏易学的核心内容，方孔炤提出的"公因反因"说更是成为方以智对世界万物认识的基本观点。

吴应宾是方孔炤的外祖父，字尚之，号观我，别号三一老人，万历十四年（1586）进士，居乡四十载，深究性命之旨，以著述终老。其学通儒释、贯天人，主张三教合一之旨。

我们不妨看一段材料，以此来看三一老人学问之大略：

> 儒与释之无我，老之无身，惟一之训于书，旨矣哉。不知者，知圣不知一也；其知者，知圣之各一其一，不知共一其一也。②

在三一老人眼中，三教的功夫法门虽略有差异，三教精神之归旨却殊途同归。这一点与方氏家学有较为显著的差别：方氏家学力排佛老，而吴应宾援佛入儒。

三一老人在学问上与方氏家学亦多有相似之处：

> 吾谓生而善者性，彼亦谓生而恶者性，惟原其初之无我，然后

---

① （明）方孔炤撰，许伟导读：《周易时论合编导读》（上），华龄出版社2019年版，第277页。
② （清）马其昶著，毛伯舟点注：《桐城耆旧传》，黄山书社1990年版，第121页。

知善知为顺性，恶之为拂性也，而性善之说伸矣。①

三一老人与方氏在性善论观点上亦持相似观点，然三一老人以"无我"为至善，而方氏之学则以"主理"为存善。

吴应宾论学亦主张崇实，其谓：

达矣而下学，所以养其上达也。

由此看来，三一老人与方氏崇实确有相通之处，然二者亦有不同：方氏之学重"下学而上达"，而三一老人则力主"达矣而下学"。

外祖父吴应宾对方以智学问之影响显然非常大，方以智早年曾谓：

外祖唔关我官论，精于西乾，与廷尉公（方大镇）辨证二十年，然小子未尝深入其藏，未敢剖也。②

祖父方大镇与外祖父吴应宾之间的辩诘毫无疑问对方以智有极为深刻的影响。我们再次审视方以智晚年《东西均》《药地炮庄》《冬灰录》等著作，很明显能够看到方以智折中三教的主张。方氏家学虽然力排佛老，然外祖父吴应宾却为方以智埋下了援佛入儒的种子，因此，探寻方以智的学问渊源，无论如何都不能略过三一老人这一层。

此外，方以智早年论"质测即藏通几者也"，晚年主"以通几护质测之穷"，方氏这些思想似乎亦受到王宣"由形气知理而还于通理践行"思想的启发。王宣主张"用实者虚，用虚者实，虚实本一致也"，这种虚实交格思想对方以智亦产生极为深远的影响。

理解方以智固然困难，但研究方以智的价值和重要性又是另外一回

---

① （明）吴应宾撰，张昭炜整理：《宗一圣论 古本大学释论》，复旦大学出版社2019年版，第17页。
② （明）方以智：《寓膝信笔》，载《方以智全书》（第八册），黄山书社2019年版，第25页。

事。正因为"晚明诸遗老之在清初,立节制行之高洁,成学著书之精严,影响清代两百六十年,迄今弗衰",所以晚明文史研究一直吸引着一代代学人。方以智的学问纵然难懂,但方以智传奇的一生和高洁的人品依旧让许多有志于"学"的人对他魂牵梦绕。方以智学问的艰涩难懂对于研究者而言是一种挑战,但对学术研究而言似乎并不是坏事,或许也正是因为方以智学问的难,反而让方学研究成为学术界的一股清流。

二 选题缘由

之所以选择方以智艺文与学问作为研究选题有以下几个原因。

第一,密之先生人品、学品俱佳,其跌宕起伏的一生亦让笔者颇受感染,故笔者愿意选择密之先生作为选题。

第二,笔者目前虽没有能力研究透密之先生深邃的学问,但无奈之中又存在一线生机——密之先生本人对学问毫无成见,即使对于很多传统士大夫视为小道的"艺文"实践亦不轻视,他甚至将"艺文"实践视为学问的一部分,基于此,笔者选择"艺文"作为管窥方以智学问的一条路径。

第三,目前学界大都将密之先生的"艺文"与"学问"分开研究,要么集中研究密之先生的哲学思想,要么集中研究他的艺文思想,其中,对其艺文思想展开研究的成果不仅数量较少,而且多采取"就事论事"的研究模式,这种研究模式其实有悖于密之先生"下学上达""艺道不二"的本意。前人对密之先生艺文研究成果的稀缺以及研究存在的问题亦是本选题产生的缘由之一。

第四,在学术思想方面,密之先生的地位逐渐得到学术界的公允判断,但对密之先生的诗歌、书法、绘画等领域仍旧没有引起足够重视,尤其是其艺文思想与他的学问一样博大精微,无论是中国文学史、书法史抑或美术史研究实在不能无视密之先生的艺文成就。在中国艺文史上给予密之先生应有的地位,这也是本书的撰写缘由之一。

三 关于"艺文"和"学问"的说明

本书研究主题为"方以智的艺文和学问",然而"艺文"与"学问"均具有一定的模糊性,故笔者在回顾前人研究现状之前有必要做一点简单的说明。

(一) 本书所涉"艺文活动"的范围

何为"艺文"?"艺文"一词在古代经常与"文""艺"并称,在笔者看来,三者意思相近。

关于"文"的理解,其实早在先秦时期就已经基本确立。《论语》中就多次提到"文"一词,我们在此举几个具有代表性的例子。

《论语·八佾篇》中就谈到了"文":

> 子曰:"周监于二代,郁郁乎文哉!吾从周。"①

这句话是说:周代的礼仪制度是参照夏朝和商朝制定的,周礼多么丰富多彩啊!我主张接受周代的。由此可见,孔子这里的"文"其实更多是指礼乐制度。

《论语·雍也篇》中亦有与"文"相关的记载:

> 子曰:"质胜文则野,文胜质则史。文质彬彬,然后君子。"②

这句话是说:质朴多于文采就难免显得粗野,文采超过了质朴又难免流于虚浮,文采和质朴完美地结合在一起,这才能成为君子。由此可以看到,孔子这里谈到的"文"又有"文采"的意思。

---

① (宋) 朱熹:《四书章句集注》,中华书局1983年版,第65页。
② (宋) 朱熹:《四书章句集注》,中华书局1983年版,第89页。

《论语·雍也篇》也谈到了"文":

> 子曰:"君子博学于文,约之以礼,亦可以弗畔矣夫。"①

这句话是说:君子广泛地学习文化知识,再用礼来加以约束,这样也就不会离经叛道了。《论语·述而篇》也有类似的记载:

> 子以四教:文,行,忠,信。②

这句话是说:孔子以四项内容来教导学生,即文化知识,履行所学之道的行动,忠诚,守信。可见,在这里"文"又有了文化知识的意思了。

在先秦时期,"文"是一个较为宽泛的概念,它既可以指文化知识,也可以指富有文采,亦可以指礼仪制度。先秦时期对"文"的理解在中国传统社会中并没有发生根本性的变化,一直到晚清,中国传统观念中的"文"仍旧是一种泛化意义上的"文"。总而言之,中国传统社会所言之"文"与今天我们所谓之"文"有较大区别,今日所谓之"文"更多是指"文学",而先秦所谓之"文"则不限于"文学"。以今日我们的学科划定来看,《诗经》可以称之为文学作品,但《尚书》更偏向历史,《礼记》内容比较复杂,它既有历史的文献亦有哲学的文献,《易经》更多偏向哲学,《春秋》更多偏向历史,《乐经》更多偏向艺术。但从传统观念来看,以上所列"六经"都可以谓之"文"。

中国传统社会关于"艺"的理解和"文"相近。孔子常说"六艺",其所言"六艺"其实就是"六经"。晚清时刘熙载有一部著作叫《艺概》,此书所涉及之内容不仅包括诗、词、赋等"文学"作品,还有书、画等"艺术"内容。由此可见,"艺"之概念在中国传统社会亦是一个较为泛化的概念,与"文"之概念相似。

---

① (宋)朱熹:《四书章句集注》,中华书局1983年版,第91页。
② (宋)朱熹:《四书章句集注》,中华书局1983年版,第99页。

"艺文"一词最早出现在《汉书·艺文志》中。

《艺文志》始见于班固所著《汉书》，《汉书·艺文志》以《七略》"六分法"方式，"删其要，以备篇籍"，记载自先秦到西汉学术发展的状况，分类记录当时存世的典籍，共六略三十八类，计著录五百九十六家，一万三千二百六十九卷，是中国现存最早的图书分类目录。后世所谓"九流十家"的称呼及其派流，即出自《汉书·艺文志》。"二十六史"中，之后大部分正史均有《艺文志》或《经籍志》，例如《旧唐书》有《经籍志》，《新唐书》则改为《艺文志》，但并非每一部史书都有，如《新元史》就没有。

《艺文志》的编纂，对研究历代图书文献，考订学术源流，颇具参考价值。方志中编辑收录的诗文，亦多称"艺文志"，亦省称"艺文"。

从班固《汉书·艺文志》收录的内容来看，六艺、诸子、诗赋、兵书、术数、方技六略皆属于"艺文"之范畴，《新唐书》《宋史》《明史》《清史稿》等史书中的《艺文》范围亦与《汉书·艺文志》相差不远。由此可见，传统社会所言"艺文"一词与"文""艺"之义区别不大，亦是一种泛化的文化概念。

以传统社会"艺文"之概念审视方以智的遗存著作，其绝大多数著作都可列为"艺文"之范畴。笔者囿于学力，无法穷尽方氏所有"艺文"。故对本书的研究范围有如下界定：

首先，本书研究方氏"艺文"之对象主要以其文学和艺术相关著作为主。从目前笔者掌握的文献来看，方以智的文学作品种类繁多，诗、词、歌、赋乃至散文作品都有涉猎。其次，在方以智这些文学作品中，其诗歌作品传世数量最大、创作绵延时间最长，亦最受方以智重视，同时也最能代表方以智的思想和艺术高度，故本书研究方以智之"文学"作品基本上以诗歌为主。方以智的艺术创作亦非常丰富，举凡书法、绘画、篆刻、音乐、各类工艺美术方以智都有涉猎，笔者囿于精力和学力，故于方以智艺术一门只选择书法和绘画两类题材。以上即为本书对方以智"艺文"研究范围之界定。此外，本书所研究方以智之"艺文"既包括"艺文"实践,也包括"艺文"理论,还涉及"艺文"与"学问"之间的互动关系,故以"艺文活动"统之。

归而言之,本书所言"艺文活动"是以方以智的诗、书、画为主要研究对象,研究内容涉及方以智诗、书、画的作品、理论,以及与方以智学问之间的互动关系。

(二) 关于"学问之道"的简要说明

"学问"一词最早源于《易经》:

《易经·乾卦》:"君子学以聚之,问以辩之。"①

这句话的意思是说:君子靠学习来积累知识,靠发问辨别疑难。以此来看,"学问"一词最初包括两方面内容,一方面要去学,另一方面要去问。这其实是很自然的事,一个人因为不了解一个事物,所以才去"学",但"学"的过程中还会碰见疑惑,所以又需要去"问","学"了之后方有"问","问"了之后才能称得上真"学"。"学"与"问"其实是没有止境的,所以我们对"学问"应当始终保持一种敬畏心。

《孟子》一书中亦有关于"学问"的记载:

《滕文公上》:"吾他日未尝学问,好驰马试剑。"②

这句话的意思是说:我过去不曾做过什么学问,只喜欢跑马舞剑。在这里,"学问"一词开始连用。此外,《滕文公上》中"学问"与"好驰马试剑"似乎呈现出一种对立。"好驰马试剑"当然很好理解,它背后似乎蕴含着一种放逸。那么"学问"就有一种收心致学的感觉了。

---

① (清)李道平撰,潘雨廷点校:《周易集解纂疏》,中华书局1994年版,第62页。
② (宋)朱熹:《四书章句集注》,中华书局1983年版,第253页。

方以智的艺文活动与学问之道

《孟子》还在《告子》中提到"学问"：

> 学问之道无他，求其放心而已矣。①

这句话的意思是说：学问之道没有别的什么，不过就是把那失去了的本心找回来罢了。读到这里，我们仿佛看到了孟子所言"学问"之目的：找回赤子之心。

荀子在《劝学》中也谈到了"学问"：

> 不闻先王之遗言，不知学问之大也。②

这句话的意思是说，不懂得先代帝王的遗教，就不知道学问的博大。由此可知，荀子所谓"学问"似乎是指"先王之遗言"，我们姑且可以将之理解为古代圣贤的知识。

顾炎武在《日知录·求其放心》中对孟子所言之"学问"做了进一步解释：

> "学问之道无他，求其放心而已矣。"然则但求放心，可不必于学问乎？与孔子之言"吾尝终日不食，终夜不寝，以思，无益，不如学也"者，何其不同邪？他日又曰"君子以仁存心，以礼存心"，是所存者，非空虚之心也。夫仁与礼，未有不学问而能明者也。③

在顾炎武那里，"仁"和"礼"如果没有经过"学"和"问"是不会有所体悟的。顾炎武虽然在这里将"学""问"分开来谈，但我们还是可以看到，"学问"的获得需要对儒家典籍有深刻的学习和体悟。因此，

---

① （宋）朱熹：《四书章句集注》，中华书局1983年版，第334页。
② 张觉：《荀子译注》，上海古籍出版社1995年版，第2页。
③ 顾炎武：《日知录》，上海古籍出版社2012年版，第331页。

顾炎武所言之"学问"更多是儒家经典。

综上所述,"学问"最初包括"学"和"问"两个方面内容,其目的是让人找回赤子之心,随着儒家文化在西汉以后得到官方的确认,"学问"之内容也逐渐开始明晰,它的内容也从模糊的"先王之遗言"变成儒家经典著作。

进入现代社会之后,"学问"一词的意义开始变得更加广阔,其内容已经不限于儒家经典,我们现在谈的自然科学与人文科学似乎皆属"学问"之范畴。现当代"学问"的范畴固然广阔,但有一点古今之间没有实质性的差别:"学问"得有思想。关于这一点,刘梦溪先生在《思想是学术的灵魂》一文中有相关探讨,他说:"就学术而言,思想是无比珍贵的。可以说,思想是学术的灵魂。"[①]

当然有一部分人认为,学问还需要"理论系统性"。对此笔者不敢苟同。笔者认为,思想性是学问成立的必要条件,而"系统性与理论性"并非学问成立的必要条件。譬如,《论语》一书是散漫的语录体,就该书本身而言很难称得上它有"系统性"。又如,钱锺书先生的《管锥编》亦是许多材料的引用和阐释,该书本身亦无所谓的理论系统,但我们若说钱锺书此说没有"学问",这就不符合事实了。实际上,"学问"需要具有"理论系统性"的观念还是来源于西方,西方的学术本身就注重"分科"与"系统",因此西方很多经典著作大都有"理论系统性"。笔者这里完全没有质疑具有"理论系统性"的学问,只是强调"理论系统性"并不是衡量学问的唯一标尺。

关于"学问"的定义至今没有什么定论,因此笔者有必要对本文所探讨的"学问之道"做一简明交代。方以智之"学问之道"构成很复杂,本书所要探讨的方以智的"学问之道"并不是和"艺文"对立的抽象概念(主要是形上意义上的),它包括"艺文"之规律,但又不限于"艺文"之规律,它需要有一定的原创性和思想性,还包括一些"让人

---

① 刘梦溪:《大师与传统》(增订版),广西师范大学出版社2013年版,第149页。

找回赤子之心"的内容。

四 方以智艺文与学问研究现状分析

(一) 方以智诗学研究

方以智诗学研究主要集中在21世纪以后,相关研究大体可以分为两类。一类是较少涉猎方以智诗歌,但与方以智诗学又有一定关联的研究。这类研究成果主要集中在关于方以智文学作品集的考论、方以智的交游考论以及桐城方氏家族的实学研究,《〈谷山笔麈〉的流传和影响》《方以智与陈子龙的交游考述》《陈名夏与方以智、阎尔梅的诗歌酬唱》《方以智家族女性作家研究》《方以智与桐城泽社考论》《论桐城派诗论的主要内容及其形成过程》就是此类研究的代表,此类研究对方以智文本研究可以提供一些外在的帮助,但此部分研究与本书议题关涉不多,故不详论。另一类是从方以智的文学作品出发,对方以智的作品本身的研究成果,此类研究在21世纪初才开始慢慢受到重视,直到21世纪第二个十年才开始有较多研究成果出现。

罗炽在《方以智评传》中列专节对方以智的诗学做了有价值的探讨,他认为方以智提出的"诗也者,志也,持也"的诗论观发展了诗歌的创作理论。原因在于方以智在诗歌"法"与"情"的关系、"情"与"志"的关系方面都具有一定的原创性。此外,罗炽先生还指出:"(方)以智将诗论升华到哲学高度,将诗词统一于易文化。他认为古今最好的诗赋莫如《易》。"[1]"以《易》之中和、变易之道贯于诗道,如同他用《易》道贯于儒道释三教之学,贯于质测、通几、宰理,贯于小学、西学一样,都体现了他的'易冒天地,为性命之宗'的根本观点。"[2] 罗先生的这些观点对笔者有很大启发,方以智的实学思想其实和他的哲学思想有着紧密联系。

---

[1] 罗炽:《方以智评传》,南京大学出版社2001年版,第298页。
[2] 罗炽:《方以智评传》,南京大学出版社2001年版,第299页。

任道斌在《方以智的〈和陶诗〉》一文中对方以智的《和陶诗》组诗的流传进行了详细的考订，此外，任先生还对《和陶诗》二十首进行了释文，并在前人研究的基础上对部分《和陶诗》进行了阐释。①任先生的这些工作对我们理解《和陶诗》组诗无疑提供了很多帮助。

宋豪飞在《明清桐城桂林方氏家族及其诗歌研究》一书中对方以智的诗歌特点进行了较为系统的论述，他以文献学方法对方以智与"泽社""复社"之关系进行了详尽的考证。②继而，宋教授从方以智诗歌入手，探讨了方以智的诗学思想，认为方以智的诗歌的核心创作理念是"以中边言诗"③，认为方以智的诗歌呈现出平淡与奇崛两种风格④，还认为方以智的诗论观念对古典诗学理论既有继承又有突破⑤。

孙海洋、王兰兰二位学人在《简论方以智的人生际遇及其诗歌创作》一文中认为，方以智人生不同阶段的经历及其心态的变化对其诗歌创作产生了巨大影响。他早年为贵公子，少年轻狂，满怀建功立业之志，诗歌创作超迈豪爽；中期逢战乱遭流离、坎坷不遇，狂性消退，诗作多反映现实，抒写抑郁不平之气，诗风沉郁豪宕；晚年为僧，为人和学术均趋成熟，心性平和，诗歌创作呈平淡自然之色而又具哲理。⑥

刘永在《方以智的生活理想与儒家诗性智慧》一文中认为，方氏在20岁左右时候的生活是一种背离了儒家政治—伦理生活方式的诗性—审美生活方式，然而在他27岁时反思过去，又选择了一种超越儒家政治—伦理情结的儒家文化的诗性生活方式。该文将其生活理想与儒家的生存理念与诗性智慧联系在一起，更深入一层来解读其思想的发展变化。⑦

---

① 任道斌：《方以智的〈和陶诗〉》，《文献》1983年第4期。
② 宋豪飞：《明清桐城桂林方氏家族及其诗歌研究》，黄山书社2012年版，第86—106页。
③ 宋豪飞：《明清桐城桂林方氏家族及其诗歌研究》，黄山书社2012年版，第109页。
④ 宋豪飞：《明清桐城桂林方氏家族及其诗歌研究》，黄山书社2012年版，第120页。
⑤ 宋豪飞：《明清桐城桂林方氏家族及其诗歌研究》，黄山书社2012年版，第112—119页。
⑥ 孙海洋、王兰兰：《简论方以智的人生际遇及其诗歌创作》，《湖南人文科技学院学报》2007年第1期。
⑦ 刘永：《方以智的生活理想与儒家诗性智慧》，《泰山学院学报》2008年第1期。

扈耕田在《方以智诗学思想新论》一文中指出，方以智在明清之际的诗学嬗变中有重要作用，其诗学也长期受人关注。然而仍有一些重要思想为学界所忽视。方以智被学界忽视的思想主要有以下几方面：肯定变诗的价值与地位，尤其是肯定盛世变诗的意义；重视诗歌的声律，认为声音可以通于诗之神；重视取法于前人，但同时要超越于前人之成法。他还以为，诗歌的情感只有达到能使人为之生、为之死的程度，才能感动读者，但不要沉溺于情感而不能自拔，要能够节制自己的情感。他的这些见解多有深刻的辩证性，不仅是对传统诗论的反思，而且大都伴随着对明代主要文学现象台阁体、七子派、公安派、竟陵派等经验的总结，有的思想还直接影响了清代桐城派的重要文论。其在思维方式上则能够兼综百家，从一定程度上摆脱了明代文坛门户纷争的恶习。① 对这些诗学思想的研究，对全面理解方以智诗学思想在当时的独特价值及明末清初文学思想的嬗变均有重要意义。

　　武道房在《圆∴：方以智诗学的哲学路径》一文中指出，"圆∴"是方以智哲学思想的核心观念，也是其诗学理论展开的出发点和奠基石。他提出"诗即性道"的观念，冲破了理学家重道轻文、漠视诗学的传统，极大地提高了诗在儒门中的地位。他还提出"怨怒致中和"的诗学情感论，对儒家诗教"温柔敦厚说"进行了全新的意义发挥。在诗学方法论上，他综合了七子派与公安派诗学之长，将格调与性灵置于共生的圆融关系之中，反对将二者的关系打为两橛。上述理论问题，是明清之际学术界热烈争论、需要解决的重大问题，方以智以他的圆∴智慧给出了极富思辨和系统性的回答。②

　　刘立群在《诗心〈易〉蕴：方以智诗学之易学品格诠论》一文中指出，易学是方以智烹炮各家学术而营造自我思想体系的核心，其"《易》者，征天地之几也"的治《易》旨趣与其"气化一元""象数通几""观物通几"等思想理路，使其完成了对自身诗歌本体观的重新建构与

---

① 扈耕田：《方以智诗学思想新论》，《河南社会科学》2014 年第 9 期。
② 武道房：《圆∴：方以智诗学的哲学路径》，《文学遗产》2016 年第 4 期。

表述；或受生死迫切与亡国怨怒之催动，方以智视"生死"为"醒世之第一铎"，并以《易》为"第一生死之道""第一生死之技"，进而由此生发了其"生死说诗"与"怨怒致中和"的诗学观念；而有得于"用二贞一"等易学思维与"寂感静深"以"通几"的启示，方以智"中边言诗"的通变策略及其对"奇庸之道"的勘定，亦尽显"圆而神"的风格特征。①

张银飞、夏美武在《诗学辨体理论与晚明诗学思潮——以方以智的〈诗说〉为中心》一文中指出，有明一代，诗歌流派林立，诗学理论丰富。身处晚明纷繁复杂诗学语境之中的方以智，敏锐地把握住诗坛诗风积弊之所在，在《诗说》这一诗学理论著作中，高度概括了明代诗坛及诗学理论嬗变的概况，从明人学诗的源头探寻诗学流弊并加以批评和纠偏，而且以此为其诗学理论的出发点，对复古派、神韵派、性灵派、竟陵派等诗学流派偏执一端的诗学理论表现出了极度不满的同时，极力予以反驳与抨击，期许明代诗人在审视诗体发展时要因时而变，在诗歌创作上要兼容百家，在诗学审美上达到"兴""和"的统一。为实现这一诗学愿景，方以智对明代诸多诗派的诗学理论加以解构并重塑，在"中边言诗论"之外，积极构建诗学辨体理论，促使明代诗学走向正轨。②

此外，谢明阳在方以智诗学研究方面用力颇多，且有诸多高质量的研究成果。他在《陈子龙方以智的诗学论交与分趋——以"雅"的观念为讨论中心》一文中指出，陈子龙与方以智因论"大雅"相合而定交，其后，方以智的诗歌观念又因时代的动荡而发生转变，此段诗学论交与分趋的历程，一方面展现了陈子龙与方以智深刻的诗学思想；另一方面也反映了二人不同的人格精神，颇值得我们予以深究。谢明阳教授以"雅"的观念作为讨论中心，以陈子龙对方以智的诗学引导为线索，从

---

① 刘立群：《诗心〈易〉蕴：方以智诗学之易学品格诠论》，《古代文学理论研究》2019年第1期。
② 张银飞、夏美武：《诗学辨体理论与晚明诗学思潮——以方以智的〈诗说〉为中心》，《青海社会科学》2020年第2期。

而揭露出二人将"诗歌"与"政治"合而为一的生命理想。此外,谢教授考察方以智在与陈子龙交往的过程中,如何检讨雅正诗学,进而提出新的见解;最后,则透过陈子龙与方以智的思想分趋,论析二人寄寓于诗学论述中不同的人生抉择。①

谢明阳在《方以智〈痒讯〉的家国忧患与诗学转向》一文中指出,方以智的诗集《痒讯》作于崇祯十三年(1640)到十七年(1644)三月之间,意思是忧郁成疾却无法上告君王。据谢教授分析,方以智此部诗集先论惊闻父亲方孔炤作战失利而被逮,因而心中遂涌起无助的悲哀凄楚;次论父亲系狱而上疏朝廷,愿以己身代父,在四方求助、苦心守候之下,终于盼到其父获释。谢教授还认为,从此部诗集的思想内涵中可以看到方以智的诗学观念开始发生转向,与原本的复古理念有别。最后谢教授认为,方以智此时期已经由"家"的创伤进一步扩大为"国"的创伤,也宣告其日后的诗学思想将续作变化。②

谢明阳在《方以智〈瞻旻〉的乱离书写与孤臣心志》一文中指出,方以智诗集《瞻旻》取瞻仰上天之意,此集作于崇祯十七年(顺治元年,1644年)三月到弘光元年(顺治二年,1645年)初之间,写作时间虽短,却是易代之际的乱离书写,值得仔细阅读。谢教授首先由明末都城陷落时的《纪难》诗论起,探求方以智在天地崩裂之际,如何选择未来的生命方向;其次,再由《哀哉行》《示同行二客》《告哀诗》诸作,体会方以智从北京亡命南京,所承受的种种波折与苦难;再次,续论《侘傺诗》,该诗作叙述方以智于南京、广州之间,秉持着孤臣之心,等待奇冤的昭雪;最后以《见姚有仆》诗为证,在写给友人姚奇胤的诗歌中,方以智更以孤臣心志期望国家能由悲憯秋日转为光明的春天。③

谢明阳在《方以智于龙眠诗派的形成》一文中指出,方以智在崇祯

---

① 谢明阳:《陈子龙方以智的诗学论交与分趋——以"雅"的观念为讨论中心》,左东岭、陶礼天主编:《中国古代文艺思想国际学术研讨会论文集》,学苑出版社2000年版,第501—522页。
② 谢明阳:《方以智〈痒讯〉的家国忧患与诗学转向》,《清华中文学报》第24期,2020年。
③ 谢明阳:《方以智〈瞻旻〉的乱离书写与孤臣心志》,《东吴中文学报》第38期,2019年。

五年（1632）与陈子龙相识，开启了诗派思想的序幕，随后，随着方以智生活与知识的扩延，以及与周岐、孙临诸子的交往，形塑了其所建立的诗派特色。该文从"龙眠诗派"的名义开始，说明以"龙眠"之名来称呼该诗派的要旨，此外谢教授还以"泽园永社时期""金陵广集时期""诸子离散时期"三个分期来归纳方以智创立诗派的发展过程。[1] 谢教授的以上考察，对我们认识方以智诗学乃至晚明诗歌史具有重要参考价值。

谢明阳在《方以智与明代复古诗学的承变关系考论》一文中指出，方以智在晚明时期是以复古派诗人的身份驰名于文坛，即使入清后，方以智的实学思想已然转变，其文人形象也由诗人蜕变为哲人，然观方以智晚年的实学论述，仍与早期的格调诗说保持着若干联系。有鉴于此，谢教授针对方以智与明代复古诗学的承变关系进行考论，以此探究方以智复古思想的渊源。此外，谢教授从方以智《诗堂》自述出发，将方氏诗学历程分为三个阶段，分别论析三个阶段的诗论重心，以及方以智对古诗学从"追求"到"转向"进而"超越"的态度变化。[2] 谢教授的上述研究对我们研究方以智诗学的转向和分段有很大的帮助，同时对我们认识方以智的思想进程以及明代复古实学的特质亦有一定的启发。

彰化师范大学江淑蓁在其硕士学位论文《方以智"中和"诗学思想研究》一文中对方以智诗论中的"中边"说进行了详尽的讨论，她指出，方以智的"中和"诗学呈现前、后的分期，早期以扭转公安、竟陵诗风为职志，立体"大雅中和"，晚期着重以"怨"的直谏精神标举"激怒亦中和"。她还认为"激怒亦中和"的诗学思想主要从"谁知生死""节宣回互"两方面来阐述"中和"意涵中"至乐""时中"的本体思维及实践功夫。[3]

（二）方以智艺术研究

针对方以智艺术成就的研究相对而言比较单薄，无论从论文数量还

---

[1] 谢明阳：《方以智与龙眠诗派的形成》，《台大中文学报》第44期，2014年。
[2] 谢明阳：《方以智与明代复古诗学的承变关系考论》，《成大中文学报》第21期，2008年。
[3] 江淑蓁：《方以智"中和"诗学思想研究》，硕士学位论文，彰化师范大学，2010年。

是论文质量上来讲都逊于方以智诗学研究,主要研究对象包括方以智的书法、篆刻、绘画和书画综合研究。

1. 方以智书法篆刻研究

江筱角《方以智〈论书法〉手卷述评》一文以桐城市博物馆藏方以智《论书法》手卷入手,认为方以智"以其深邃的洞察力,精练的语言,准确的表述,道出了他对中国书法史上一批书法名家书法艺术的深刻认识"①。同时,还对这幅手卷的艺术特点进行了分析,他认为:"整幅手卷,风神流动,曲处有筋,直处有骨。当行即流,当停即止。橄纤修短,富于变化。可谓染翰似龙腾蛇引,运笔蓄刚劲之势。雄厚、潇洒、秀丽兼备,集诸大家之长,浑然一体。体现出方以智这一书法大家的风貌。同时,透出了明代晚期学人书法的姿态气象。"②

何琪《方以智书论浅析》一文对方以智的书论做了有价值的探讨,她认为:"明末清初桐城方以智的书画之名被其哲学、考据学成就所掩,其多部著作又被清代禁毁,致使其著作中的书论长久以来未能受到应有的重视。"③继而,她从《通雅》与《浮山文集》两部著作出发,将方氏有关书论的部分加以分析,并认为方以智书论中有"对帖学的传承与革新",并且蕴含着一定儒家和禅学的审美理想。

杨亮则对方以智的《印章考》一书进行了详细考证,认为:"方氏《印章考》并无单行本,此篇系顾湘截取方以智《通雅》中有关印章的论述而成。由于顾湘辑录《篆学琐著》并未标明版本出处,故文中讹误悬疑不解。为了辨清《印章考》中所出现的数处疑问,杨亮将有关《印章考》的文献一一查阅,推本溯源,并对文中出现的问题进行了校勘更正。印学领域有关方以智著述的介绍常将《通雅》与《印章考》并录,殊不知《印章考》乃顾湘节录《通雅》而成,《篆学琐著》钩沉前人论印文献,使后人更直观地了解古人的印学理论,其功不可没。但民国以

---

① 江筱角:《方以智〈论书法〉手卷述评》,《文物天地》2000年第3期。
② 江筱角:《方以智〈论书法〉手卷述评》,《文物天地》2000年第3期。
③ 何琪:《方以智书论浅析》,《济宁学院学报》2012年第2期。

前的丛书多不重视版本出处,以致传抄讹误难以查证核实,如遇见以上悬而未解的问题,就要推本溯源,探求原委,以正讹误。"①

2. 方以智绘画研究

饶宗颐先生是国内首次留意到方以智绘画价值的学人,他在《方以智之画论》一文中对方以智传世绘画作品及方以智画论进行了系统的收集考辨,并对方以智部分画作进行了系年。② 今天看来,饶先生的工作对我们研究方以智绘画仍有一定的价值。更重要的是,他让人们开始关注到方以智绘画的价值,对进一步客观、全面评价方以智的艺术成就无疑有一定的积极意义。

任道斌《清初文化中方以智绘画的特殊意义》一文主要分析了方以智晚年的绘画,他认为:"方以智晚年的许多绘画,乃是其气节、文章的自我表现。尤其是他能将'集大成'与'合二而一'的哲学思想,用象征的图像符号加以表达,这在画史上是罕见的。"③ 此外,他还认为:"方氏的画作,有以图像传喻时代精神和哲学思想的特殊功能拓宽了文人以画为寄的领域,与一团死水般的因循画风及田园诗式的怡静安谧迥然不同,使山水画与动荡时代形成高潮的哲学精神融为一体,表现出强烈的精神活力,给清初的文化增添了现实主义跌宕多姿的色彩。"④ 任先生的部分观点虽然还有值得商榷的地方,但其将方氏绘画和他的哲学思想联系起来,将方氏绘画置于整个清初画坛中去比较,这些都对笔者有不少启发。

任道斌新修订的《方以智年谱》中有不少关于方以智书画的材料,该书在附录三"方以智著述知见录"的第三小节专门对方以智画册、题跋及墨迹的传世情况进行了介绍。⑤ 更难能可贵的是,任先生还对收录的每幅作品交代了出处,这对笔者寻找方氏传世墨迹有极大的帮助。此

---

① 杨亮:《方以智〈印章考〉溯源》,《南京艺术学院学报》2009 年第 3 期。
② 饶宗颐:《方以智之画论》,《中国文化研究所学报》第 12 期,1974 年。
③ 任道斌:《清初文化中方以智绘画的特殊意义》,《新美术》1994 年第 4 期。
④ 任道斌:《清初文化中方以智绘画的特殊意义》,《新美术》1994 年第 4 期。
⑤ 任道斌:《方以智年谱修订本》,浙江古籍出版社 2021 年版,第 386—408 页。

外，任先生还对部分墨迹中的文献进行了释读，这对没有书法基础的人而言又是一件大有裨益的事。

刘军对方以智的绘画做了概论性质的研究，他认为："方以智绘画精神品格是其人格力量的折射。同时，画家在技法上又能集诸家之长，熔于一炉，最终归于《易》理的特色，从而在明末清初卓然成家，影响深远。"① 刘先生能将方以智的绘画和方氏人格以及思想结合起来，这一点是非常有见地的，然而刘先生多从绘画技法来谈方氏绘画，方氏思想与方氏绘画到底有何关系，这一点似乎还有值得再讨论的地方。

熊言安在《方以智〈截断红尘图〉〈疏树古亭图〉真伪考辨》一文中对《截断红尘图》《疏树古亭图》两幅绘画进行了考证，最终认为："这两幅画虽然画面内容、画风不同，但是画中方以智题跋不仅内容一样，而且书法的用笔、结构和章法如出一辙。通过书风、画风的比对以及题跋内容的分析可以发现，《截断红尘图》轴应系伪作，而《疏树古亭图》轴亦有作伪的可能。"② 熊言安此篇文章材料扎实，他的考证结论为我们省去了很多辨伪工作，为我们分析研究方以智绘画提供了一些帮助。

3. 方以智书画合论研究

吴耀华在《方以智的艺术人生》一文中认为方以智的成长环境和家风成就了方以智的学说与艺术思想，"他的书画艺术深受穷理极物的治学之风的影响，表现出集诸家之长，烹炮一炉，以儒为主，折衷期间而归于《易》理的特色，再加上其坎坷的人生之旅，师法自然，抒发遗民情怀，成为其艺术世界的主题"③。吴先生能将方以智的学问和书画结合起来，非常具有学术眼光。然而，吴先生此文却较少将方以智的书画作品和书画思想与方以智的学问真正联系起来，略显遗憾。

---

① 刘军：《方以智其人其画》，《艺术百家》2003 年第 1 期。
② 熊言安：《方以智〈截断红尘图〉〈疏树古亭图〉真伪考辨》，《贵州大学学报（艺术版）》2017 年第 3 期。
③ 吴耀华：《方以智的艺术人生》，《翠苑（民族美术）》2015 年第 1 期。

绪 论

刘畅在《方以智的坎坷人生与书画风格演变的关系》[①]一文中辑录了许多珍贵的方以智书画作品，尤其是方以智的《山水册页》和《奇石画册》，并对这些作品进行了点评分析，这些对我们理解方以智绘画提供了很大的便利。此外，刘畅还从方以智的两件书法作品入手，认为"方以智书法也颇具特色，章草与今草夹杂，字取横式而求紧结，行笔涵蕴，圆浑朴茂，不露锋芒，笔力清劲而又见力度。书如其人，与画同源，既有佛家思想淡泊高古、自然天成，又具遗民不屈不挠、桀骜不驯的个性。布局整齐中有参差，相避相揖，相呼相应，疏朗空灵，深得右军书法三昧，晋人遗意"。这些也是很有见地的。

萧鸿鸣在《江湖之远两头陀——八大山人与方以智的相交》[②]一文中主要探讨了方以智和八大山人的交往，他提到二人均为明末遗民，在精神上的惺惺相惜成就了二人的友谊。萧鸿鸣先生在文中指出二人有不少文字上的往来，有书画互赠，甚至在方以智去世之后，八大山人还专程前去吊唁。关于方以智和八大山人之间的交往前人没有提及，萧先生通过丰富的材料为我们还原了二人的交往历程，这对我们了解方以智和八大山人绘画方面的互动提供了很大的帮助。

张耕在《桐城"桂林方氏"的文化精神与方以智书画艺术成因的关系》一文中探讨了方氏家学对方以智书画的影响，他认为方氏家学"锻铸了方以智的思想。祖父方大镇'道器不离'的理论指导着方以智学术和艺术的实践。明亡后父方孔炤及家族前辈大多归隐的精神取向，引领着方以智趋向简率真情的元人艺术趣味。零零碎碎的文字记载，存量稀少的书画墨迹，还是让我们窥见方以智书画艺术的成因受到其家族文化精神的直接影响"[③]。张耕从家学角度探讨方以智书画风格的成因，这一点发前人所未发，角度新颖，材料翔实，值得学习借鉴。

[①] 刘畅：《方以智的坎坷人生与书画风格演变的关系》，《文物鉴定与鉴赏》2017年第2期。
[②] 萧鸿鸣：《江湖之远两头陀——八大山人与方以智的相交》，载王明明主编《大匠之门22》，广西美术出版社2018年版，第19—32页。
[③] 张耕：《桐城"桂林方氏"的文化精神与方以智书画艺术成因的关系》，《书画世界》2008年第4期。

康东阳在他的硕士学位论文《方以智书画美学思想研究》①中对方以智的书画美学思想做了系统的研究,他指出,"道寓于艺"是方以智书画美学思想的关键,而"道艺并重,艺中求道"则是方以智书画美学一直秉持的原则。此外,他还认为方以智的绘画具有"诗中有画,画中有诗"的审美意境,而"苍秀"则是方以智一直追求的审美理想。最后他还认为方以智的书法能将帖学和碑学结合起来,他的审美理想对当时"南北宗"之间的分歧具有调和作用。总之,康东阳此篇论文理论新颖,论述系统,对于一名硕士生而言是一篇不错的论文。但不得不指出,康东阳谈到的很多概念都没有合理的证据,比如说认为方以智书法是碑帖结合,实际上,当时"碑学"的概念还没有兴起,谈何"碑帖结合"。又如他认为方以智的绘画思想调和了"南北宗"的分歧,实际上,并没有任何证据表明方以智有调和"南北宗"的动机。另外,康东阳仅从几幅绘画就归纳出方以智绘画具有"苍秀"的特点,这样的归纳也很难有说服力。

(三) 方以智哲学思想研究

1. 方以智的家学研究

李波在《明代桐城方氏学派易学研究》一文中对方氏家族易学进行了总体研究,他认为方氏易学由方学渐开宗立派,其易学思想以宋代易学的义理为主;而后由方大镇继承,从方大镇开始,方氏易学开始吸收象数易学的相关理论;而方孔炤则是方氏易学的一个重要转折人物,他真正"走上了象数易学的道路,主张河洛即象数,易是一大物理,初步创立了用象数会通一切学问的理论"②。方以智是方氏易学的集大成者,他在方氏易学基础上熔铸前人易学观点,"主张虚空皆象数,倚数究理,以象数端几格通一切学问,建立了一个宏大的以《易》为主的哲学体

---

① 康东阳:《方以智书画美学思想研究》,硕士学位论文,安徽大学,2013年。
② 李波:《明代桐城方氏学派易学研究》,《周易研究》2011年第5期。

系,创造了桐城易学的辉煌"①。李波教授这篇文章视野宏阔,论述清晰,能精准地把握住方氏易学在各个阶段的特点,本书在方氏易学史的梳理上参考了不少李波教授的研究成果。

丁成际、李波在《明代桐城理学》中亦有不少关于方氏易学的论述,他指出桐城理学早期的代表人物方学渐拉开了晚明桐城理学的序幕,而"性至善"和"黜虚求实"则是方学渐的学术主张。而后丁教授又指出方大镇、吴应宾、王宣是桐城理学发展中三个重要人物,由他们开始桐城理学以兼收并蓄的开放态度,融通三教、崇实黜虚,为之后桐城理学的辉煌打下了坚实基础。最后,丁教授认为方孔炤、方以智是桐城理学的集大成者,他们能够博采众长,兼容并蓄,为桐城理学的发展做出了突出贡献。②

郭振香在《论方大镇的易学思想》一文中对学界较少关注的方氏早期易学做了专门研究,他认为方大镇的"易学思想凸显治教时用、学问闻见、明于差别的重要性"③。而后,郭振香又分别从体用论、认识论、总与别的关系上对方大镇易学思想做了深刻系统的研究。最后,郭振香还指出方大镇对方孔炤和方以智的影响,认为方学渐所提倡的"一即在二中"与方大镇的"明于分辨"、方孔炤重"分析"、方以智重"质测"一脉相承,这些思想均表现出"重分辨、崇实测"的学术风格。

宋豪飞在《方以智家族之家学传承与望族之生成》一文中对方氏家学做了较为系统的研究,他认为方学渐是方氏易学的开创者,"倡导性善说,崇实黜虚、经世致用,冀图补救时弊"④ 是他思想的主要内容。方大镇、方孔炤二人均能不坏祖制,又能进一步发扬方氏家学,而方以智是方氏家学的集大成者,其能够取得突出学术贡献与桂林方氏家族深厚

---

① 李波:《明代桐城方氏学派易学研究》,《周易研究》2011 年第 5 期。
② 丁成际、李波:《明代桐城理学》,《中国哲学史》2010 年第 4 期。
③ 郭振香:《论方大镇的易学思想》,《安徽大学学报》2020 年第 3 期。
④ 宋豪飞:《方以智家族之家学传承与望族之生成》,《安庆师范学院学报》2015 年第 5 期。

的文化底蕴有密切关联。宋教授对方氏家学的梳理对我们了解方氏家学有一定的帮助。

李波、王学刚在《论晚明桐城文化对桐城派的影响》一文中对桐城文化做了较为细致的梳理，他认为明代桐城方氏学派有家学与师学相结合的教育模式，兼容并包、富有创新的治学精神，通经致用、重视实学的治学思想，诗文发达、文风浓厚等四个特点。[①] 这四个特点对桐城人物品质的塑造产生了深刻影响。李波的这篇文章对了解桐城文化有一定的帮助。

2. 方以智易学思想研究

许伟的《〈周易时论合编〉易哲学思想研究》是近年来专门研究《周易时论合编》的一篇博士学位论文，该论文的最大特点就是资料收集完备、引用材料翔实、探讨问题全面，是近年来研究《周易时论合编》最具分量的一篇学位论文。[②] 因为许伟本人就校过《周易时论合编》一书，因此他对此书之体例、内容相较于别人更为熟悉。就该论文的行文结构来看，一共分为八个章节，在《周易时论合编》的成书过程一章中分别谈到了方学渐、方大镇、黄道周、王宣等人的哲学思想，对笔者具有一定启发性。此外，许伟还对《周易时论合编》中的"时论""一在二中""惧即飞跃""质测与通几"等问题进行了深入探讨，仍能提出自己的看法。

刘伟在《天下归仁：方以智易学思想研究》一书中专门研究了方以智的易学思想，其中不少内容涉及《周易时论合编》。此书首先从方以智的易学思想渊源入手研究了方学渐、方大镇、方孔炤等人的易学思想[③]，这些研究内容虽然还略显单薄，却真正关注到除方以智以外方氏家族的易学思想，从家学渊源入手作个案研究是笔者值得学习的，本书中的"方孔炤易学思想渊源论"即受此章的启发。此外，此

---

① 李波、王学刚：《论晚明桐城文化对桐城派的影响》，《艺文评论》2014年第8期。
② 许伟：《〈周易时论合编〉易哲学思想研究》，博士学位论文，山东大学，2020年。
③ 刘伟：《天下归仁：方以智易学思想研究》，知识产权出版社2016年版，第20—54页。

书还依照《周易时论合编》的思想对《周易》六十四卦进行了重新解读。

张永堂在《方孔炤〈周易时论合编〉一书的主要思想》一文中从方孔炤的生平入手，探讨了《周易时论合编》一书的编撰经过和主旨、宇宙论及认识论及其影响。该文章指出："方孔炤易学上最重要的创见是提出'公因藏反因'与'一在二中'的命题。他据此在宇宙论上提出'不落有无之太极''理在气中''理寓象数'等命题……他把理分为宰理（相当于心性之理或德性之理）、物理（相当于外在客观世界之理或闻见之知之理）与至理（相当于同和宰理与物理之理），而特别强调物理之重要性。"① 此外，张先生还指出，方孔炤在认识论上继承了方学渐"挽朱救陆""藏陆于朱"的主张，提出心物互格的格物说，在此基础上，张先生还认为"他（方孔炤）在心与物不断互格的过程中，个人主观的身心意志与外在客观世界可以合而为一，亦即可以达到所谓的'合内外，贯一多'"②。在这篇文章中，张先生还鲜明地提出"质测与通几"为方孔炤所提出，并对该概念进行了阐发，他说："质测主要是根据人类理性，用分类、观察、推理等方法以探究宇宙现象界之个别的质理，通几则是根据人类心灵的直觉，用引触、知几的方法以了解宇宙万物之所以然的道理，把握宇宙间的关系型，进而把握宇宙的本体。"在此，张先生还将"质测与通几"和"公因与反因"联系起来，这些都是很有见地的，对笔者研究思路的扩展也有很大帮助。

翟奎凤在《方孔炤、方以智〈周易时论合编〉研究》一文中对《周易时论合编》一书进行了提纲挈领的研究，翟先生认为《周易时论合编》是明末一部由方氏三代人共同努力完成的易学著作，该书具有集大成性质。从内容上来看，该书不仅吸收了秦汉易学中的观点，还推崇邵雍的先天易学，最重要的是对明代时人易学有大量的征引，因此该书具

---

① 邢益海编：《冬炼三时传旧火：港台学人论方以智》，华夏出版社2012年版，第89页。
② 邢益海编：《冬炼三时传旧火：港台学人论方以智》，华夏出版社2012年版，第89页。

有一定的时代性。而且翟先生还利用统计学方法对《周易时论合编》一书所引用文献的作者、数目进行了科学统计①，这一点对本书研究具有很大启发，本书在讨论《周易时论合编》一书的学术渊源时就是沿着翟先生这一学术路径展开讨论的。

郑万耕在《方氏易学的太极观》一文中对《周易时论合编》中的太极问题进行了专门研究，该文章指出，方氏易学的太极观可以分为四个层次：大一即太极，太极即在有极中，所以为气者曰太极，舍天地人伦无太极。通过这四个层次的论述，郑先生指出，方氏太极观从太极到两仪、四象，再到天地万物，其中蕴含着本体和现象之间的关系问题②。郑先生通过对"一在二中""大二即大一""太极自碎""体在用中""舍历无寂""即费是隐""道藏于器"等问题的讨论，揭示了一般与个别之间的辩证关系，并指出："一般的东西总是同个别的东西结合在一起的，一般是包含多样性的一般，一般只能寓于个别中，离开个别就没有一般，离开现象也无本体。从而批评了脱离个别追求一般，脱离物质实体追求规律，脱离现象追求本质的本体论学说，比较正确地解决了本质与现象、一般与个别的关系问题。"③

彭战果在《析〈周易时论合编〉"时"的形上学意义——方孔炤易学思想研究》一文中对《周易时论合编》的"时"之概念做了较为详尽的阐发，他认为方孔炤将"时"之内涵扩展到了人类的各个认知领域："他依靠'中统有无''中五'等范畴，揭示了事物的三层本质规定，以作为'时'的形而上意义；最后，他还利用'格物'说表达了本体和认知统一的思想，实现了本体之'时'和价值之'时'的沟通。"④彭教授对"时"之概念的阐发对研究方孔炤易学思想的构成有很多启发。

张业康在《"时论"视角下的方氏哲学思想研究》一文中以"时"

---

① 翟奎凤：《方孔炤、方以智〈周易时论合编〉研究》，《周易文化研究》2016年第1期。
② 郑万耕：《方氏易学的太极观》，《北京师范大学学报》1996年第2期。
③ 郑万耕：《方氏易学的太极观》，《北京师范大学学报》1996年第2期。
④ 彭战果：《析〈周易时论合编〉"时"的形上学意义——方孔炤易学思想研究》，《周易研究》2010年第2期。

绪 论

的视角讨论了方氏哲学思想，他认为"时"是方氏哲学的一个核心概念，而"寂历同时""宙轮于宇""所以"等范畴则是"时"这一概念的具体内容，在此基础上，张业康还运用西学理论对《周易时论合编》中的"天道观"和"心性论"做出有价值的探讨，认为方氏"时"之概念"彰显了一种时空交融的生命情境"①。

刘伟在《方以智"密衍"思想发微》一文中专门对《周易图像几表》中的"密衍"问题做了专题研究。刘伟指出，"密衍"思想主要体现在《河图》与《洛书》相互转化的过程中。《河图》注重相生，《洛书》注重相克，二者结合起来则蕴含着生生不息的道理。在这篇文章中，刘伟还认为方以智从"金火易位"的概念出发，深化了我们对"五行尊火为宗"与"金生水"等概念的认识，同时也为方氏易学建立了较为系统的新观念。②

张世亮在《方以智的"不落有无"说》和《方以智的"太极不落有无"说》两篇文章中对《周易时论合编》中的"不落有无"概念进行了较为系统的研究。张世亮指出，方以智从"有"与"无"这对概念出发，提出了"不落有无"，并认为"方以智'不落有无'说的提出最终导致了其学术取向上的'统合三教'主张"③。在"不落有无"概念上，方氏家族又提出了"太极不落有无"说，张世亮认为，"无极即在有极中—无即在有中—先天即在后天中"和"太极即在无极、有极中—太无即在无、有中—中天即在先、后天中"这两组概念的相互融通是"太极不落有无说"的基本内涵。④ 此外，张世亮还谈到"太极不落有无说"概念是从"统泯随，交轮几"这一概念衍生而出的，抑或是"统泯随，交轮几"与"不落有无"两个概念融通之后的衍生物。张世亮还对方以智"质测"与"通几"之学的方法论特点进行了深入讨论。张世亮认为

---

① 张业康：《"时论"视角下的方氏哲学思想研究》，《社科纵横》2012年第10期。
② 刘伟：《方以智"密衍"思想发微》，《周易研究》2009年第6期。
③ 张世亮：《方以智的"不落有无"说》，《阴山学刊》2010年第4期。
④ 张世亮：《方以智的"太极不落有无"说》，《河南科技大学学报》2011年第3期。

"质测"与"通几"从方法论上来看可以概括为"以费知隐"。也就是说，方以智想要通过可以把捉的可见之"象"推知不能把捉之玄妙之"理"。此外，方以智又通过"一三之辨"提出"重玄一实"，最终将"费"与"隐"、"质测"与"通几"这两组概念交融为一，形成"体用三分"而为"一"的圆融体系。①

林忠军在《明代易学史》一书中对《周易时论合编》中"时"的概念有很好的揭橥，他指出："六十四卦以阴阳相贯，息息相通，从而构成时之不息。无论是伏羲、文王、孔子等古圣，还是邵雍等先贤，皆能趋时行止、随时出入，故皆以'时'来阐发易之大义。"② 而方孔炤所谓之"时"，"是指十五生生不息、持续发展的过程和趋势"③。除此之外，林先生还指出，《周易时论合编》具有"寓卦策象数以为体"和"合理象数为费隐一贯"的易学观；在谈到《周易时论合编》中的太极图时，林先生指出，方氏易学主张不落有无的太极图说，而具体体现在即有即无、费隐显微统一以及寂历同时、即体即用。在讨论方氏象数时，林先生主要探讨了方氏易学中的"中五太极"说、河图"环生对克"与洛书"环克对生"、金火易位、河洛与太极两仪四象八卦四个问题。在讨论《周易时论合编》先天后天问题时，林先生又以方圆卦爻总一太极、先天之学亦后天、后天卦气之润法三个问题为切入点探讨了方式易学。此外，林先生还从"数"的角度对方氏易学中蓍数问题进行了探讨。总而言之，林先生对《周易时论合编》的研究以象数易学为主要着眼点，同时又注意到方氏易学中的义理问题，是研究方氏易学较为深入的当代学者。

李忠达在《〈周易时论合编·图像几表〉的〈易〉数与数学：以〈极数概〉为核心》一文中对《周易时论合编》中的"数"的问题进行

---

① 张世亮：《以费知隐，重玄一实：方以智"质测"与"通几"之学的方法论特点》，《中国哲学史》2013年第4期。
② 林忠军、张沛、韶宇等著：《明代易学史》，齐鲁书社2016年版，第369页。
③ 林忠军、张沛、韶宇等著：《明代易学史》，齐鲁书社2016年版，第369页。

绪 论

了极为透彻的研究,这篇文章从文本出发,指出《图象几表》所绘制的图表及其解释文字,已经很习惯运用四则运算、因子倍数、勾股定理和其他数学观念。他对历法置闰、星躔推移度数、律管三分损益的计算,显示出他确实掌握了中国古代天文历算的数学原理。此外,作者还认为:"由于《图象几表》愿意吸收明末传教士传来的天文观念和数学知识,在质测和计算上更加精密。然而,《图象几表》的数学知识毕竟没有成为独立的学科,而是永远依附在《易》数的推演上。"① 最后,作者指出,《图象几表》无疑代表着明末清初象数学和科学发展的高度成就,但值得深思的是,这种融合内算和外算、算术和数术的观念,是否限制了古代科学家对世界的想象和探索。未来若能继续厘清清初自然科学和象数学的发展,对《周易时论》的贡献和影响想必能带来更全面的评价。这篇文章思路新颖、结论公允,是近年来研究方氏象数易学非常优秀的一篇论文,对笔者内心亦曾产生较大震动。②

张学智在《明代哲学史》中专列一章讨论方以智,又专门列出一节讨论方以智学术思想的渊源问题,他说:"方以智早年的学术旨趣很大程度上得于家学。他的曾祖父方学渐曾师事耿定向之弟耿定理,为学崇实,其著作《庸言》即以'崇实'为篇名。"③ 张先生还指出,注重考究事物的实际也是方氏家族的学术传统,这一点与方以智后来特别注重对事物之所以然的研究很有关系。此外,张先生还认为,方以智的祖父方大镇著有《易意》,象数义理兼取,而归结于道德义理的阐发,而方孔炤的易学思想则是在其父方大镇基础上进一步发展而来的,方孔炤之易学"特别注重象数,注重掘发《周易》中包含的一般哲学理论。方孔炤以

---

① 李忠达:《〈周易时论合编·图像几表〉的〈易〉数与数学:以〈极数概〉为核心》,《清华学报》第 49 卷第 3 期,2018 年。
② 笔者当时看过此文之后,兴奋不已,曾给此文作者李忠达博士发送过一封邮件,很快李博士就有回信,在回信中李博士说:"那篇图像几表的文章,源于曾经困扰我很多年的一个问题,就是方以智写的参两说,多年前我是完全看不懂的。或许做研究也需要那么点福至心灵,让我忽然找到数论的线索,把它写了出来。"笔者对于周易象数问题完全没有基础,看到李博士的回信,有很大触动,笔者认识到了做学问需要一些积淀,更需要一些难以言说的契机。
③ 张学智:《明代哲学史》,北京大学出版社 2000 年版,第 513 页。

太极为《周易》的最高范畴，同时以太极为宇宙本原。太极表现为有极与无极，有极即有形的万物，无极即未始有形而只有抽象之理时。太极贯有极无极，它自身不落有无。方孔炤的思想充满思辨色彩，不为具体物理所限"①。

朱伯崑的《易学哲学史》将方氏易学放置于整个易学史中去考察，煌煌十万字的论述精彩至极。就朱先生的论述来看，朱先生敏锐地抓住了方氏易学注重象数的理论偏向，对该问题做了颇为详尽的论述。朱先生指出，方氏三代在困境中将《周易》视为解除忧患的典籍，企图在对《周易》经传的研究中，追求安心立命的依据，总结政治斗争和王朝兴废的经验教训，寻找新的出路。因此，就卦爻辞和传文的解释来说，《时论合编》不仅讲天道，而且谈人事，特别是治国平天下的经验教训。所以方孔炤将其解《易》的著作称为"时论"，如其"贵时用也"②。他在论象数之学时分别谈到了"虚空皆象数""先天在后天中""河洛中五说""阴阳五行观"四个问题。在讨论方氏易学中的哲学问题时又谈到了太极即在有极中、相反相因、即费知隐三个问题。朱先生从大处着眼、细微处入手，无论是方法论还是具体问题的分析都给笔者很大的启发。

蒋国保的《方以智与明清哲学》一书中有一篇文章专论方以智《周易图像几表》③，蒋先生认为《周易图象几表》系方以智的著作。对于这个观点笔者并不认同，但蒋先生立论依据亦有合理之处，而且其所引文献亦为笔者寻找原始文献提供了一些帮助。此外，蒋先生还对"方氏河洛象数""以费知隐""太极之不落有无""先天与后天八卦"等问题做了有价值的探讨。蒋国保先生的《方以智哲学思想研究》一书中亦有不少关于方孔炤的研究成果。此书虽然名为探讨方以智的哲学思想，但其中所引材料有很多关于《周易时论合编》，故其观点亦对笔者研究方孔炤易学思想提供了帮助。该书第五章专门讨论了方以智哲学思想的来源

---

① 张学智：《明代哲学史》，北京大学出版社2000年版，第513页。
② 朱伯崑：《易学哲学史》，昆仑出版社2009年版，第386—387页。
③ 蒋国保：《方以智与明清哲学》，黄山书社2009年版，第455—467页。

和家学渊源，其中不少观点为本书所吸纳。另，该书第六、七、八章专门讨论太极①，其中很多材料均采自《周易时论合编》一书，这些观点亦对笔者有一定的启发。例如，蒋先生在论述"太极"之展开时谈到了"一而二""二而一"和"三"的概念，这些概念对笔者论述方以智易学构成有很大的帮助。

　　刘伟的博士学位论文《方以智易学思想研究》亦从方氏家学入手，对方学渐②、方大镇③、方孔炤④、吴应宾⑤其人其学都做了扼要的介绍，而后他还指出方氏家族有重视象数易学的传统，而寓义理于象数则是方以智对方氏家族易学做出的贡献（实际上从方孔炤已开其端）。刘伟还对方以智易学思想的特点作了较为深入的探讨，例如他指出方以智重视无极、有极、太极之间的关系，并将上述概念和"一分为二""合二为一""太极不落有无""三""一""大一"等概念联系在一起，形成了一套囊括各家学术的理论体系。此外，刘文还认为"象""数""理""气"等概念在方以智易学中占有重要地位，万物由"气"构成，而"气"又可由"数"来分析，故"万物皆数"的观点是方以智易学的一个特点。最后，刘伟还探讨了河图洛书的转变、"质测与通几"与"宰理"等概念，这些概念虽然前人早有发覆，但刘氏能从材料出发，其中不少观点都颇有价值。

　　刘元青还在《方以智以数明理思想及其意义》一文中对方氏易学中的"数"和"理"的问题作了有价值的探讨。其"以一在二中为中心，

---

① 蒋国保：《方以智哲学思想研究》，安徽人民出版社1987年版，第155—217页。
② 刘伟认为从家学渊源来看，方学渐以布衣的身份振作风教，驳斥王龙溪倡导的"四无说"，即心、意、物、知无善无恶的观念，澄清性善论的基本含义，因而"明善"成为方学渐易学思想的主要内容，具体见该论文摘要部分。刘伟：《方以智易学思想研究》，博士学位论文，苏州大学，2011年。
③ 刘伟认为方大镇信奉"和而不同"的原则，吸纳佛、道学说的积极成分，鼓吹的大同理想见该论文摘要部分。
④ 刘伟认为方孔炤经明代末年的政治风波，动心忍性，取法"潜龙"，寻求易学与西方科学思想之间的共通之处，"潜"是其易学思想的价值诉求（见该论文摘要部分）。
⑤ 刘伟认为吴应宾是"三一教"的信徒，对方以智易学思想产生了重要的影响（见该论文摘要部分）。

对方以智以数明理的思想进行较全面的考察"①，此外，他认为《几何原本》的翻译与对方氏家族对"数"这一概念的重视有一些关系。

汪学群在《清初易学》中专列一章探讨方以智易学思想，他指出，方以智对"胶训诂，膏词章"与"踞荒高独尊"两种认识并不认同，在方以智看来没有绝对的虚空，世界是有差别的统一体，而象数则是一个研究这种差别的很好的工具。同时，汪先生认为方以智的这一种认识其实是"受其父方孔炤'非胶辞训之名字，则溺洸洋之巧言，告之曰，虚空皆象数也'一说的影响"②。在谈到理与象数的关系问题时，汪先生认为，"方以智一方面肯定象数的基础作用，另一方面则强调了理的意义，并提出'倚数穷理'的命题"③。在谈到太极问题时，汪先生则认为"方以智借助《易》中先后天、太极、阴阳二气等范畴，提出太极不落有无，气不坏的思想"④。汪先生的论断都是从大处着眼，而且关注问题多是方氏易学中的象数问题，本书研究颇受惠于汪先生的上述论断。

翟奎凤在《以易测天：黄道周易学思想研究》一书的附录部分专门探讨了黄道周与方孔炤、方以智父子易学思想的关系，翟先生指出方氏父子的象数易学在很大程度上受到了黄道周的影响，他说："方孔炤目睹了黄道周创作《二十四图》的过程，对其易学思想非常惊叹，二人朝夕论《易》不倦，黄道周的易学思想对方孔炤触动很大。而这时方以智常来看望、照顾其父亲，经常旁听也时常加入二人的讨论，也受到了黄道周易学思想的很大影响。"⑤ 具体来说，翟先生认为黄道周很重视象数，黄道周象数学的历律特色对方氏父子有着较大影响。⑥ 对此，翟先生还

---

① 刘元青：《方以智以数明理思想及其意义》，载赵平略主编《王学研究》（第1辑），西南交通大学出版社2013年版，第187—194页。
② 汪学群：《清初易学》，商务印书馆2004年版，第76页。
③ 汪学群：《清初易学》，商务印书馆2004年版，第78页。
④ 汪学群：《清初易学》，商务印书馆2004年版，第81页。
⑤ 翟奎凤编：《以易测天黄道周易学思想研究》，中国社会科学出版社2012年版，第326页。
⑥ 翟奎凤编：《以易测天黄道周易学思想研究》，中国社会科学出版社2012年版，第331页。

列举了八个例子对此进行佐证,其中他认为第七个例子最为重要。① 总而言之,翟先生认为《周易时论合编》很多地方都体现了黄道周对方孔炤、方以智父子易学思想的重要影响,这些影响不仅仅在象数方面,也有义理方面。②

周勤勤在《方以智的易学观》一文中对方氏家族的易学思想进行了提纲挈领的研究,他认为方以智的易学思想能够融通义理与象数,鼎薪炮药之后又能参照历代易学家之说,最终形成内容丰富、思想深刻的易学观。在具体问题上,其以河洛中五说和先天图说为例,认为方以智以先天易学为学问起点,继而在解《易》途径上主张义理与象数不二,最后他还认为"方以智易学观的形成与其人生经历及家学渊源有很大关系"③。

罗炽在《方以智易学方法论评析》一文中对方以智易学做了概括性的梳理。他认为方以智的易学"批判地继承两宋邵雍、蔡元定先天象数学基础上,综罗诸家,另出新意"④。而后罗先生又从象数之论、环中之旨、三一之宗三个维度试图解开方氏易学的奥妙。最后,罗先生指出方氏易学"存在的辩证法和形而上学的尖锐矛盾","从辩证法堕入形而上学"的理论倾向,"利用旧的思维模式,注入新的思想内容"的学术方法,对于这一方法,罗先生似乎并不认同,他认为这一方法是"使新内

---

① 在此,翟奎凤先生认为《周易图象几表》卷八采用了黄道周《易象正》卷终下的天方图。天方图及天方思想是黄道周易学思想体系的重要基石,他的很多易学思想都可以纳入天方图来说明。早在《三易洞玑》中黄道周就对其天方思想有着很详细的文字论述,但是没有绘出天方图。在《易象正》"卷终下"不但有了进一步的文字论述,而且也绘出了天方图。更有意思的是福建省漳浦县黄道周纪念馆至今仍完好地保存了一个石刻的天方盘,此天方盘和《易象正》中的天方图几乎完全一致。也非常有趣的是,不但方孔炤在《周易图象几表》中采用了黄道周的天方图,对其思想也作了进一步的论说,而且方以智及其儿子方中通在他们的著述中也多次提到黄道周的天方图,如方以智在《通雅》卷首说:"漳浦公衍天方图,尤为绝学,旷代始闻。"其小注中又说:"庚辰,中垂公与石斋先生在西库论易衍此。中承公叹曰'此方圆同时图'。"第335页。
② 翟奎凤编:《以易测天黄道周易学思想研究》,中国社会科学出版社2012年版,第327页。
③ 周勤勤:《方以智的易学观》,《齐鲁学刊》2015年第4期。
④ 罗炽:《方以智易学方法论评析》,《湖北大学学报》1989年第2期。

容最终被旧模式束缚而窒忽的理论思维教训"①。从罗先生这篇文章我们可以明显感受到时代的印痕,其说虽有诸多商榷之处,但放置于罗先生所处时代去看,我们似乎不应过分苛责。

王美伟《清初遗民易学初探》一文从遗民心态来审视清初易学,他认为清初遗民"借《周易》表达遗民心迹、反思明亡经验、阐述家国观念、满怀忧患意识"②。王美伟的这一观点对本书理解方以智易学思想有不少启发。

韩国学者金演宰在《略论方以智的太极观:从"一两之辨"看方以智"一在二中"、"舍二则无一"的思维方式》一文中对方以智的太极观进行了有价值的探讨。金演宰指出,方以智对太极问题非常重视,在方以智看来,太极是理和气的统一,亦是两仪、四象、天地万物存在的根源。最后,金演宰认为"他(方以智)否认易学中的义理学派的世界观,即理作为独立自存的实体,脱离象数而存在,从而得出离现象别无本体的结论。一方面扬弃了朱熹的理为太极说,另一方面也发展了张载以来的气为太极说,成为宋明哲学中唯物主义本体论的代表之一"③。对金先生的看法,笔者对此并不完全认同。事实上,方氏易学虽然重视象数,但从来没有剖却义理,如果说方以智"否认易学中的义理学派的世界观",这样的看法是不中肯亦不符合实际情况的。

周勤勤在《"中"与"均":方以智变易中求调和思想探讨》中对方以智易学思想中的"中"和"均"两个概念做了有意义的探讨。周勤勤指出,方以智"中""均"思想背后不仅强调变易,同时也注重调和。分而言之,其所谓"中"有中和之意,这一点其实就蕴含着方以智的调和思想主张。对于"均"而言,方以智将其看成"是合

---

① 罗炽:《方以智易学方法论评析》,《湖北大学学报》1989年第2期。
② 王美伟:《清初遗民易学初探》,《武汉理工大学学报》2016年第2期。
③ [韩]金演宰:《略论方以智的太极观——从"一两之辨"看方以智"一在二中"、"舍二则无一"的思维方式》,《云南大学学报》2003年第5期。

绪　论

'交、轮、几'为一体的范畴,他把"和""合"概念用于'均',形成调和、集大成的特色"①。周勤勤关于方以智易学思想中"中"和"均"的探讨对我们完善方孔炤对方以智易学思想影响的研究有一些启发。

刘伟在《方以智易学思想中的"资格"解析》一文中对方氏"资格"概念做了深入探讨,他指出"资格"概念"涉及象数的衍变、天人之际、自然科学的研究方法、伦理道德等内容。从概念源头来讲,'资格'是将易学中所讲的'资'与儒家传统中的'格物'会通起来,构成一个试图与西方科学相媲美的方法体系。不唯如此,方以智还以'资格'作为公共生活规则的最终依据,借以驳斥阳明后学中的'四无说',重新恢复日益沦丧的社会道德"②。

张昭炜在《方以智三冒思想与儒学发展》一文中对方以智三冒思想进行了深入探讨,他指出所谓"三冒"即显冒、密冒和统冒,是方以智《易余》一书中的重要思想。三冒思想既统合而一,又可举一明三,由此"三冒可以融通阳明后学中的有无之辩,会通宋明理学中的先天后天,并进而会通三教百家。方以智作为儒家的真孤,寓解于行,以行摄解,为儒学在当时的复兴指明了方向"③。

廖璨璨在《易学哲学视野下的方以智圆∴思想探析》一文中对方以智"∴"的概念做了较为详尽的讨论,廖璨璨认为"∴"本来源于佛学,方以智将太极、两仪与"∴"三个概念融合在一起,最终形成了圆融无碍的哲学体系。由"∴"概念出发,我们可对"公因反因""二虚一实"等概念有更深刻的认识。最后,廖璨璨认为:"方以智对圆∴图式的理论建构体现了象数和义理并重的易学观,旨在强调实学的重要性,主张中学与西学的互补,以中国的'通几之学'救弊西方的'质测

---

① 周勤勤:《"中"与"均"——方以智变易中求调和思想探讨》,《中国社会科学院研究生院学报》2007年第2期。
② 刘伟:《方以智易学思想中的"资格"解析》,《社会科学战线》2012年第12期。
③ 张昭炜:《方以智三冒思想与儒学发展》,《哲学动态》2015年第7期。

之学'。"①

廖璨璨还在《体用互余：论方以智易学哲学的"四分用三"说》一文中对方以智"四分用三"哲学概念做了有价值的探讨。他认为此概念是在邵雍先天易学基础上的继承和发展。"四分用三"概念区分了"有体"与"无体"、"有用"与"无用"，在此基础上，方氏又提出了"体用互余"的概念。这一概念"强调体用相对待之中有统贯体用的无对待之至体。同时，体用交轮体现为'一其体用'，这是方以智对《系辞传》'易无体'而'以前民用'的诠释"②。"四分用三"概念与"先天即在后天中"概念在学理上是一致的，这些概念都是为纠正阳明末流重体不中用的弊端。

（四）庄学与禅学研究

邢益海《方以智庄学研究》一书是目前学界对方氏庄学研究的典范之作，邢先生在此书中通过"物哲学"、"托孤"说、庄禅易会通三个方面论述了方以智的庄学思想，他认为方以智的庄学是"三教道一"的新庄学③，其"孤"既是"庄子之孤"，亦是"遗民之孤""宗门之孤"和觉浪道盛所寄寓方以智完成《药地炮庄》的"托孤"④。此外，邢先生还认为方以智的庄学思想和方氏易学思想、禅学思想是杂糅在一起的，尤其是方氏的庄禅思想在某种程度上呈现出学理上的一致性。他说："方以智认为，在中国思想史上，庄为禅之先机，就其思想文化功能而言，类比于禅宗为佛教外别传，可以说，庄为儒宗别传。方以智还提出，庄子乃六经之辅翼，《庄子》与六经关系可类比于茶和饭。"⑤ 邢先生虽然以方以智庄学研究为切入口，但其论述思想并不仅仅限于方氏庄学，此研

---

① 廖璨璨：《易学哲学视野下的方以智圆∴思想探析》，《中国哲学史》2016 年第 4 期。
② 廖璨璨：《体用互余：论方以智易学哲学的"四分用三"说》，《周易研究》2018 年第 4 期。
③ 邢益海：《方以智庄学研究》，北京师范大学出版社 2015 年版，第 89—92 页。
④ 邢益海：《方以智庄学研究》，北京师范大学出版社 2015 年版，第 107—120 页。
⑤ 邢益海：《儒宗别传——方以智的庄禅一致论》，《鹅湖月刊》第 472 期，2014 年。

究思路对笔者有一定启发。

近期，邢益海又出版了《方以智禅学研究》一书，此书在史料搜罗方面用功甚巨，以考证学的方法对方以智的逃禅时间进行了分析，又通过详细的史料分析了方以智禅学思想的渊源及方氏禅学的核心观念。此外，此书还分析了方以智的逃禅心态及其禅学活动的社会历史背景和影响。[1]

李波在《论方以智对庄子学说的整合与改造》一文中指出，方以智的哲学体系有一部分来源是对庄子思想的改造，他认为："他（方以智）荟集古今学者的学说炮制《庄子》，对庄子虚无主义的思想进行了批判，使其唯物思想和质测之学得以展现。方以智主要是以象数来会通《易经》与《庄子》内篇七篇，通过《药地炮庄》三十三篇，使庄子学著作始终贯穿着易学象数学思想，从而把以易解《庄》推向了前所未有的高度。他以'公因''反因'说来解释《庄子》则更闪耀着朴素辩证法思想的光辉，实为以往的一切解说者所不能及。"此阶段研究的第二个特点是学者开始将方以智与其他哲人的哲学思想进行比较研究。例如，何涛通过对比方以智和王夫之关于《庄子·内七篇》的异同，认为："17世纪后半叶清统治下的明遗民方以智、王夫之对《庄子》内七篇的诠释，在时代遭际与庄学史思想背景的影响下，从各自的思想立场来理解《庄子》，体现了当时讲究会通、崇尚实学的学术趋向，都具有《庄子》诠释史上大量著作所具有的以儒解道，会通儒道的特征。从他们在诠释二家庄学的要旨中的差异又可以看出儒道会通的可能与分际。二家的解《庄》也表明，一个文化传统内部不同的小传统之间以致不同的大文化传统之间如果可以达到相互的理解与视域的融合也必须有方法论的自觉。"此外，陈一壮则将黑格尔和方以智的哲学思想进行比较，他认为二人在哲学思想上有一定共同之处："17世纪中国杰出的哲学家方以智和19世纪德国伟大的哲学家黑格尔殊途同归地共同构筑了一种辩证的复杂

---

[1] 邢益海：《方以智禅学研究》，安徽教育出版社2021年版。

思维方式，以弥补建立在严格遵循形式逻辑规则基础上的经典的简单思维方式的不足。东西方文化间的这种交汇令人惊异！经典思维方式坚执对立概念的区别、原因与结果间的线性决定关系并局限于在同一个思想层次内展开思维，只能认识机械、被动的对象，而辩证思维方式则实行对立概念的关联、因果之间回归式的相互作用关系和连接不同的思想层次进行思维，可能认识能动、有机的主体。东、西方两位大哲不谋而合地把捉到辩证思维方式的核心，从而证实了人类文化精神的相通性。"

李忠达在《晚明文学评点视域下的〈药地炮庄〉》一文中表示，学界对《药地炮庄》的研究经常从哲学角度切入，讨论方以智对庄学、禅学、三教会通的观点。然而，《药地炮庄》以评点的形式编撰，作者、读者与作品的关系已改变，当中蕴藏深厚的读者意识，而其后设置阅读形态、对奇妙怪异风格的品尚态度，都必须置于晚明以降的文学评点脉络中加以理解。因此，李博士从《药地炮庄》与文学评点的关系入手，探讨《药地炮庄》的撰写体例、引证文献、后设阅读等延续晚明评点传统的元素，并分析觉浪道盛与方以智如何以评点《庄子》的形式，与清初文人读者群在书中建立对话场域。① 这篇文章思路别致，论证翔实，是最近几年方以智庄学研究领域一篇不可多得的佳文。

（五）方以智思想总体研究

张永堂是较早研究方以智易学的台湾地区学者，他在其博士学位论文《方以智的生平与思想》中对方以智的家族传统有较为详尽的讨论，他指出，除了时代以外，影响方以智最大的是他的家世，对此张先生从人格与学问两方面对此进行讨论。对于方以智的曾祖父方学渐而言，张先生说："（方学渐）是阳明学者，不但重视尊德性，而且更以忠孝传家，对方以智之兼具'真孝子、真忠臣'的性格有直接的影响。"② 对于方氏家族整体而言，张先生认为，"由方学渐所开创，并由祖父方大镇、

---

① 李忠达：《万明文学评点视域下的〈药地炮庄〉》，《清华学报》新48卷第4期，2018年。
② 张永堂：《方以智的生平与思想》，博士学位论文，台湾大学，1977年。

绪 论

父方孔炤所承袭发扬的方氏家学不但直接影响方以智思想的形成，而且更由方以智集其大成。因此我们不了解方以智家世便无法真正了解方以智"①。继而，张先生在其论文第二章中对方氏家族的家学传统进行了较为深入的论述，他分别从忠义传家、学问传家、著述传家和方氏女杰四个部分对此进行展开论述，其中有不少关于方氏家族学术思想的论述②，这些内容都对本书第二章的撰写有一定帮助。张先生在该论文下编第一章中又对方以智学术思想的渊源进行了讨论，他认为方以智学术思想主要有理学、易学和佛学三个渊源，其中不少涉及方孔炤学术思想的讨论。

彭战果在《无执与圆融：方以智三教会通观研究》一书中对方氏早期家族易学③、方孔炤易学思想④都列一节进行讨论。他指出，方学渐的易学思想可以概括为"虚实合一"，方大镇的易学思想可以概括为"善贯有无"，王宣易学思想可以概括为"河洛"说，方孔炤易学思想可以概括为"时""三理""中五""中统有无""能所合一"。此外，彭战果还探讨了方以智三教会通的根源、会通儒家思想之依据、会通佛家思想之依据、会通道家思想之依据，通过以上四个方面，彭战果最终论证了方以智思想的三教会通性。

张岂之先生在《宋明理学史》中专列一章对方氏家族的学术思想进行探讨，指出方以智早年对理学的朱、王之争不偏向任何一方，而有调和各派并吸其可取之处的趋向。而方以智晚年哲学思想"则是由于黄道周的影响，继承了邵雍与二蔡（蔡元定、蔡沈）的传统，创立自己独特的《河》《洛》'中五'之说的象数学理论"⑤。从张先生的论断中我们显然可以看到其按语主要针对《周易时论合编》而言，实际上，此语对方孔炤而言亦可适用。此外，在谈到方氏易学对后世影响时，张先生还

---

① 张永堂：《方以智的生平与思想》，博士学位论文，台湾大学，1977年。
② 张永堂：《方以智的生平与思想》，博士学位论文，台湾大学，1977年。
③ 彭战果：《无执与圆融：方以智三教会通研究》，民族出版社2012年版，第36—42页。
④ 彭战果：《无执与圆融：方以智三教会通研究》，民族出版社2012年版，第44—61页。
⑤ 张岂之修订，侯外庐、邱汉生、张岂之主编：《宋明理学史》，西北大学出版社2018年版，第675页。

关注到了学界鲜有人关注的"易堂九子"[①]，这一点是值得注意的。

陈秀美在《论方以智"三教归易"的会通思想》一文中认为，易学是方以智哲学思想的核心，是会通"三教"的载体。陈秀美以《药地炮庄》一书为例，认为方以智一方面想要注《庄》、解《庄》以开启一个新的诠释视域与方法；另一方面更是借由《药地炮庄》的特殊诠释立场与主张，来反思其所处的明清政权转移的时代危机。最后，陈秀美认为，方以智以其"座机千古之智，折中其间"的"会通"思想为基础，将其融通的学养呈现"三教归易"的哲学思想里，从方以智处乱世的人生理想与选择中，更可以看出他个人的时代使命。[②]

刘瑜所著《方以智物论研究》一书从"物"字着眼，透过此一具有根本性的概念，重新理解和审视方以智的哲学思想体系。刘博士此书对于笔者理解方以智的艺文活动多了一层诠释的角度。

通过对以上研究现状的分析，我们发现学界对方以智学术思想的研究相对而言比较充分，然而对方以智艺术方面的研究则相对薄弱。就目前学界关于方以智书画方面的研究来看，学界对方以智的书画研究主要集中在技法分析和艺术风格概括等方面，对于方以智书画作品背后的哲学思想和现实关怀很少提及。职是之故，本书将在前人研究基础上，围绕方以智的诗书画作品，探讨方以智艺文作品和学问之间的关系。

---

① 张岂之修订，侯外庐、邱汉生、张岂之主编：《宋明理学史》，西北大学出版社2018年版，第675页。

② 陈秀美：《论方以智"三教归易"的会通思想》，《宗教哲学季刊》第62期，2012年。

第一章

方以智的诗与学问

从目前所见的文献来看,方以智的文学作品种类繁多,诗、词、歌、赋乃至散文作品均有涉猎。在方以智这些文学作品中,其诗歌作品传世数量最大、创作绵延时间最长,亦最受方以智重视,同时也最能代表方以智的思想和艺术高度,故本书方以智之"文学"作品基本以诗歌为主。

方以智很早就开始写诗,在《博依集》中我们甚至看到方以智十二三岁时就有非常成熟的诗歌,此时期方以智的诗歌主要以拟古为主,代表诗集有《博依集》《永社十体》(《方以智全书》第八册)等。方以智早年的诗歌《永社十体》是方以智早年在泽园学习时创作的诗歌。永社位于桐城东郊,为方孔炤所建,园中慧业堂为少年方以智读书处。方以智曾与周岐、孙临、吴道凝等于其间结为永社,"养气读书,考事类情,会友丽泽",相互唱和。永社所作"以大雅为宗,以切当为工,以飞跃为致,以高逸为韵",展示了他们诗歌创作的才华和忧国忧民的情怀。

青年时期,尤其是崇祯七年(1634)之后,随着桐城发生暴乱、方孔炤受冤入狱、明王朝的覆灭,方以智的诗歌风格较之早年的拟古发生巨大变化。《流寓草》《痒讯》《瞻旻》《流离草》就是方以智这一时期的作品。《流寓草》(《方以智全书》第九册)是方以智在明崇祯七年至崇祯十一年(1638)的诗作。此时方以智的诗歌作品"大约皆悲感辞难、发泄幽愤之作也"。在这部诗集中,直接记载的大事有:崇祯七年桐城民变、崇祯八年(1635)张献忠焚毁凤阳皇陵、崇祯九年(1636)李自成攻陷和州等。作为复社中坚,他的诗中记录了复社的大量活动。《痒讯》(《方以智全书》第九册)是方以智在明崇祯十三年(1640)至崇祯十七年(1644)甲申之变前的诗作。作者取《诗经》中"瘨忧以痒""莫肯用讯"两句尾字作为书名。"痒""伤"同义,病也;"讯",谏也。"痒讯",谓扶危定乱之策。《瞻旻》(《方以智全书》第九册)是方以智在崇祯十七年甲申巨变期间的诗作。《流离草(及补编)》(《方以智全书》第十册)是方以智在甲申之变后至清顺治五年亦即南明永历二年(1648)的诗作。其间,方以智先自北京间关南奔,继避马、阮迫害,流离两广及湘、黔山区,《流离草》即此时所作。

  明亡之后,方以智诗歌较之之前风格又为之一变,此时方氏诗歌内容有表达对故国与亲人的思念,有历经患难之后的人生感悟,同时也有他出家之后勘破生死的生命体验,此时期,方以智诗歌的最大特征就是将自身生命与思想融入诗中,其诗歌风格在这一时期也变得更加晦涩难懂。此类诗集主要有《无声寱》《借庐语》《鸟道吟》《建初集》《合山栾庐占》《五老约》《正叶》《药集》《禅乐府》等。《无声寱》作于顺治七年(1650)至九年(1652);《借庐语》作于顺治九年,时方以智自粤返北,居宿于庐山;《鸟道吟》作于顺治十年(1653),时方以智为避清廷征召,遂受戒于南京天界寺;《建初集》收入方以智自顺治十年至顺治十二年(1655)在南京建初寺"闭关三年"时的诗作;《合山栾庐占》是方以智在顺治十二年秋至顺治十四年(1657)冬期间的诗作。其间,方以智自南京高座寺奔父丧,庐墓桐城合山;《五老约》(《方以智全书》第十册)是方以智合山庐墓期间追忆庐山五老峰的诗作,全书用洪武正韵中二十二个平声韵,或五言或七言;《正叶》(《方以智全书》第十册)也是方以智合山庐墓期间的诗作;《药集》(《方以智全书》第十册)则是方以智在桐城庐墓期间的诗作,全书仅列忘忘、炮庄、逢隐、茹吐四题,或五言或四言,合计三十首;《禅乐府》成书于康熙四年(1665)之前,属方以智晚年诗作,对我们理解方以智诗歌中禅学思想有很大价值,然此书禅语甚多,不大容易理解。

  值得注意的是,《方以智全书》收录方以智诗集十余部,这些诗集占目前全书大约三分之一的篇幅,可见,作诗是方以智艺文活动中最重要的组成部分,亦是贯穿方以智一生的艺文活动。方以智诗歌涉及他的生活、学习、学问与思想,是我们管窥方以智艺文活动与学术思想非常有效的路径。囿于篇幅问题,本章主要探讨三个问题。第一个问题围绕方以智早年如何写诗的问题,主要探讨了他早年诗文活动的拟古倾向与创新意识;第二个问题围绕方以智的"中边"诗说探讨了"中边"说的基本概念、论"中边"说与"一在二中"内在理路的一致性,以及"中边"说与方氏易学;第三个问题主要探讨了方以智的"中和"诗说,包括其概念、前提以及方以智对"中和"诗说的延展问题。

第一节 论方以智早年诗歌的拟古与出新

方以智早年的诗歌以复古著称,但他骨子里不喜欢沿袭他人的样貌——纵使在复古诗中,方以智也有自己的味道,这一特征在《流寓草》乃至《博依集》中都表现得非常明显。我们可以先欣赏方以智在《博依集》中的一首《战城南》,以此感受方氏早期诗歌中颇具特色的风貌:

> 战城南,城已破,驽马临河不复过。河水无梁,激激冥冥。枭骑倘不死,能不裴徊驽马鸣?风声萧萧,鸟声嗷嗷。尘灰掩腐肉,鸟亦安能豪?鸟谓客,子不葬,我不食。禾黍不生梁以北,远道之魂行归国。谓我人臣,人臣不可为。尸丧狭谷,谁适与归?①

《战城南》本是汉乐府诗作,属汉代《铙歌十八曲》之一,是一首民歌。我们先将方以智的《战城南》与汉乐府的《战城南》作一简要对比:

> 战城南,死郭北,野死不葬乌可食。为我谓乌:且为客豪!野

---

① (明)方以智:《博依集》,载《方以智全书》(第八册),黄山书社2019年版,第132—133页。

死谅不葬，腐肉安能去子逃？水声激激，蒲苇冥冥；枭骑战斗死，驽马徘徊鸣。梁筑室，何以南？何以北？禾黍而获君何食？愿为忠臣安可得？思子良臣，良臣诚可思；朝行出攻，暮不夜归！

汉乐府中的《战城南》是为在战场上的阵亡者而作的一首诗歌，当时汉朝和匈奴曾长期爆发冲突，朝廷派兵长期戍守，不免使战士产生怨恨之情。此诗即戍边战士反战情绪的反映。全诗叙事流畅，情感充沛，充分将中国传统诗学"怨"的精神表现得淋漓尽致。对比方以智的这首诗歌，我们发现，方氏与汉乐府无论在句式抑或全诗情感上非常相似，这正是方以智在传统中用功极深的一个体现。再细细品味两首诗歌，我们发现方氏与汉乐府诗所谈的事并非一事。后者固然谈的是战事，而前者讲的却是"谓我人臣，人臣不可为"的不遇。可以说，方氏继承了汉乐府诗歌的形式、气韵乃至"怨"的精神，但方氏的拟古诗却能另立主体，抒发自己的真精神，这是方氏复古诗的特殊所在。

在读方氏早期诗歌有了一个大致的感性认识之后，我们接下来需要思考一个问题：方以智早年的拟古诗到底具有什么样的特点？以下将主要围绕这个问题对此展开论述。

一 拟古中的"法"与"情"

方以智在《流寓草》中有一些拟古诗，其中有一些诗很值得玩味。我们不妨先来欣赏他的一首《江之浒》：

江之浒，欲适无从也。江之浒，崇朝其雨。有鸟弁飞，下上其羽。瞪不可眠，集彼宿莽。江之汜，其汇有沚。扈彼蘼蘋，厉不我以。敖翔从之，乌知所止？江水汤汤，不可为梁。松舟绝流，弗率何方？君子顾之，路何其长。①

---

① （明）方以智：《流寓草》，载《方以智全书》（第九册），黄山书社2019年版，第34页。

熟悉《诗经》的朋友相信读到此诗会有一种似曾相识的感觉，不错，方以智对《诗经》非常重视，他早年对《诗经》有过非常深入的学习，这首诗歌就是他模仿《诗经》写的。此诗从句式、字词到赋比兴的借用都与《小雅》与《国风》中的作品极为类似。具体来看，此诗通篇均为四字，这显然取自《诗经》。此外，从用字来说，《江之浒》一诗也多取自《诗经》。例如，方以智用到的"江之汜"就是出自《诗经·召南·江有汜》，"江之汜"与"江有汜"之间的关系就不用赘述了。此外，"曀不可眠"一句中的"曀"就是取自《诗·邶风》中的"终风且曀"，难能可贵的是，方以智并没有完全沿袭《诗经》的句词，而是在此基础上进行了活学活用——"曀不可眠"与"终风且曀"都是用来说风，但用字与句法完全不同。又如，"其汇有沚"中的"沚"就取自《诗经·秦风·蒹葭》，此诗中的"宛在水中沚"正是"沚"字最早的出处。值得注意的是，方以智这里对"沚"的运用也没有沿袭原文，而是用《诗经》中较常用的"其……有……"的句式道出，这种双重拟古而又难觅其迹的拟古正是方以智拟古诗的高妙之处。此外，该诗诗末有"路何其长"，我们不由得想起《蒹葭》一诗诗末的"道阻且长"，这两句诗的意思与意蕴何其相似，但又确实找不到二者在形式上有什么相似的地方，这也是方以智拟古诗得《诗经》之精神而不徒模其式的一个佐证。方以智在此诗中不仅有意无意借鉴《诗经》的句式和字词，同时还广泛吸收《楚辞》中的字词和句式。譬如，此诗中"集彼宿莽"一句的"宿莽"就是出自《离骚》中的"朝搴阰之木兰兮，夕揽洲之宿莽"。

《江之浒》只是方以智诸多拟古诗中的一首，透过这首诗，我们对方以智的拟古诗相信会有一个比较直观的认识，方以智拟古诗入古极深，从字词、句式再到神韵，都拿捏得非常准确，然而，方以智又不愿意沿袭经典诗歌中的既有语汇，他往往从经典入手，再根据自己对经典的切身体会，重新创造一些新的语汇，这正是方以智早年诗歌拟古诗的一个特点。与方以智对待学问的态度一样，方以智早年对待写诗也主张先从踏实处入手，因而方以智早年对历代诗歌都有非常系统的学习，这些学

方以智的艺文活动与学问之道

习经历都呈现出方以智对法度的重视。方以智在《博依集》中就谈到了他对"汉铙歌"的系统学习:

> 汉铙歌二十二曲,务成、玄云、黄爵、钓竿辞亡,存者十八。然重多诘屈,或不可解。凡古乐府,大字属辞,细字属声,声辞合录,故训诂莫得。①

可见,方以智对"汉铙歌"有过系统的学习,他甚至对汉铙歌的存世数目都做了统计。在对"汉铙歌"有了系统学习之后,他认为"汉铙歌""多诘屈""不可解","训诂"之后亦难通其意。"汉铙歌"难解是一方面,但方以智对世人鲜少关注的"汉铙歌"都下了苦功,那么他对唐宋诗歌的系统学习就可见一斑了。

关于"汉铙歌"的古诗,后世多不能解其意,方以智对此颇为忧心,因此谈道:

> 六朝诸人皆作五言诗,唐遂以律声音之,道久失矣。后世拟者第取则章句,既罕达其指,并不能稽所鷈误谬,未不足观适也。兹盖志古遗意云,亦复效六朝及唐,置五言律重,庶免世观耳。②

看来,关于"汉铙歌"的传承,六朝时人们就已经做了"当代解读",唐代,人们甚至为"汉铙歌"加上了格律,对于这些做法,方以智甚是忧心,认为前人的这些做法实在是对"汉铙歌"的一种曲解,其传统已经到了"道久失矣"的地步。面对世人对"汉铙歌"的随意曲解,方以智青年时写诗将很大精力都用在了拟古上面。由此来看,方以智青年时期所做的拟古诗并非纯粹是为了拟古,或许方以智是想通过自己对历代先贤的诗歌的理解,重新还原诗歌应有的面貌,以此来让更多人看到中

---

① (明)方以智:《博依集》,载《方以智全书》(第八册),黄山书社2019年版,第131页。
② (明)方以智:《博依集》,载《方以智全书》(第八册),黄山书社2019年版,第131页。

国诗歌传统的真正形态。明白了方以智为什么要写拟古诗，我们对方以智重视诗歌法度的行为就相对容易理解了。道理其实是相似的，方以智对诗歌法度的重视可能也是源于他不满于时人写诗时对法度的忽视。

关于这一点，方以智的好友周岐在《泽园永社十体诗引》中也有类似的表述：

> 永社十体，会分一题，以大雅为宗，以切当为工，以飞跃为致，以高逸为韵，达材验学，既论其志，足观所养矣，将谓天下景从可也。①

周岐认为方以智的《永社十体》"以大雅为宗"，这一点是极为中肯的，方以智也在与陈子龙论诗中表达过自己类似的诗学理想。所谓"雅"，《诗大序》有云："雅者，正也，言王政之所废兴也。政有小大，故有《小雅》焉，有《大雅》焉。"所谓"大雅"者，《诗经》中与"风""颂"相对应的一类作品，这类作品大部分作于西周前期，作者也大都是贵族。"大雅"之作以雅训为正，一般被视作诗歌的正声。方以智所处的时代，"大雅"之风已经不在，方以智多次表达不满，他和当时的云间社、复社同盟提出"以大雅为宗"其实也有着对现实的回应。紧接着，周岐还说方以智的《永社十体》"以切当为工，以飞跃为致，以高逸为韵"。周氏谈到的以上三点主要是针对方氏诗歌艺术特点来说的。"以切当为工"是说方氏用词、用韵、用情的典雅，方以智早年诗歌之所以能够形成"工"的特点，这与方氏此时期对古代诗歌进行系统学习，并创制大量复古诗歌有关。"以飞跃为致，以高逸为韵"是说方以智诗歌有"飞跃""高逸"的艺术特征，方氏崇尚"飞跃""高逸"之风，这或许与方氏的性情有关，方氏素来不喜落入窠臼，喜欢"奇崛"之风，这与方氏喜欢"飞跃""高逸"都是一贯的。"达材验学"是说方

---

① （明）方以智：《博依集》，载《方以智全书》（第八册），黄山书社2019年版，第365页。

以智在学诗时对每一个字词的读音、字音都要核验，这与他在《与王幼公谈诗》中说自己"释音声之得，所叙字诂之谐协"其实是相近的。对字词用法有了精准的把握，在诗歌中才能自在地将自己的志向表达出来，这就是周岐所说的"既论其志"了。透过方以智的诗歌，我们能看到方以智不仅能"观（其）所（学）养"，还能从中看到天下民生的百态。方以智诗歌"以大雅为宗"，"大雅"的一个核心思想就是以诗来观"王政之所废兴"，周岐说能以方氏之诗"谓天下景从可也"，也就不难理解了。

方以智对诗歌法度的重视在《诗说》一文中亦多有提及：

> 冒以急口婾快，优人之白，牧童之歌，与三百乎何殊？然又说焉，闽人语闽人，闽语故当，闽人而与江、淮、吴、楚人语，何不从正韵而公谈？夫史、汉、韩、苏，骚、雅、李、杜亦诗文之公谈也。①

中国地域广博，每一个地域都有各具特色的语言和文化，是以，"闽人而与江、淮、吴、楚人语"，"江、淮、吴、楚人"可能就不懂"闽人"的意思了。如何解决这个问题呢？方以智认为"正韵而公谈"可以破解。何谓"正韵而公谈"？在方以智看来，诗歌中具有普适性的标准是也，具体来说，"史、汉、韩、苏，骚、雅、李、杜"等人的诗歌都是中国诗史上的代表作，这些人的诗歌法度森严，是公认的可以取法的一流文学作品。方氏列举以上文学家，其实是想告诉我们：广泛而深刻地学习古代一流的文学作品，充分掌握其中所蕴藏的文学规律，如此才有可能写出好的文学作品。

诗歌中重视法度是一方面，更重要的是在入法之后还能出法，对此方以智也特别强调：

---

① （明）方以智著，张永义校注：《浮山文集》，华夏出版社2017年版，第64页。

或平衍而突立别峰，或激起而旁数历落。或中断以为回环，或琐屑而寓冷指。转折之法，如作古文，奇矫屈诘，尝类谣谚，殊非黥浅所能梦见也。①

诗歌讲究节奏的抑扬顿挫、舒缓有致，或许上句还是平坦宽广，倏地下句却别峰突立，又或者句意戛然停止或断绝却是为了回旋环绕，作曲折变化之状。凡此，皆为章法"起、承、转、合"的运用。其中的"奇矫屈诘"，屈申变化的意象，即如剑舞矫若游龙，飞凤翩姿的美感形象。此处引文是方以智为论述古诗的章法布局而设的，以古典诗学来说，近体诗因为篇制与声律受到限制的关系，章法的固定因素远较古诗歌行体来得稳定一些，因此方以智论章法以篇制较为自由的古诗为例，亦在说明具体的诗歌创作在"起、承、转、合"的原则下，知法、尊法而不愚守一法，惟"法法而无一法"，才能达到剑似飞凤龙游，首尾难测，变动犹鬼神的万千变化。所以他说诗歌章法之妙，既"奇矫屈诘"却似"谣谚"，如此极致的审美艺术，"殊非黥浅所能梦见也"。在方以智看来，看似平淡无奇如市井谣谚的作品，殊不知却是脱胎于思力沉厚、笔力豪劲的学养，而出之以浑然天成。

无论从方以智的诗作还是关于诗歌的评价，我们都可以看到他对诗歌法度的重视。那么为什么方以智对诗歌法度如此重视呢？笔者认为，这可能与方氏家族的崇实思想有一定的关联，这一思想让方以智不愿从虚处入手学诗，写诗守法自然是他比较看重的了。此外，方以智对诗歌法度的重视可能也有一定现实的寄寓，他是想以诗学正统之法度重新纠正诗坛的衰颓，方氏多次强调当时诗风"大雅久不作"，且大力推崇"大雅"之风，这或许就是他对当时诗歌安于声色的一种现实回应。

二 方以智拟古诗中的创新精神

重视法度是方以智早期诗歌的一个重要特征，方以智早年诗歌对创

---

① （明）方以智著，张永义校注：《浮山文集》，华夏出版社2017年版，第66页。

新也非常重视，然而关于方以智早年诗歌又与纯粹的拟古诗颇为不同，关于这一点，学界似乎鲜有人关注。职是之故，笔者将从以下为时而著、以诚为诗、形式创新、"兴"的延展四个方面对此问题展开论述。

（一）为时而著

"为时而著"是唐代大诗人白乐天提出的诗歌创作原则，他在《与元九书》中指出：

> 文章合为时而著，歌诗合为事而作。

白居易这里的"时"指时代；"事"指社会现实，主要是指国家兴亡、朝政得失、民生疾苦之类的重要政治、社会事件。把诗歌作为向朝廷进谏的必要补充，主张创作要有明确的政治目的并积极反映时事生活，自觉为政治服务，以发挥"补察时政"、有益于世的重大社会作用。

方以智早年拟古诗异于一般拟古诗，这与方以智看重"为时而著"有很大关系。具体来说，一般拟古诗只流于对古诗的模仿，缺失对外的关注，而方以智的拟古诗却能借用古诗的神韵而展现当时的世事，这就让他的拟古诗充满了生气。

方以智《拟古诗四首》的一段题跋中就明确表达了"为时而著"的写作态度：

> 五言古向与农父必期以仿佛《河梁》《十九》为贵，然汉人之调苦不多得。时异事变，情各不同，必治曹、阮、陶、杜，而取材乐府，乃可尽其致耳。[1]

一般人写五言古诗都特别重视《古诗十九首》等诗，但方以智似乎并不完全认同，他认为"汉人之调苦不多得"，可能并不完全适应于今日。

---

[1] （明）方以智：《流寓草》，载《方以智全书》（第九册），黄山书社2019年版，第47页。

那么如何写好古诗呢？方以智认为，每个诗人所处的时代和他们的经历都不完全相同，诗人的性情也不一样，因此，三曹、阮籍、陶渊明、杜甫等人的五言古诗歌虽然都取自汉乐府，但他们的样貌并不一样。是以，方以智认为拟古并不是一流诗人的终极出路，写诗时诗人应该结合自身性情，再"为时而著"，如此才有可能"尽其致耳"。

方以智不仅在创作中看重"为时而著"，在评价前人诗歌时，亦特别看重"为时而著"的精神。对于白居易与郑嵎的诗歌，方以智就对他们的"为时而著"表示赞赏：

> 《长恨歌》辞、《津阳》百韵，讽亦激矣。怀古感今，妙哉借事反复，冷风中人，不知所指。[①]

《长恨歌》是白乐天的代表之作，而《津阳门诗》也同样是郑嵎的传世诗歌中最为经典的壮丽史诗，这两首诗歌有一个共同之处，就是皆是以长篇传世且辞章华美、情韵兼胜，最重要的是，两首都借古代题材讽喻当今之事。对于这两首诗，方以智颇为赞许，他认为这两首诗真正做到了"怀古感今"，这既是中国诗歌"怨"之传统的延续，又能为时而发，体现了士人的时代担当。方以智认为这两首诗歌的妙处还在于能够"借事反复"，即借用古代之事表达诗家悲怆激烈之情，这一点并非每一个人都能做到，对于那些只读死书不问世事的冷眼之人，他们定然不会理解白、郑二人热血澎湃的衷肠。

方以智还在《鉴在变诗序》中谈到了《诗经》中的"变诗"，认为"变诗"正是"为时而著"之后的产物，方以智对这些"变诗"也颇为认同。

> 今吾子既著变诗，而天下方以中兴，采风者安知不以龙眠之变

[①] （明）方以智著，张永义校注：《浮山文集》，华夏出版社2017年版，第71页。

雅，当《六月》《民劳》乎？①

《诗经》中就有"变风变雅"的传统。《诗大序》中就谈到了这个问题："至于王道衰，礼义废，政教失，国异政，家殊俗，而变风变雅作矣。"看来，《诗经》中的变风、变雅就是指东周衰亡之后的作品，这类诗歌如实还原了东周衰弱时期的社会百态，与西周强盛时期的正风、正雅中的雅正之诗呈现出截然相反的场景。方以智谈到的"变诗"就是他有感于凋零衰亡的晚明社会而作的真情诗歌，这类诗歌当然与"天下方以中兴"时的诗歌不一样。方以智还专门谈到了《六月》和《民劳》这两首诗歌，《六月》是记述周宣王时期尹吉甫北伐玁狁的诗歌，通过对战争过程的描写，赞美了战争主帅尹吉甫的文韬武略、丰功伟绩和英雄风范；而《民劳》一诗则描写平民百姓极度困苦疲劳之状，劝告周厉王要体恤民力，改弦更张。如果说《六月》是"中兴"时期的雅正之诗，那么《民劳》则是衰世的离乱书写，也是方以智所谓的"变诗"和"龙眠之变雅"了。

《鉴在变诗序》中还论及王粲、边让、杜甫等人，方以智认为这些人并没有死守"温柔敦厚"的诗旨，而是根据自身环境的变化，写出他们时代的"变诗"。

> 嗟乎！干戈之世，文人无不苦者。王高平既去荆楚，但存流寓二篇。边浚仪才气不屈，传止《章华》之赋。今在俨然繡衣使者，方从容案牍之暇，尽理其讽咏之什而刻之，以慰同里之好诗者，足叹否耶？昔子美麻鞋见主，拾遗以传。次山逃猗玗洞，名播南徼。二子之诗，皆变于唐之本调。后世慕其悲凉，感其切直，未尝不以为盛唐之音也。②

---

① （明）方以智著，张永义校注：《浮山文集》，华夏出版社2017年版，第279页。
② （明）方以智著，张永义校注：《浮山文集》，华夏出版社2017年版，第278—279页。

战乱年代,对文士来讲是一场考验。王粲曾避乱于荆州,作《登楼赋》《七哀诗》,以表其志。边让同样历经战火,他的《章华赋》正是他"才气不屈"的真实写照。方以智以古代先贤鼓舞自己,同时也在践履先贤的节气。然而,在国破家亡的危难之际,一些文人锦衣玉食,"从容案牍之暇",同时还写一些无关痛痒的"讽咏之什",这是一个有责任担当的士人应该去做的吗?显然不是,在方以智看来,这类人是可耻的,他们虽处优渥,但终究不会有什么大的担当。方以智想到了杜甫。安史之乱时,杜甫"麻鞋见天子,衣袖露雨时",他那种不顾个人安危而心存国家兴亡的责任担当显然是方以智看重的。元结也同杜甫一样,在安史之乱初期曾率族人避难猗洞,他悲壮的事迹也由此"名播南徼"。这两个爱国士人的诗难道符合"温柔敦厚"的诗学旨趣吗?方以智认为并不是,二人之诗"变于唐之本调",但丝毫不妨碍二人成为伟大的诗人,他们"慕其悲凉""感其切直",因此也可以说是"盛唐之音"了。与正统诗歌相比,方以智诗歌中的离乱书写当然也属于"变"诗,读方氏之诗,亦何尝不是"慕其悲凉""感其切直"呢?方以智在说杜甫与元结,又何尝不是在说自己呢?心有忠孝,面对纷乱的世道自然会有郁结,真实地将这种情绪表达出来,这又何尝不是真忠、真孝呢?

方以智在《浮山文集》中的一段材料中还谈到了好的诗歌应该将拟古和"为时而著"结合起来:

然两间风力所转翻字法门,奈黑豆何!要以体格时宜论之。①

"黑豆"指文字语言,方以智要表达的是:历代文人共享的都是这些语言文字,如何能写出好的诗歌作品(翻字法门),不仅要从诗人本身论起(体格),也需要顾虑时代风气(时宜)。文学家创作大抵皆受自身所处时代文学风气影响,都由自身所处时代文学出发,一般作家涵养于时

---

① (明)方以智著,张永义校注:《浮山文集》,华夏出版社2017年版,第64页。

风而不能有所超越,但杰出的作家则能超越常流,拔立时流之上,达到与古代名家相媲美的地步。因此,方以智主张"诗不必尽论,论亦因时"。然而,诗人超越时流,以求合于古人,并非简单地复古,更不是指模仿古人的风格、形制到了逼真的地步,而是要学习古人而最后自成一家。

方以智不仅在诗学评论中注重"为时而著",他的诗歌实践也同样注重这个理念。

方中履在父亲方以智《诗说(庚寅答客)》一文的最后有一段文字,这段文字谈及父亲诗歌风格发生了巨大变化,尤其值得我们关注:

> 感时触事,声出金石,又何能避乎?《瞻旻》沦铺,转侧瘴徽,封刀溅血,余此萍梗,异类中行,喀焉身世,有时冲口。乔宇侘傺耶?滑疑曼衍耶?不容自己,变不及知,所谓鹤唉半空,噫风济树耳。①

方中履对方以智诗歌做了整体的评价,其言辞之贴切、用情之深厚,读之让人泪目。他说,父亲方以智的诗皆"感时触事"而发,这里他还专门谈到了《瞻旻》这部诗集。《瞻旻》作于崇祯十七年(1644)至顺治二年(1645),这部诗集正是方以智在易代之际心绪的真实写照,此时方以智经历了"转侧瘴徽""封刀溅血",因此离乱心绪是贯穿此部诗集的一个主要情感。离乱心绪是一回事,有无信念又是另一回事,方以智遭受亡国之痛,但他内心中的"忠"与"孝"丝毫没有减弱,因此方以智借用庄子的恣肆离奇来抒发自己矢志不渝的孤臣心志。方中履还谈到方以智诗歌中何以写出"乔宇侘傺耶""滑疑曼衍耶",这并非方以智故意卖弄求奇,而是方以智内心孤愤难言,他自己甚至都"不容自己","所谓鹤唉半空,噫风济树耳"也是方氏本人没有预想到的。

---

① (明)方以智著,张永义校注:《浮山文集》,华夏出版社2017年版,第73页。

第一章 方以智的诗与学问

事实上,方以智此时期的诗歌确曾因家乡动乱、父亲入狱、明朝灭亡等事件而发生巨大变化,我们不妨读一读方以智在《流寓草》中的《桐变》一诗,感受方以智内心发生的震动:

> 夹道高门钟鼓闻,不闻行路啸成群。揭竿半夜空城走,纵火连朝大宅焚。县舍可能称健令,家奴今已负将军。遽知草窃匈匈起,翻恨平时拟檄文。①

此诗在精神气韵与炼字、炼句上与杜甫安史之乱前后的写实诗歌非常贴近,但方以智此诗所谈的事件却与杜甫完全不同。桐城是方以智的家乡,想到起义军纵火焚烧家乡的宅院,看到"家奴"叛主而自称"将军",方以智内心的悲愤是难以遏制的。方以智此诗正是做到了为"时"而发,因此他借由家乡动乱而产生的悲愤让其诗真挚、动人。

方以智中年之后的诗风又发生了剧烈变化,这种变化与方以智经历的种种磨难密切相关。我们不妨读一读《浮山文集》中的这段材料,以此感受方以智晚年诗歌随"时"而变的心路历程:

> 古之人或有志于时,时于忽乎不可以为,为之非其人,即其人,不过致死,死且无辨之者,沦胥以铺,谓之何哉?不得已,托之于声,以为传言旅市之比。悲矣,又不敢自悲其悲,或矢死以传其文,或齐生死而慰之以道,此皆休心于听致死之声者也。旁观者仅曰,不得志于时,此岂知其心哉?或曰:磬立秋之药,夷则之气,故易以悲。②

在方以智看来,古人的诗歌有时候因为时事的变动而以一种幽深隐晦的方式道出自己的志向,这一点尤其在易代之际的诗歌中表现得更为明显。

---

① (明)方以智:《流寓草》,载《方以智全书》(第九册),黄山书社2019年版,第117页。
② (明)方以智著,张永义校注:《浮山文集》,华夏出版社2017年版,第358页。

· 61 ·

有志之士想有一番作为，但"时于忽乎不可以为"，如果他们还要坚持自己的理想，就可能招来杀身之祸，他们这样的死是不明不白的死，因为他们到死也不知道自己为何而死，其实他们的死就像"沦胥"一样，是以莫须有的罪名亡身。迫于政治的险恶，有志之士该怎么办呢？方以智谈到了"托之于声，以为传言旅市之比"，这就是说以一种文字的形式隐晦表达自己的志向。有志之士当然不会对动乱的时事熟视无睹，他们内心悲愤，但这个时候又不能表现在行动上，这个时候，他们或"矢死以传其文"，或"齐生死而慰之以道"，因此他们的文字充满了士子心中对世道人心的忧愤，充溢着对天地人事的悲悯，而他们内心中的"道"也借由这些隐晦的文字流露了。对于这类文字，方以智认为"旁观者"是难以感同身受的，他们或许只能读到文字最表层的"不得志于时"，士人心中的忧患他们又如何能体味呢？在方以智看来，这些文字哪里只是文字呀，而是救治人心的"药"，是士子慷慨难平的"气"。"悲"只是外在的形式，借由此"悲"往深里走才能看到士子的心。方以智这段材料虽然谈的是古人之诗，这又何尝不是在说他自己的诗。方以智历遭种种天灾人祸之后还要坚持弘扬道统的忧患与悲悯全都在他的诗歌中有所流露，这正是我们读方氏之诗所要特别注意的地方。

总而言之，方以智从早年的拟古诗开始再到晚年的遗民诗，他的诗歌一直随"时"而变，其诗歌的变迁史更是其思想变迁、人生变迁最真实的写照，然而关于这一点，学界似乎还未引起足够重视。

(二) 真实表露性情

方以智诗文创作还有一个特征，就是在诗文创作中毫不掩饰自己内心的真情。关于这一点，从方以智在对司马迁与庄子的评价中就可以看出一二。

方以智在《文章薪火》中就谈到了作文要诚心诚意。

文章之先，当知所以为文章者。文章成列，当知为何等之文章。或大或小，或正或奇，或中或偏，是其人皆可，不是其人皆浮逐也。

不知为不知，而就事皆可；未得为得，而专作夸己扫人之词，有不如藏拙矣。①

方以智认为"诚"是作文最起码的态度。他说，作文还没开始，就要知道为什么写文章。等到文章写完之后，对文章的水平要有一个起码的判断。文章大也罢、小也罢，说的是正也好、奇也好，是中庸抑或偏颇，这些都不是最关键的，"诚"才是作文最重要的事情。每个人作文的水平有高下之分，对文的认识亦有优劣之别，但为文之"诚"是每个人都可以做到的。因此，方以智讲道"不知为不知，而就事皆可"，亦即说不懂就是不懂，只要写出真情实感就是好的。对此，方以智还补充说，与其写一些贬低别人而抬高自己的文章，还不如把这些虚浮的"大文章"收起来，老老实实说一些本分的话。

方以智在《流寓草·乐府长短歌行》中更是谈到了自己在《流寓草》中的很多作品虽然以拟古形式写出，但实际上是出于己意：

> 余《博依集》中已拟乐府三百余首。汉魏古辞颇少遗者，而晋至唐亦间效之。兹欲辨体，故复为此以备乐府长短歌行。若通章五言、七言，则各附其体。其七言亦有长短者，以凡效唐人，皆入七言古矣。此固不可以六朝及唐人之字句相参也。余每咏乐府古辞，发悲怨于屈诘参差之余，若有所讽，若无所指，可以放言无稽，故依其句读而行己意焉。横溢之士自为长短易于放失，固不若目此托意为甚便也。②

方以智早年在他的《博依集》中对历代诗歌进行了系统的拟古训练，这样的工作为方以智日后的诗歌写作打下了坚实的基础。《流寓草》创作

---

① （明）方以智：《文章薪火》，载《方以智全书》（第四册），黄山书社2019年版，第75—76页。
② （明）方以智：《流寓草》，载《方以智全书》（第九册），黄山书社2019年版，第37页。

时间晚于《博依集》，在这部诗集中方以智亦不乏拟古之作，但对此，方以智却说他的这类拟古之作是"依其句读而行己意"，也就是说方以智在此诗集中的拟古之作大部分是效仿古诗的形制和气韵，但诗歌的内容、意思却是自己真实的情感流露。

关于这一点，方以智在《浮山文集》中也略有提及：

> 诗人拟古，自有别致。尝与同社约取古一解二解之句，而各写其怀，何不可以填词和古，作因创制嚆矢乎？①

在中国诗歌史上，拟古之作一般难有很高的评价，究其原因，就是因为拟古诗大都只沿袭古诗的形式，而缺乏古诗的精神。方以智敏锐地发现了这一点，他认为拟古诗亦可作得精彩，但关键还在于"自有别致"，也就是说诗人要因时因地将自身的情感融入拟古诗中。方以智在青年时期做了大量的拟古诗，我们发现方以智不但能将古诗之形制模仿得惟妙惟肖，更重要的是他还能将古人之精神传达出来，这或许与他"取古一解二解之句"之后还能"各写其怀"有关。由此，方以智认为拟古诗之精神风貌是最重要的，学得拟古诗的真精神，以此"填词和古"才是真正的拟古。以古诗之情韵填词在古人中并不多见，方以智认为这样的做法因袭了古诗的精神又创制了新的词韵，对于词史而言，也不失为一种创新了。

接下来我们不妨看看方以智在《博依集》中的几首诗歌，以此感受方以智内心那份真挚的情感。

《庚午春作》一诗作于1630年，方以智时年19岁。

> 春雪尚未消，春雨满田间。梅花谢白日，明月出西山。倏忽二十年，一往不复还。黄鸟止丘侧，行行咏緜蛮。男儿贵结交，道路

---

① （明）方以智著，张永义校注：《浮山文集》，华夏出版社2017年版，第69页。

常苦艰。逍遥上河梁，河水暮潺湲。读书无所用，何为空闭关？①

方以智这首诗歌写得非常硬朗，我们完全可以透过文字感受到方以智那份强烈的入世精神。如果说该诗前四句是景物的起兴铺排，那么"男儿贵结交"一句则彻底流露出方以智内心渴望入世的愿望。方以智显然知道入世之路异常艰难，但他依旧没有任何退缩，最后一句"读书无所用，何为空闭关"彻底显露了方以智的雄心壮志。那时候的方以智意气风发，想要一番作为的愿望透过文字都能感受得到。

同一时期，方以智还有不少诗歌流露出伤感的情绪，《读十九首》一诗就是其中很典型的一首：

> 僦居陋巷希朋友，丛薄荒尘入瓮牖。布衣无用贵黄金，蓬室朝朝享敝帚。昔爱老子言五千，今诵汉人十九首。古人作诗多远思，能令杰士中心悲。余尝抚几再三咏，独咏但伤知音希。②

方以智少负雄才，并且渴望在政治上有一番抱负，然而现实却让方以智屡屡受挫，方以智的内心又感到了一丝孤独与伤感，这种情绪在方以智读完《古诗十九首》之后进一步放大，方以智由此又产生了"余尝抚几再三咏，独咏但伤知音希"的哀伤情绪。

面对末世，方以智似乎感受到个人命运与国家命运都将陷入一种无力感，这种无力感甚至让青年时的方以智产生了出世的思想，方以智在《杂作》一诗中就流露出了这样的情绪：

> 夜光明月弃路傍，笥中独宝萧与艾。轩轩霞举称多才，安知终身为患害？结交刎颈重大梁，容好倾城迷下蔡。中道离伤在一旦，

---

① （明）方以智：《博依集》，载《方以智全书》（第八册），黄山书社2019年版，第219页。
② （明）方以智：《博依集》，载《方以智全书》（第八册），黄山书社2019年版，第238页。

金石虽坚亦无赖。愿乘白鹤辞人间,拂袖遨游出天外。①

夜晚的月光最容易让人产生忧思,青年时期的方以智虽然身负大才,但现实却让方以智的才华根本无法施展,面对这种人心不古的世道,方以智有些灰心了,他知道现在的"中道"俨然已经"离伤",因此纵使自己像"金石"一样坚强也无法凭一己之力挽回这样浑浊的世道。既然自身的渺小无法撼动这污浊的世道,方以智由此写下"愿乘白鹤辞人间,拂袖遨游出天外"的诗句。方以智内心那种无奈的出世之感也由此可见一斑了。

以上三首诗歌皆取自方以智的《博依集》,应该是方以智同一时期的诗歌作品,但透过诗歌文字,我们却感受到了相差较大的情感色彩,这显然是方以智在不同时间段真实流露自己情感的产物。

(三) 注重诗歌形式

方以智早期诗歌第三个特征就是注重形式上的创新,我们在方以智对韩愈的评价中可以找到一些线索:

> 韩修武曰:"汲汲乎,惟陈言之务去。"数见不鲜,高怀不发,此诵读咏歌之情,即天地之情也。如天地则不旧,乾坤寰宇则旧。②

方以智特别重视诗歌语言的创新性,这与他厌弃俗诗、俗人的观念是一致的,他引用韩愈"惟陈言之务去"的文论观的用意也在于此。并非所见所感都可化而为诗,因此方以智说"数见不鲜,高怀不发",这其实是告诫我们要注意培养"高怀"之志,杜绝俗念、俗语。效法天地自然方能出新,正所谓"如天地则不旧,乾坤寰宇则旧"是也,也就是说,诗人莫要急于求诗,而是要等待一个契机,待与"天地之情"打成一片之时,此语方能出新、出意。

---

① (明) 方以智:《博依集》,载《方以智全书》(第八册),黄山书社2019年版,第241页。
② (明) 方以智著,张永义校注:《浮山文集》,华夏出版社2017年版,第64页。

方以智对前人诗歌中具有创新性的诗句非常赞赏：

"杵声不为客，一弦清一心。""禹力不到处，河声流向西。"造语刻至，匪夷所思。①

"杵声不为客"语出孟郊《闻砧》，这是一首借砧声以抒游子情怀的诗作。古人捣衣是在秋天做棉袄之前，此时天气已渐寒冷。捣衣用"杵"，"杵"是木制的棒槌。把浆洗过的用来做棉衣的布帛放在石砧上，用杵捣平使其松软，这样做出来的棉衣柔软舒适，是谓"捣衣"。所捣之衣多为征衣，是要寄给远戍的亲人的。孟郊分明说"杵声不为客"，实际上"杵声"却是专为游子而发，即"为客"。语言似相互矛盾，其实是反复言之。从诗人（客）角度着眼是"杵声不为客"，却依然引起羁旅伤感；从对面（思妇）设想是"杵声不为衣"，声声盼良人。诗人以"杵声不为客"一句牵动全诗意境情感，多层次、多侧面地描述了世间之苦。不惟自道思绪，也将思妇的普遍性传达出来，创作视角的转换，构成诗歌意象的灵动丰厚，构思之工"匪夷所思"。"一弦清一心"出自常建《江上琴兴》，方以智独喜"一弦清一心"一句。细细品味此诗，每拨动一根琴弦，都能使抚琴人心神清爽，此时琴声与心相互应和，浑然融合一处。此诗意在表达"心"与"物色万象，爽然如有感会"的入神之境。《江上琴兴》中还有一句"能使江月白"，这句话方以智也很喜欢，该句以琴声能使江月更加洁白，微妙地传递出琴声净化人心的巨大魅力。以上四句诗歌能够充分运用有限字数散发出无限韵味，这正是孟郊与常建匠心独运之处，因此纵使方以智读来也倍感"匪夷所思"。

在方以智看来，炼字琢句如果效果很好就能让诗歌的整体意蕴上升很多，这也是方以智在细节处注重创新的一个表征：

---

① （明）方以智著，张永义校注：《浮山文集》，华夏出版社2017年版，第71页。

> 琢句割字,刻画之小品也。长河千里一曲,不在乎此。然点缀之间,神亦与之俱动……《考工》《檀弓》《仪礼》,叙事状物,俱以简尽。《论语》"鲜仁矣",《孟子》"豕交之也",何常不奇?[1]

炼字琢句历来都是方以智非常重视的,在他看来"琢句割字"对一篇文章来讲不是一件小事,因为"点缀之间"能够传达文章的"神"。《考工》《檀弓》《仪礼》这些书正是因为在炼字琢句上下了大功夫,所以"叙事状物,俱以简尽"。对此他还举了《论语》和《孟子》中的两个例子。孔子说"巧言令色鲜仁矣",其中"鲜"字就用得非常凝练准确,"鲜"的意思是说很少,由此来看孔子并没有完全否定"巧言令色",而是给自己说的话留了一定余地,这就是孔子在炼字上下了功夫才能达到的效果。在方以智看来,这种看似平淡无奇的用字其实内涵更为丰富,这种平淡其实是"奇"的极致。

除了炼字、炼句、练章、练意、使事,方以智还重视诗歌格律的协美:

> 各体虽异,蕴藉则同,起《三百》之人于今,安知其不七言而长律乎?声依水,律和声,以乐通诗,则近体之叶律定格,谓为补前人之未备也可。[2]

古往今来,诗歌的形式并没有统一的规制,从《诗经》的四言诗到汉魏的五言诗,再到隋唐五代的七言诗,诗歌的字数一直在发生变化。此外,沈约之前的格律诗还没有定型,古诗与近体诗在格律上亦有较大差别。诗歌的形式虽然在变化,但中国诗歌的精神却没有太大偏离,古往今来,《诗经》都是士人耗费大量心血需要研读的经典,因此,中国诗歌的魂魄始于《诗经》,从这个角度来说,诗歌"各体虽异,蕴藉则同"。同时,从杜甫、

---

[1] (明)方以智:《文章薪火》,载《方以智全书》(第四册),黄山书社2019年版,第79页。
[2] (明)方以智著,张永义校注:《浮山文集》,华夏出版社2017年版,第72页。

李白再到白居易,我们都能从他们的"七言长律"中找到《诗经》的影子。那么,诗歌的发展是不是倒退的呢?古代评论家多认为中国之文学呈现出倒退倾向,韩愈读书只读西汉之前就是其中的代表之一。对于这种文学倒退论,方以智并不认同,他认为"以乐通诗"是中国诗歌的传统,古人并非不想让诗歌格律谐美,只是他们还没有能力总结出其中的规律,自"近体之叶律定格"之后,律诗有了章法可循,这对诗歌本身而言是一种进步的体现,因此,方氏认为"近体之叶律"可以补缀前人之"未备"。

方以智少时还对西学有相当程度的研究,他甚至还研究西学的音韵,并以此来补中国音律之不足。方以智在《膝寓信笔》中就谈到了这一点。

> 今日得《西儒耳目资》,是金尼阁所著。字父十五,母五十,有甚、次、中三标,清、浊、上、去、入五转,是可以证明吾之等切。①

方以智对音律是非常看重的,他不仅广泛研究中国既有的音律学说,还积极吸纳西方音律,方以智对诗歌格律之看重也由此可见一斑了。

综上来看,方以智对炼字、炼句、练章、练意、使事乃至诗歌格律都非常看重,他认为以上诗歌要素都是构成诗歌整体意蕴非常重要的细节,不重视这些细节就很难写出一首好诗。方以智对诗歌形式的看重与他对诗歌整体意蕴的要求并不矛盾,前者是后者得以形成的基础,后者是前者所希望达成的目标。

(四)扩大"兴"之范围

"赋"比"兴"是《诗经》中运用的三种主要表现手法,是中国古代根据《诗经》的创作经验归纳出来的诗歌表现手法。在这三种手法中,方以智似乎对"兴"更为看重。与传统以"物"作为起兴对象不

---

① (明)方以智:《膝寓信笔》,载《方以智全书》(第八册),黄山书社2019年版,第494页。

同，方以智将传统之"物"替换成"事"，这就大大延展了起兴的范围。方以智早年诗歌以"事"起兴也是一个非常典型的特征。

关于方以智以"事"起兴的论述主要集中在下段材料中：

> 诗者，志之所之也，反复之，引触之，比兴而已矣。世亦有知比者，未可以言兴也。兴之为比深矣，赋之为比、兴更深矣。数千年之汗青蠹简，奇情冤苦，犹之草木鸟兽之名，供我只谷呼击节耳。何谓不可引故事？何谓不可入议论？何谓不可称物当名？何谓不可逍遥吞吐，指东画西，自问答、自慰解耶？故曰"兴于诗""何莫学夫诗"。诗之广大配天地，变通配四时，惜乎日用而不知，虽兴者亦未必知也。①

诗是诗家怀抱之流露，那么如何展现诗家胸襟怀抱？方以智认为在于"比""兴"方法的使用。但在方以智看来，大部分人并未透彻理解"赋""比""兴"之于诗歌深浅的关系。古人一般以词意之深浅来区分"赋""比""兴"，这样的看法或许缘于《诗经》早期"赋""比""兴"的对象多为自然风物，因此"赋"的创作手法，显现于文本上的意义较为浅露直接，而由"比""兴"所寄托的物象则具备委曲联想的空间，能表现更深沉的内涵。方以智对此并不认同，他认为自然物的象征性累积到后代，其意义容易掌握，而用事就牵涉人与情，因此更难把捉。从这个角度来讲，"赋"事所散发出的意蕴是比"比兴"更为丰富的。"物"之于"事"的意蕴较为单薄，因此以"物"起兴不若以"事"起兴产生的韵味丰富，由此，方以智扩大了起兴对象的范围，认为"物"也好，"事"也罢，皆可入诗作起兴用。方以智提到的"草木鸟兽"即"物"，而"汗青蠹简，奇情冤苦"则是指"事"，"事"与"物"皆可作兴感之对象。亦即说，历史故事、社会风情，举凡人之所见皆可作起兴之材料。值得注意的是，以"事"起兴须由"赋"之手法

---

① （明）方以智著，张永义校注：《浮山文集》，华夏出版社2017年版，第66页。

展露，由此，方以智统合了"事"与"物"、"赋"与"兴"之间的关系，诗人在恣肆宏阔的视野中亦能尽情书写怀抱。以赋"事"而起"兴"使得诗歌包罗天地万象，所以方以智说"诗之广大配天地，变通配四时"，但一般人领略不到这层意思，所以他们不能理解"日用"亦可起"兴"。对于这种局促的认识，方以智不无遗憾。总而言之，方以智对"兴"的创作理想追求是融合"赋"来探讨的，此即"不以中废边"，中边俱备的诗学信念，诗歌优劣除了考量存乎其人的精神意义，诗歌形制的创作特色亦不容忽视。因此，由"兴"的"使事"引发联想，再倚赖"赋"的引线贯穿，清楚展现诗人的格调气度。由此，"兴"变成诗人思维的理路，具有一种方向性并指向诗人的人格精神意志，达到诗歌中欲彰显的思想情感。

紧接着，方以智还用《易》来譬喻"事"，从而将诗之"比兴"和《易》之"象"联系起来，方以智这样的论述让我们对起"兴"之范围有了新的理解：

> 知《易》为大譬喻，尽古今皆譬喻也，尽古今皆比兴也，尽古今皆《诗》也。①

《易经》以抽象的六爻来譬喻万事万物，是以古今万象皆可寓于《易经》之中。方以智主张诗之"比兴"也可效法《易经》之包容万象，古今之事皆可用以"比兴"，是以，诗与《易》一样亦能包罗万象。方以智由此扩大了"比兴"的范围，将"以此物譬喻彼物"扩大到以万事万物譬喻万事万物，将"先言他物以引所咏之词"扩大到以万事万物起兴万事万物，方氏宏大融通之气象也由此可见一斑了。

三 小结

方以智早年的拟古诗入古极深，但同时他又能出古，也就是说，方

---

① （明）方以智著，张永义校注：《浮山文集》，华夏出版社2017年版，第66页。

以智早年的拟古诗能做到对古人精神的沿袭，但在诗歌语言方面又有所创新，这是方以智早年拟古诗的一个显著特点。

方以智早年诗歌的创新主要体现在三个方面。第一，方以智的拟古诗能借用古诗的神韵而展现他当时的世事，这就让他的拟古诗充满了生气；第二，方以智在诗文创作中毫不掩饰自己内心的真情，这一点即使在他的拟古诗中亦表现得非常突出，他的拟古诗之所以能够写得"自有别致"，正是因为他能因时因地将自身情感融入拟古诗中；第三，方以智注重形式上的创新，他除了重视诗歌中的炼字、炼句、练章、练意、使事之外，还重视诗歌格律的协美，他认为以上诗歌要素都是构成诗歌整体意蕴非常重要的细节；第四，方以智还进一步扩大了"兴"的使用范围，将传统以"物"起兴扩大到以"事"起兴。

第二节 论方以智的"中边"说

"中边"说是方以智在《诗说（庚寅答客）》一文中提出的一个非常重要的文艺观点，关于"中边"说的研究，前人已经注意到了"中边"说在诗学方面的基本意涵。实际上，方以智的"中边"说不仅仅是方氏针对诗歌而发，举凡文章、音乐等其他艺文活动，"中边"说同样适用。方以智提出的"中边"说与"一在二中"在内在理论上具有高度相似性，二者有时候还经常混用，由此方以智甚至还将"中边"说提升到了哲学高度，并以此来会通世间万物。方以智的"中边"说不是凭空而来，而是有着深厚的家学渊源，方氏易学就是其中最重要的一个思想渊源。接下来，本书将从方以智的"中边"说的基本概念、"中边"说的意涵扩展、"中边"说与方氏易学三个方面展开论述。

一 "中边"说的基本概念

"中边"说是方以智的一个核心思想，那么何为"中边"，方以智在《诗说（庚寅答客）》一文中对此进行了详尽的论述：

> 姑以中边言诗，可乎？勿谓字栉句比为可屑也。从而叶之，从而律之，诗体如此矣，驰骤回旋之地有限矣，以此和声，以此合拍，安得不齿齿辨当耶？落韵欲其卓立而不可移也，成语欲其虚实相间耳熨帖也。调欲其称，字欲其坚。字坚则老，或故实，或虚谷，无不郑重；调称则和，或平引，或激昂，无不宛雅。是故玲珑而历落，抗坠而贯珠，流利攸扬，可以歌之无尽。①

方以智在这篇文章中并没有直接告诉我们何为"中边"，而是卖了一个关子，告诉我们"字栉句比"对于诗歌的重要性。在方以智看来，一首好的诗歌"落韵"恰切方能"卓立"，语词"虚实相间"方能"熨帖"，因此诗歌的好坏很大程度取决于声韵之"调和"、字词之锤炼。诗歌风格"平引""激昂""宛雅"虽因人而异，然"字栉句比"乃为风格形成之基础，不重视声韵与炼字，就无法形成"流利攸扬"的诗歌，个人风格就更是无从谈起了。

实际上，方以智特别重视诗文作品中的"字栉句比"，他甚至对诗文作品中的用词、气韵、格律、状物、手法等各个方面提出了要求：

> 措辞雅驯，气韵生动；节奏相叶，蹈厉无痕；流连景光，赋事状物；比兴顿折，不即不离。用以出其高高深深之致，非作家乎？非中边皆甜之蜜乎？②

所谓"措辞雅驯"是指诗歌用词的典雅，所谓"气韵生动"是指诗歌要具有"言有尽而意无穷"的韵味，所谓"节奏相叶，蹈厉无痕"是指诗歌要格律谐美而又无雕琢之痕迹，所谓"流连景光，赋事状物"是指以一种自然心态生动描摹赋诗对象，所谓"比兴顿折，不即不离"是指要充分运用"比""兴"手法，让诗歌呈现出顿挫的节奏感。方以智从用

---

① （明）方以智著，张永义校注：《浮山文集》，华夏出版社2017年版，第63页。
② （明）方以智著，张永义校注：《浮山文集》，华夏出版社2017年版，第63页。

词、气韵、格律、状物、手法等各个层面对诗歌提出了要求,他认为这些要求相互依存,不可孤立来看,如此才能达到"高高深深之致"的诗歌意境。最后,方以智指出:"非作家乎?非中边皆甜之蜜乎?"这其实是告诉我们,"高高深深"的诗歌意境其实正是诗人自身性情的自然流露,非能强求。人如何,诗亦如何,俗人非能作雅诗,高人必无粗鄙之辞,由此我们发现"中边皆甜"的秘密——要有"高高深深"的人来作诗。

谈完"字栉句比"之于诗歌重要性之后,方氏终于引出"中边"之概念:

> 如是者,论伦无夺,娴于节奏,所谓边也;中间发抒蕴藉,造意无穷,所谓中也。措辞雅驯,气韵生动;节奏相叶,蹈厉无痕;流连景光,赋事状物;比兴顿折,不即不离。用以出其高高深深之致。①

原来诗歌内容之不乖、音律之谐美是方氏所谓之"边",而由诗歌内容与音律引发的言外之韵则是方氏所谓的"中"了。在诗歌内容上要求"措辞雅驯,气韵生动",在声韵上要求"节奏相叶,蹈厉无痕",在意蕴上要求"高高深深之致"。方以智从诗歌体裁的本然、应然之结构,来讨论"中边"与字句诸要素的对应关系,这是很有见地的。我们知道,诗"调"之形成借由字句与声律之配合产生,而我们在吟诵一首诗时,不仅能感受字句的韵律生动,同时也能窥见作者的人格精神。

值得注意的是,方以智还特别强调了"中"与"边"之关系并非一种对抗关系,而是相互融摄、相互依存之关系。"边"由"中"起,"中"因"边"显,二者呈现出一种相互牵制、融合的变动历程。

---

① (明)方以智著,张永义校注:《浮山文集》,华夏出版社2017年版,第63页。

第一章　方以智的诗与学问

　　舍可指可论之中边，则不可指论之中，无可寓矣。舍声调字句雅俗可辨之边，则中有妙意，无所寓矣。此诗必论世论体之论也，此体必论格调论向之论也。……此一喻也，谓不以中废边。①

在方以智看来，"声调字句雅俗"乃可指、可论之"边"，而诗人的妙意幽情则是不可指、不可论之"中"，诗歌之"妙意"非凭空而来，而是需要借由"声调""字句""雅俗"等可指、可论之"边"来传达，舍去"边"，"中"就"无所寓矣"。换言之，诗人悟得不可指论之"中道"，然后回归于可指论之"中边"，顿悟之后仍须回归日用生理的现象自然，随遇而安。方以智由此肯定"边"之于诗的重要性，这也就是他所说的"不以中废边"的意思了。

　　从以上材料中我们看到，方以智所谓的"边"殆指诗之词，而"中"则指诗之意。然而，方以智马上又否定了他前面所提出的观点：

　　由此论之，词为边，意为中乎？词与意皆边也。②

既然方以智说"词为边，意为中"，那为什么他后来又要说"词与意皆边也"呢？如果用逻辑化的思维审视方以智的这段材料，我们不禁产生疑惑：这不是前后矛盾吗？其实这正是方以智的高明之处——他无意于向读者传达知识性的思维，而是由一个观念层层叠叠不断上升，从而让读者获得更高的超越。既然方以智说"词与意皆边也"，那么"中"又是什么？方以智没有告诉我们。

　　要了解方氏所言的第二层次的"中"义，我们不妨看一看方以智下面这几段材料：

---

① （明）方以智著，张永义校注：《浮山文集》，华夏出版社2017年版，第64页。
② （明）方以智著，张永义校注：《浮山文集》，华夏出版社2017年版，第63页。

> 向上兼堕，上无上下，犹中无中边也。①

"向上"指彻底了悟，而方以智却说"向上"与"堕"同时，"上"与"下"亦不存在对立。其实他是想告诉我们：真正的彻悟"道"与日用并不二分，正所谓"道"与"日用"须臾不可分也。理解了这一点，我们就知道"中无中边也"的意思了，"中"之意涵摄"中"与"边"，就如同佛法众生皆是平等身一样，"中"与"中边"本为一体，二者浑融一片，并无二致。

> 万物之自为法，极高深而无高深可见，无中、边而中道立。②

同样的，万事万物皆有自身法度，而法度又寓于万物之中，因此"法"既是高深的，又是极稀松平常的，"中"与"中边"也同样如此，无独立之"中"，亦无绝对之"中边"，"中边"寓于"中"之中，而"中"又须借由"中边"传达。是以，"无中、边而中道立也"。

搞清楚了"中"与"中边"之关系，我们就知道，方以智所言的"中"其实与"道"相埒，悟"中"之过程其实就是悟"道"之过程。初学者常常将"道"与"日用"截作两段来看，认为"道"精微不可测，而"日用"则卑劣壅蔽。待学者放平心态，精进入道之后，发现"日用"之中无处无"道"，甚至于无"日用"就无谓"道"之存在。正如孔子所说："闻义不能徙，不善不能改，是吾忧也。"悟道而不能"徙"，"道"之何存也欤？是以，"道"与"日用"须臾不可离，"中"与"中边"亦不能离。那么什么是"中"，笔者认为，"中"就是诗人的性情，而"词与意皆边"中的"边"就是诗歌作品了。事实上，诗歌作品与诗人主体二者融合无迹，是诗人以薪传火的一缕心光；诗人遣词立意之诗歌作品，正以凸显其学养内涵，读者也可借此窥见其情操修养及精神价值。

---

① （明）方以智著，庞朴注：《东西均注释·三征》，中华书局2001年版，第41页。
② （明）方以智著，庞朴注：《东西均注释·全偏》，中华书局2001年版，第140页。

由此，我们可以得出一个结论，方以智所谓的"中边"有一个层叠的双层结构。第一层结构中的"边"指诗歌的艺术表现形式；"中"指诗歌内容的思想意义。"中边"分别指称诗歌的"形式"与"内容"。"边"对于诗歌而言，并非次要地位，而是有着与"中"分庭抗礼的对等性，诗人夺工造巧，蕴藉词意之"边"，以寓示"中"之精神。第二层结构中的"中"指诗歌具有卓然傲立的艺术生命品格，存在着令读者千载如见其人的独特精神价值。此"中"超然于"中边"之上，寄乎于"中边"之"中"。也就是说，"中"是诗歌本体之"道"，由"边"（诗歌作品）将其价值体现出来。

二 论"中边"说与"一在二中"内在理路的一致性

由以上结论出发，我们可以从方以智的"中边"说中得出如下结论：

一者，"中边"说不轻视诗歌的形式；

二者，"中边"说注重"中"与"边"的同"时"；

三者，"中边"说认为无论是"中"，还是"边"，都不能有所偏颇；

四者，"中边"说强调"中"与"边"的相互融摄；

五者，"中边"说中的"中"不可见、难把捉，而"边"则是可控、可见、可感的。

令人惊讶的是，方以智所提出的"中边"说与方以智所谈到的"一在二中"在内在理路上呈现出高度的一致性。"一在二中"是方以智学问思想最精华的部分，是方以智继承和发扬方孔炤"公因反因"思想而提出的颇有原创性的哲学思想。《药地炮庄》中的一段文字可以帮助我们理解何谓"一在二中"：

> 寓教约几，惟在奇偶方圆、即冒费隐。对待者，二也。绝待者，一也。可见不可见，待与无待，皆反对也，皆会通也。一不可言，言则是二。一在二中，用二即一。南北也，鲲鹏也，有无也，犹之

坎离也，体用也，生死也。善用贯有无，贯即冥矣。不堕不离，寓象寓数，绝非人力思虑之所及也。①

"一"者，殆为"绝待""不可言"，方氏所谓的无极、先天、形而上亦可归为"一"；"二"者，殆为"对待""可言"，器物、后天、日用、形而下亦可归为"二"。方以智"一在二中"的思想贯穿在他著作中的各个方面，举凡方以智著作中提到的"太极在阴阳中，绝待在对待中，义理在象数中，地在天中，先天在后天中，道心在人心中，未发在已发中，无在有中，理在事中，通几在质测中，义理在象数中，公因在反因中，隐在费中，性在习中，泯在随中，道在艺中等等"②，这些都是方氏"一在二中"的变形。

方以智强调"一"与"二"的差别与联系，但更强调"一"与"二"的同"时"，这与方以智在易学思想上所谈的"先天在后天"说在内在理路上其实是一致的。从表象上来看，方以智"先天在后天"说与邵雍"先天定体，后天交用"在形制上非常相似，邵雍的"先天"与"后天"有各自不同的功能，"先天定体"因此先于"后天交用"，而方以智更强调"先天"与"后天"的同"时"。方以智"先天""后天"同"时"的思想显然受到方氏易学传统的影响：

其实落一画后，即后天矣，其行于先后天之中者，所谓神也，神即谓之先天，可也。究竟无先后天，惟有此时。③

从这段材料中我们可以看到，先天八卦随着落笔之后已经变成后天八卦，因此，"先天"与"后天"皆可视为"后天"；然而，"神"又贯穿于"先天""后天"之间，"后天"与"先天"又为一事，因此"后天"与

---

① （明）方以智：《药地炮庄》，华夏出版社2011年版，第101页。
② 田智忠：《一在二中与即用是体——方以智对理学的回应》，《中国哲学史》2020年第2期。
③ （明）方以智著，郑万耕点校：《周易时论合编》，中华书局2019年版，第1302页。

"先天"又皆可视为"先天"。是以,方氏家族最终认为"先天"与"后天"同"时"。

方以智在广泛吸收宋儒、方氏易学,以及佛教思想之后,最终形成了他"太极不落有无"的博大思想体系,方以智甚至还自创了一个符号——"∴"。方以智在《东西均》中的一段材料可以帮助我们理解方以智所谓的"∴"的意涵。

方以智的"∴"说真正做到了思想的会通,其中既有对古人(朱子)与今人(阳明后学)的会通,又有对三教的会通,同时还能将"日用"与道统打通,形成了会通古今、会通三教、会通天地的盛大气象。理解了"∴"思想的内核,我们就明白了"中边"说其实是"一在二中"思想在艺文方面的一个应用。

我们不妨先来看看方以智论述柳宗元和陶渊明诗歌的一段文字:

> 柳子厚诗在陶渊明下,韦苏州上。退之豪放奇险则过之,而温丽靖深不及也。所贵乎枯澹者,谓其外枯而中膏,似澹而实美,渊明、子厚之流是也。若中边皆枯澹,亦何足道。佛云:"如人食蜜,中边皆甜。"人食五味,知其甘苦者皆是,能分别其中边者,百无一二也。①

柳宗元和陶渊明的诗都不以华丽的形式著称。柳宗元《江雪》"千山鸟飞绝,万径人踪灭。孤舟蓑笠翁,独钓寒江雪",这样的句子何其清峻简练;陶渊明《归园田居》"种豆南山下,草盛豆苗稀。晨兴理荒秽,戴月荷锄归。道狭草木长,夕露沾我衣。衣沾不足惜,但使愿无违",这样的诗句又何其平白无奇!然而,在"外枯"的诗歌背后,陶、柳二人的诗中却有着丰富的韵味,正如苏东坡所言"枯而中膏,似澹而实美"是也。基于以上讨论,方以智提出了"若中边皆枯澹,亦何足道",这句

---

① (宋)苏轼著,孔凡礼注释:《苏诗文集·评韩柳诗》,中华书局2004年版,第2109—2110页。

话意思是说，如果诗歌形式简单，也无韵味，这样的诗还有什么可称道的呢？由此来看，方以智所谓的"边"就是诗歌的形式，而"中"则相当于诗歌的意蕴了。接着，方以智还用"如人食蜜，中边皆甜"来说明"中"与"边"之间的关系。方以智引用佛语其实是想说，诗歌的欣赏如同人吃蜜一样，人在欣赏好诗时最重要的是品味诗之"甜"，至于诗歌到底好在哪里，或许已经在得鱼之后忘掉了筌的行迹。透过方以智以上观点，我们至少可以得出以下结论：一者，"中"（意蕴）与"边"（形式）是两个相互涵摄的概念；二者，"中"（意蕴）之传达须由"边"（形式）来表现；三者，"边"（形式）的变化，其最终目的都是要创造更多"中"（意蕴）。由此来看，方以智所提出的"中边"说与"一在二中"在内在理路上几乎是一致的。方以智谈到的"边"（形式）者，"二"也，诗歌的华丽与枯澹即"二"之两端。方以智谈到的"中"（形式）者，"一"也，诗歌的意蕴是也。诗歌意蕴的丰富需要借由形式来展露，是以，"中"在"边"中（"一在二中"），然而，诗歌的形式无论是华丽或枯澹，它们都在追求一个共同的目标：用有限的形式展现无限的意蕴（"甜"）。是以，"边"之归结点又在于"中"。方以智所讨论的"中边"说正是源于方氏"一在二中"的易学观。

方以智在《通雅·诗乐论》中也贯穿着"一在二中"的易学观念：

  愚者曰：夫元声，冒统也。节奏乐器，实事也。声之中节，本自易简，不过高下疾徐，错综而合节奏，为谓法耳。十五字、七调、五音、三等，不能违也。较劲俗乐侧调，低二字为正调，即雅矣。管色均弦，人声依律。唐之绝句，皆入乐府。理学歌诗，林希恩歌学谱，止执一法，是则三百篇不必旋十二律，非拘而何？声音之故，微至之门。律度出于河洛，而未观其通；祝敔所以节奏，而不知其用，又何言哉？[①]

[①]（明）方以智著，张永义校注：《浮山文集》，华夏出版社2017年版，第198页。

所谓"元声"者,殆指声音之原,方以智以"冒统"概之,这似乎也是方以智所讲的"∴"最上面那一点。"节奏乐器"可以把控,是以方以智称之为"实事"。其实,方以智这里谈到的"法"与"节奏乐器"又何尝不是统合在方以智所说的"一在二中"。"一"者,"乐"之法也;二者,"高下""疾徐""错综"等对立统一之关系也。乐之"法"在"高下""疾徐""错综"等音乐变化中,而这些对立统一的关系组成的"十五字、七调、五音、三等"乐理又全都统摄在"法"之中。谈"法"要学习乐理知识,如此才不是虚妄之法;学习乐理知识也不能亦步亦趋,只认一个死理,如果像"理学歌诗,林希恩歌学谱,止执一法",那么"三百篇不必旋十二律"了。因此,在方以智看来,声音是"微至之门",既要切切实实地从乐理知识入手,懂得"柷敔所以节奏",从而"知其用";还要从"二"上升到"一",懂得"律度出于河洛",从而以乐理之"一",会通到宇宙万物之"一",这也就是方以智所讲的"∴"和"元声"了。

方以智还在《膝寓信笔》中谈到了"中边"说:

> 又得李存我书《九歌册》,仿诸家法,自《兰亭》《曹娥》《乐毅》《十三行》,虞、褚、米、赵各为之,中边俱肖,又未尝不按毫藏锋,圆顺自在也。与近代自便而故持玄论者,岂非置的而中鹄乎?[1]

这里方以智已经将"中边"之意涵从诗歌、散文扩展到了书画领域,他认为"《兰亭》《曹娥》《乐毅》《十三行》,虞、褚、米、赵"等人的书画作品做到了"中边俱肖"。方以智在这里谈到的"中边"又指什么呢?方以智没有明说,但他却说"未尝不按毫藏锋,圆顺自在也",按照方以智在诗歌中的"中边"说来看,方以智这里谈到的"按毫藏锋"的法

---

[1] (明)方以智:《膝寓信笔》,载《方以智全书》(第八册),黄山书社2019年版,第496页。

度似乎为"边",而"圆顺自在"的艺术效果当为"中"也。由此来看,"中边"说的意涵不只适用于方以智对诗文的品评,在书画领域,"中边"说亦然。在艺文领域,方以智对"中边"的强调其实反映出方氏两点认识:一者,方以智强调艺文学习初始阶段要先从学"法"开始,那些"自便而故持玄论者"就是没有扎实的功底而急于务虚,方以智对"边"的看重折射出方以智对艺文学习基础的看重。二者,方以智也同样看重艺文作品中的神韵和精神,但他认为作品的精神不是从虚处妄想而来,而是要通过扎实的功力一步步逐步上升而来,通过功底扎实的作品展现出丰富的精神或许才是方以智看重的。

最后,方以智在《东西均》中甚至将"中边"当作一个哲学概念来提出,其折射出的哲学思想与"一在二中"同时注重"道"与"日用"的学术观点完全一致:

> 圣人烛乎无中、边之厫中,而尝立乎适可之中道,能使人心自尽,而不居其烈;使人人心行其光,而可以束缊。莫闇茸于毫,而使之自燫于其身;莫委琐于物,而使之供爩于礼乐。鼎济匋埴,各安生理,以化釜鬶之累;主其大体,容诸爝火纸烛,以新万世樵采之心,此天地之所以大也。①

"厫中"者,庞朴先生认为是"至大"之意。圣人默识"厫中",因此圣人恰好处在不落"中""边"的中道之中,圣人也由此能"尽心"而不至于偏倚。如果人人都能效法圣人"尽心",那么人人都能"心行其光",然后能相互照亮彼此。然而,如果人们只热心于一"边",就容易造成偏颇。譬如,有人热衷于琐细微贱的事物,并且沉迷其中;有人为"物"所囿,在烧火煮饭中寻找"礼乐",在方以智看来,这些人都只注意到了"边"而没有看到"中"。那么,人在什么样的情况下才能真正

---

① (明)方以智著,庞朴注释:《东西均·尽心》,中华书局2001年版,第76页。

做到"尽心"呢？方以智认为，行"中"道方能"尽心"。在他看来，"中"与"边"相互涵摄而"中"道之精神不是空头理论，它就贯穿于我们锅碗瓢盆的日用生活之中，鄙夷"日用"，"中"就成了空谈。同样地，人们也不能完全将精神系在日用生活上，"日用"之中含"道"，但"日用"毕竟不是"道"，因此，方以智告诫人们万不可深陷日用而看不到大道，在"边"（日用）中体悟"中"（道）或许才是方以智乐于看到的。在锅碗瓢盆的日用中体悟中道，再将"中"道贯穿到"边"之中，如此人们既看到"中"之"大体"，又不鄙夷"边"之琐细，人们也由此能"各安生理"，见"天地之所以大也"。

通过以上讨论，我们发现"中边"说即"一在二中"在艺文方面的一个应用，其内在理路与"一在二中""公因反因""∴"等哲学概念并无太大区别。以上哲学概念的归旨大体上是一致的：它们都不轻视形而下层面的事物，同时强调形而下与形而上的同时与会通。

三 "中边"说与方氏易学

无论是"中边"说，还是方以智提出的"一在二中"，其理论渊源都是方氏易学。方以智在《文章薪火》一文中就谈到了这个问题：

> 文章之开阖、主宾、曲直尽变，手眼之予夺、抑扬、敲唱双行，何非一在二中之几乎？以过而化其不及，以不及而化其过，以中而化其过、不及，以过、不及而化其中。《易》之参两错综，全以反对颠推，而藏其不测。有悟此为文章者，张旭之闻鼓吹、观剑器，纪昌之目承挺、贯虱心，不是过矣。[①]

这里谈到的"开"与"阖"、"主"与"宾"、"曲"与"直"、"予"与"夺"、"抑"与"扬"、"敲"与"唱"皆可为"一在二中"中之

[①] （明）方以智：《文章薪火》，载《方以智全书》（第四册），黄山书社2019年版，第78页。

"二",那么什么是"一"呢?"一"就是好的文章的写作之"道"。在方以智看来,文章与易道并无二致,"二"是相辅相成的两个矛盾要素,两个要素如"气"一样都不断在变化,当创作者能够将"二"的变化之"气"与"一"相通时,就能创作出好的文章。由此来看,"开阖""主宾""曲直""予夺""抑扬""敲唱"绝不是固定的,而是在不断变化中追求一种统"一"的和谐。接着方以智又谈到"过"与"不及"的问题,他认为文章若有"不及",可以"过"化之,若文章有"过"则以"不及"化之,方以智谈到的"过"与"不及"正恰如《易经》中的"阳"与"阴"二气,以"阳"补"阴",因"阴"滋"阳"也同样是这个道理。那么方以智为什么要"以过而化其不及,以不及而化其过"呢?原来,方以智是想让"过"与"不及"达到一种动态平衡状态,这种状态就是方以智所讲的"中"。"中"者,不偏不过,是方以智比较理想的一种审美状态。如果说"过"与"不及"是方以智"一在二中"所谈到的"二",那么"中"定然就是"一"了,由此看来,"一在二中"理论贯穿在方以智文章学的各个方面。方以智"一在二中"理论其实源于方氏易学。"参两"说是方氏父子用"数"解释河图洛书乃至世界万事万物的一种方法,方以智所说的"《易》之参两错综,全以反对颠推,而藏其不测"其实与他所讲的"一在二中"并不矛盾。"参"与"两"是"二"中的两个元素,这两个元素相对相成,而"一"则藏而不用,由"参"与"两"组成的卦象、图书也是如此,"全以反对颠推"即组成对象的显象,显象之中有"二"的对立与统一,而"藏其不测"就是暗含在"二"中的"一"了。由此来看,"一在二中"源于方氏易学是没有疑问的,同时"一在二中"也成为方以智解释万事万物的一种方法。在他看来,如果悟得了《易》中"一在二中"的道理,那么"张旭之闻鼓吹、观剑器","纪昌之目承挺、贯虱心"等艺文活动中隐含的道理就很容易明白了。

　　实际上,"一在二中"的内在理论在方氏易学中早就开始出现。譬如,方孔炤在讨论"象"与"理"的关系时说:

> 羲之象在圆为太极，为两仪，为四象，为八卦，以图示之，而使观之者即观此象也。文王更置卦位，而以象之著见者，为阖为辟，为往为来。变通为象，而究其象之所自阖而辟，辟而阖，往而来，来而往，所以为阖辟往来以示人，而人观之者，即观此象也。象本于理，以此理措乎日用即制器是也，是象之显设也，皆谓观象之学。（《时论合编·图像几表·观易杂说》）

"所以为阖辟往来以示人"是取程颐义，指"理"而言，此是说，伏羲先天八卦讲成卦的次序，文王后天八卦讲爻位的变化，其称为图式，有象可见，《系辞》所说"观象玩辞"即观察此两类图象。但这两类图象，又出于其所以然之理，此即"象本于理"。依其"理"而施之"日用"，即观象制器，总之，易学可以说是"观象之学"。意思是说，"象"本于"理"，而"理"又寓于"象"中，观"象"方可明"理"，因而可以制器。此种观点，基本上是发挥程朱派的体用一原说，但强调"理"寓于"象数"，不能离"象"言"理"。其实方氏这里探讨的"理象"关系与"一二"关系根本上是一致的。如果说，方氏这里谈到的"象"是"二"，那么"理"就是"一"了，"象本于理""理寓于象"与"二本于一""一寓于二"在理论上讲并无二致。

关于"理"与"数"之间的关系，方以智也持类似观点：

> 冒言之，理与数相倚也。无理数与理数亦相倚也。犹夫一与二之相倚也。立卦生爻，依数而理寓焉。尽性至命，则超于一切而依然一切也。此节序森列之理数，分毫不坏也。示人研极，则倚数穷理，即逆是顺。圣人开成，则倚数穷理，是饮食耳。故会通者，以为象数，一切是象数；以为道理，一切是道理。（《时论合编·说卦》）

方氏不否认义理学派所推崇的"易简之理"和"无形无象之至理"，但认为《周易》所说的"理"，即存于"象数"之中，特别是河洛等图式之中。显然，这是站在象数学派的立场，对"理气象数"的争论做了总结。尤其值得注意的是，在象数问题上，他们主张有"象"即有"数"，有"气"则有"数"，不以"数"为"气"和"象"的本原，又是继承了朱震一派的象数之学的传统，其象数观不同于数学派，属于唯物主义的路线。这同他们关心自然现象的变化、通晓自然科学方面的知识，提倡"质测"之学是分不开的。就哲学史而言，"虚空皆象数"这一命题，也是宋元以来儒家哲学反对佛道两家世界观的继续。如果说，以程朱为代表的义理学派，以"理"反对虚无的世界，如程颐所说"皆是理，安得谓之虚"（《遗书》卷三）；以张载为代表的气学派，以"气"作为反对虚空世界的武器，如张载提出的"虚空即气则无无"（《正蒙·太和》）；那么，以方以智为代表的象数学派继承了上述的传统，提出了"虚空皆象数"，以象数为理气之表法，又以象数为武器驳斥了崇虚逃玄的说教。其所谓"象数"，并不脱离"理"和"气"，就这一点说，"虚空皆象数"这一命题，又是对儒家易学哲学反对二氏的总结。象数属于形象世界，乃见闻的对象，以此论证世界的实在性，更加有力地打击了以世界为虚幻或以虚无为妙道的唯心主义的世界观，进一步发展了中国古典哲学中唯物主义实在论的传统，此是方氏易学哲学的一大贡献。

方氏讨论了伏羲八卦和文王八卦的关系，先天和后天的问题，提出"先在后中"这一命题：

必暗后天，以明先天，又暗先后，以明中天。[1]

所谓"后天"者，即方以智所谓的"二"，亦即"质测""两极""日用"等形而下层面的物质。所谓"先天"者，即方以智所谓的"一"，意即"通几""无极""先天"等形而上层面的"道"。"必暗后天，以明先天"就是说以形而下层面的物质窥探形而上层面的"道"。"又暗先

---

[1] （明）方以智撰，庞朴注释：《东西均》，中华书局2001年版，第48页。

后，以明中天"就是说从"一"（涵摄"二"）通达不落"一""二"的"三"，此"三"者即"中天""太极""不落有无"，亦是我们前面提到的"∴"。由此看来，方以智在"一在二中"的基础上，最终提出了"∴"的思想，"∴"既不是"一"，亦不是"二"，而是在"一"与"二"之上又重新构建一个"三"，此"三"是对"一"与"二"的超越，但又同时依靠"一"与"二"。方以智"∴"的提出解决了哲学史上纷争数千年的"有""无"之辩问题，同时也调和了朱子与阳明的纷争，是具有开创意义的哲学思想。

总而言之，方氏关于先后天八卦始终贯穿着先天卦为体、后天卦为用的思想观念。方氏此论，肯定了先天与后天的差别，同时又强调二者的统一。

首先，方氏承认"先天在后天中"。具体来讲，先天八卦为体，后天八卦为用，二者融二为一，不能离开后天时用，而别求先天之体，亦不能弃先天之体，只讲后天时用。此外，方以智还强调先天与后天在时间上并无先后之分，皆归结为趋势变化，以前民用。方氏此说，表面上看，是发挥邵雍的先后二天说，但其着眼点，不在先天而在后天，不在其体，而在其用，强调先天不能脱离后天孤立地存在。[①] 此说虽非方氏一家之言，但方氏易学做了详细的论证和阐发。其理论思维是，先天作为本原的东西，并不脱离后天即万象的变化过程而存在。方氏依据其对先后天图式的理解，进而在哲学上讨论了先天和后天的关系。就哲学范畴而言，方氏对先后二天的理解，内涵不一，或指本原的东西为先天，派生的东西为后天；或指自然赋予的，即本性的东西为先天，以后来形成的东西为后天；或以本来就有的为先天，认为的东西为后天；或指内在的本质为先天，外部的变现为后天；或指无形象者为先天，有形象者为后天；或者经验以外者为先天，经验为后天；或以不学而能者为先天，以学问为后天。这些内涵，并非方氏所自创，乃沿用宋元明以来诸家的

---

① 参见朱伯崑《易学哲学史》（第三卷），华夏出版社1195年版，第416页。

说法。但方氏认为，无论哪种含义，作为先天的东西即在后天之中，先天不脱离后天而孤立存在，此种观点，方学渐和方大镇的易学已开其端。

其次，方氏确认先天与后天之间的差别其实有一定的现实寄寓。在方氏所处的晚明时代，以王龙溪为代表的王学末流甚至标榜"无善无恶为第一义"，他们这种取消善恶、虚实差别的主张让整个晚明学风陷入空虚，更有甚者甚至认为"酒色财气不碍菩提路""一念成佛"，这种无须努力就可抵达第一要义的修身方法无疑让晚明学风陷入一种僵局。方氏家族清楚地看到了空疏学风带给学界的弊端，因此他们严厉地批评心性之学有废学逃玄的弊病，职是之故，方氏家族花费大量崇尚物理和《易》数，他们重视后天八卦的苦心就在于希望人们反省并认清务虚不是学问进阶的正确路径，做事情先踏踏实实从基础开始，如此才是真正的治学之道。由此看来，方氏确认先天与后天之间差别的用意就在于凸显后天八卦的重要价值，举凡方以智谈到的形而下之学、物理之学、日用之学、"一在二中"中的"二"、"公因反因"中的"反因"、"中边"说中的"边"等概念，其实都可归结为后天八卦，方以智对后天八卦的重视体现了他治学的崇实倾向，更重要的是，也是方以智继承家学传统对现实的一种坚定的回应。

四 小结

"中边"说有两层内涵，第一，"中边"说之"边"指诗歌的艺术表现形式，"中"指诗歌内容的思想意义。第二，"中"指诗歌具有卓然傲立的艺术生命品格，存在着令读者千载如见其人的独特精神价值。

方以智提出的"中边"说与"一在二中"在内在理论上具有高度的相似性。具体来讲，"中边"说中的"中"与"一在二中"的"一"类似，它们都是一种更高层次的符号，这与方氏所谓的"无极""先天""形而上""不可言"等相类似；同样地，"边"与"二"类似，都是相对带有形而下色彩的符号，这与方氏所言的"对待""可言""器物""后天""日用""形而下"相类似。

方以智的"中边"("一在二中")说不是凭空而来的，而是有着深厚的家学渊源，无论是"中边"说，还是方以智提出的"一在二中"，其理论渊源其实都出自方氏易学。

第三节 "怨怒皆中和"——论方以智的"中和"诗说

一 何谓"中和"？

"中和"一词最早出现在《中庸》中：

> 喜怒哀乐之未发谓之中，发而皆中节谓之和；中也者，天下之大本也，和也者，天下之达道也。致中和，天地位焉，万物育焉。①

看来，"中和"一词最早并非用来喻诗，它似乎更多是一种带有形而上性质的观念。所谓"中"者，殆指没有把喜怒哀乐表现出来；所谓"和"者，殆指有情绪的表露，但能控制在一个合理范围内。"中"是人人皆有的本性，而"和"是人们需要遵循的原则。当人们达到"中和"境界时，天地便各在其位了，万物便生长繁育了。

由《中庸》而来的"中和"意涵对后世中国文化产生了极为深刻的影响，举凡中国人的性情、处事方式都可见"中和"的影子。中国文化不喜欢主动寻求对抗，中国人在政治施行上也讲求宽猛相济，这些都是"中和"思想的一种外在流露。

《荀子·王制》中就从政治角度对"中和"说有相关记载："公平者，职之衡也；中和者，听之绳也。"② 荀子这里所谈的"中和"主要是对执政者而言，他这里所言的"中和"，大概意思是在行政处理时要宽猛得当。

---

① （宋）朱熹注：《四书章句集注》，中华书局1983年版，第18页。
② 张觉：《荀子译注》，上海古籍出版社1995年版，第145页。

方以智的艺文活动与学问之道

由"中和"思想延伸,古人更多崇尚一种中正平和的心态,古人认为,只要保持一颗敬重或敬畏的心,中正、平和就得以长存,人的健康就得以保障。由思想到人,由人再到文艺,"中和"思想对中国文艺也同样产生了极为深刻的影响。

《礼记·经解》中就有:"温柔敦厚,《诗》教也。"所谓"温柔敦厚"者,就是一种不激不厉,合于"中和"的行文风格。

探讨完了"中和"思想的基本意涵,我们还需要思考一个问题:"中和"既然是不偏不倚的,那么是不是它就意味着没有原则的变通呢?答案是否定的,"中和"思想主张不偏不倚,但我们千万不要认为"中和"就是毫无原则地摇摆,其实,"'中'道在施行时,主体应当持有的态度并非模棱两可、含糊不清……主体施行'中'道应当秉持一种和而不流、刚劲不倚的态度,其中又有看似外柔,但实际上不可冒犯的威仪在里面"[①]。

综上讨论,我们可以给"中和"下一个简单的定义。"中和"者,中国传统的哲学价值理念也,它首先是一种不偏不倚的处事态度,其次是看待如何解决问题的一种方法。中和思想不是一种模棱两可的处事态度,而是在柔中蕴藏着刚劲。此外,"中和"思想对中国文化有着惊人的影响,从国家层面的政治交往到个体的性格、处事方式,再到中国文艺,我们都能从中找到"中和"思想的影子。

二 "诚"是"中和"的前提

方以智的"中和"诗说是在传统"中和"思想基础上衍生而来的,它既有继承传统"中和"思想的一面,同时也为"中和"说加入了他自己的认识。

我们不妨先看下面一段材料:

---

① 韩琛:《〈道德经〉中的"中"义发微》,《阜阳师范大学学报》2021年第1期。

> 江南全盛，卧子生长其地，家拥万卷，负不世之才，左顾右盼，声声黄钟，行且奏乐府于清庙，歌辟雍之石鼓，备一代之黼黻，以挽逝波于中和，岂不伟哉？然歌卧子沉壮之音，亦终不能自欺其慷慨也。余少卧子五岁，而观其状貌，似子长。同志既寡，抚时击节，终归不欺其志而已，岂特骚雅比兴之指，不可以与世人晓哉？①

陈子龙是方以智青年时期的挚友，二人的出身背景相似、读书经历相似、用世之心相似、个人寄寓相似，这些相似最终让二人惺惺相惜。陈子龙"家拥万卷，负不世之才"，在饱读诗书之后，陈子龙的诗歌才能"左顾右盼，声声黄钟，行且奏乐府于清庙"。值得注意的是，方以智还提到陈子龙诗歌"以挽逝波于中和"。"挽逝"者，殆指以悲悼之心绪追忆和挽留。"中和"是方以智诗论中屡次出现的一个重要概念，这里的"中和"当指诗歌整体的和谐。方以智说陈子龙诗歌"以挽逝波于中和"，其实就是说陈诗中虽萦绕着一种悲悼的追忆心绪，但诗歌还能和谐畅快。这一点是非常难做到的，所以方以智称"岂不伟哉"。此时陈子龙与方以智的心绪比较类似，他们都有感于时局的变动而心绪难平，因此他们的诗歌皆有"沉壮之音"，这种艺术风格并不是他们刻意为之，而是"不能自欺"之后所发的慷慨之音。方以智对"不欺其志"有着特殊的强调，这一方面是方以智本心的至诚，另一方面也是对那些"无病呻吟"和"润色鸿业"诗歌的一种回应。方、陈二人"不欺其志"，故而"抚时击节"，发慷慨悲壮之音，他们诗歌中的悲怆是真诚的、深沉的、自主的，而那些俗士奉"骚雅比兴"为圭臬，他们亦步亦趋，定然无法懂得方、陈二人在诗歌中的遥远寄托。从这段材料中我们可以看到，方以智早年的"中和"诗说与传统的不激不厉的"中和"诗歌似乎并不一致，方以智甚至认为悲悼情感的流露亦可做到"中和"。此外，方以智还指出"挽逝"情绪无他，不过是"不能自欺"而已，可见，方以智在诗歌

---

① （明）方以智著，张永义校注：《浮山文集》，华夏出版社2017年版，第56页。

创作时对"诚"有着特殊的强调。

我们再来看看方以智在《流寓草》中的《田稼荒》一诗：

> 贼去而春已过矣。农事尽废，田家流亡，死亡在道，百里且无人烟。故乡之人传闻如此，能不悲哉！
>
> 田稼荒，农夫亡，老幼走者死道旁。走入他乡亦饿死，朝廷加派犹不止。壮者画伏夜行归，归看鸡犬人家非。贼去尚余一茅屋，官军又来烧不足。①

《流寓草》是方以智明崇祯七年（1634）至崇祯十一年（1638）的诗作。其间，方以智避难南京，其所言者，"大约皆悲感辞难、发泄幽愤之作也"。方以智流寓南京的六年，是明王朝内外交困、濒临崩溃的时期，面对家破人亡的战乱，方以智内心悲痛极了，他无法再以一种所谓的"中和"之气来写诗，"田稼荒，农夫亡""贼去尚余一茅屋，官军又来烧不足"就是方以智对当时战乱纷纭的真实写照。

透过方以智在明亡前后的作品——《顾瞻噫（辛巳秋作）》，我们也能感受方以智内心的悲愤：

> 本怀民之劬劳，而顾瞻帝京，有心哉！辛巳之秋，可以出都。苟获余生，曷与世事？然怆恍苑结，有不能不感者，故为广其意焉，志隐也。②

《顾瞻噫（辛巳秋作）》大概创作于方以智从北京逃出前后，在此篇骚体文中，透过"怆怳"之辞，我们看到了方以智厚重、感人的家国情怀。"本怀民之劬劳，而顾瞻帝京"，此时此刻，方以智刚刚从北京逃出，自己的性命和家庭都难保全，但方以智却依旧"怀民之劬劳"，担心"帝

---

① （明）方以智：《流寓草》，载《方以智全书》（第九册），黄山书社2019年版，第72页。
② （明）方以智著，张永义校注：《浮山文集》，华夏出版社2017年版，第107页。

京"的安危。这何尝不是杜甫"安得广厦千万间，大庇天下寒士俱欢颜"精神的延续，动乱中最可见人心，方以智之心"仁"矣！方以智九死一生之后，面对满目疮痍，内心何尝能够不沉重，"怆悢苑结"之后，创作了这篇感人肺腑的佳作。

由此来看，方以智的诗歌并没有刻意要追求所谓的"中和"之气，诚恳地书写自己的内心才是方以智更为看重的。对方以智这种直抒胸臆的写诗风格，时人多认为方以智诗歌不合"温柔敦厚"之旨，方以智对此似乎并不认同。方以智在《送李舒章序》一文中也流露出类似的观点：

> 感世救时，不知者为诽谤朝政矣，知之者又以为物禁已甚，无故而善悲怨，非君子之所喜也，故皆自燓其藁，绝不与人论及。①

方以智其实也认识到了他的诗歌在当时会受到非议，他所写的"感世救时"之作，在一般人看来就成了"诽谤朝政"；在那些略微了解时政的人的眼中，这种"慷慨悲壮"又会被他们认作"为物禁已甚"，超过了"怨"的界限。因此，方以智后来写诗，绝少与人论及。其实，当时批评方以智诗歌的人都受到传统"温柔敦厚"诗教观的影响，在他们看来，方以智诗歌中的激烈情感是不合"中"道的。平心而论，"温柔敦厚"诗教观本身没有问题，但诗歌之"诚"比形式上的"温柔敦厚"更为重要，不诚恳地迎合时风去创作所谓的"温柔敦厚"的作品，这无疑是虚饰的"温柔敦厚"，对此方以智并不认同。

方以智在经历国破家亡的生死淬炼之后，诗歌风格发生了极大变化，他在《宋子建秋士集序》中以"秋"喻"士"，继而谈到他诗歌发生转变的原因。

> 悲哉，秋之为声乎！时以秋成，风以秋变，士盖以悲为性哉。

---

① （明）方以智著，张永义校注：《浮山文集》，华夏出版社2017年版，第91—92页。

非以今日秋也，生为才士，则已秋矣。集目始于壬申，则余初过云间之岁也。当是时，合声倡雅，称云龙焉，一俯一仰，不自知其声之变矣。卧子尝累书戒我悲歌已甚，不祥。嗟乎，变声当戒，戒又安免？子建曰："皎然不欺其志已耳。诗也者志也，从吾所好，曼衍以穷年，变不变何问焉？"忽忽崩裂，以汲郡青岩余骨，过辕文之塾，子建开后园，执其手，泣数行下，声满天地，变不变乎？自此转仄锋锷法场，余馑濒死，此十余年感天地恩，痛自创艾，捽草塞齿，然且啾啾，变不变乎？①

秋天是文人最喜欢的一个季节，无数文人士子都在秋天发出自己的悲叹。方以智则认为，士人选择了秋天，秋天的悲痛也同样是士人的命运。壬申年（1632），方以智21岁，此时方以智诗歌与陈子龙相比已经发生变化，甚至方以智自己也"不自知其声之变"。陈子龙发现了这个问题，说方氏之诗"悲歌已甚，不祥"。对陈子龙这样的评价，方以智本人并不认同。他认为"变声当戒，戒又安免"，也就是说，如果"变诗"应该改变，那么变了之后就无须再变了吗？接着方以智又引用宋子建的一段话，原来方以智更认可诗要"不欺其志"。在经历"忽忽崩裂"之后，方以智此时的心绪当然与少年时期不同，方以智无法做到还像以前那样写一些合规"大雅"的诗作。方以智之"变"者，乃"不欺其志"之后，不得已而为之也！方以智中年再次经历"锋锷法场"的生死考验，经历过"饥馑濒死"的人生惨状，那种"痛自创艾""捽草塞齿"的内心之痛如何又能以"正诗"表之？"啾啾之音"，较之以往，又是一变。由此来看，方以智诗歌确实是其一生最真实的写照，他"不欺其志"、随时而变，这种诗歌现在看来才是弥足珍贵的。

方以智对"诚"的特殊强调看上去似乎与"中和"说呈现的风格相违，这在明亡之后的方以智诗歌中体现得尤为明显。我们不妨看看方以

---

① （明）方以智著，张永义校注：《浮山文集》，华夏出版社2017年版，第362—363页。

智在《过西宁拜鹿公叔祖墓》中的句子：

> 北都怜苦节，万里伴殷勤。耕凿期同隐，奔波竟别君。刀头留破衲，劫后扫孤坟。苔洗三年累，看碑读祭文。①

方以智在此诗中毫不隐讳地流露出自己内心的苦痛，他以"北都怜苦节"表达对前明的追思，他用"奔波竟别君"来表达自己对亲人、朋友的怀念，他用"劫后扫孤坟"来表露自己内心的孤愤与无奈。如果用"温柔敦厚"的诗歌风格来衡量，此诗无疑是缺少节制了。但如果用"诚"来衡量此诗，我们透过文字依旧能感受到方以智内心那份伤痛与真情。

那么，"中和"诗说到底是主张"诚"，还是主张"温柔敦厚"？以上种种材料都为我们佐证出一个结论：方以智更看重诗歌之"诚"。其实，从学理角度来看，"诚"与"中和"并不违背，"中和"一词出自《中庸》，如果对《中庸》比较熟悉，我们就知道此书对"诚"有着特殊的强调。

> 唯天下至诚为能尽其性。能尽其性，则能尽人之性。能尽人之性，则能尽物之性。能尽物之性，则可以赞天地之化育。可以赞天地之化育，则可以与天地参矣。诚者，物之终始。不诚无物。是故君子诚之为贵。②

由此来看，"诚"是任何道德养成的起点，既然"不诚无物"，那么不诚之"中和"当然不是真"中和"。换言之，不偏不倚只是"中和"呈现的方式，而不是"中和"生成的前提，要想真正达到"中和"，主体必须是真诚的，唯有"诚"之"中和"方为真"中和"。

---

① （明）方以智：《浮山后集·无声㘴》，载《方以智全书》（第十册），黄山书社2019年版，第258页。
② （宋）朱熹：《四书章句集注》，中华书局1983年版，第31页。

方以智对《中庸》是熟悉的,他定然知道虚伪之"中和"不是真正的"中和",因此,方氏的"中和"诗说就和主张诗歌追求"中和"风格的人有一个显著的不同:方以智的"中和"是以"诚"为起点的,方氏不会为了刻意谋求"中和"而自欺其志。

方以智早年与陈子龙交好,他在《陈卧子诗序》中还没有提到"中和",但他那时候已经认识到"诚"恳作诗的重要性:

余束发时为诗,即与天下言诗者不合。年二十,乃交云间陈子卧子,志相得也。嗟乎,博闻者寡矣,亟时取宠,恶事于此?彼其中无所发情俯仰古今,苟有所作,能免于时趣乎?何责其韫籍骚雅,存比兴也?卧子负天下材,欲有所为于天下,然廑退而著书称说,称说之不足,又呻吟之,是以其音沉壮多慷慨。余亦素慷慨,欲言天下事而不散,但能悲歌。歌卧子诗,抑又自悲其志矣。或曰:诗以温柔敦厚为主,近日变风,颇方已甚,毋乃噍杀?余曰:是余之过也。然非无病而呻吟,各有其不得已而不自知者。[①]

方以智从少时起就展现出异于常人的风度,他对一般俗士的诗歌并不认同。随着方以智读书越多、见识越广,他对"亟时取宠"的俗士更加厌恶,因为那些俗人没有认真读过多少书,他们的诗歌中没有"俯仰古今"的才力,更没有真切的生命体验,要在他们的诗歌中找到一些"韫籍骚雅"的"比兴"之作几乎没有可能,因为他们只会迎合时趣写一些看似典雅靓丽的俗作。他的好友陈子龙则不然,首先陈子龙是饱读诗书的,另外,陈子龙有自己真切的感受,且"其音沉壮多慷慨",这些共通性让方以智和陈子龙最终成为至交。方以智和陈子龙在诗歌上除了共同主张诗歌要有"慷慨之音"外,还主张"言天下事而不散",更重要的是,诗歌中的"慷慨"与"天下事"还要和诗人统合起来,这就要求

[①] (明)方以智著,张永义校注:《浮山文集》,华夏出版社2017年版,第54页。

诗歌还要能"自悲其志"。对于方以智诗歌中的慷慨悲音，有人认为这不符合《诗大序》主张的"温柔敦厚"，对此，方以智认为他的诗歌确实较之"温柔敦厚"有偏颇的嫌疑，但他的诗歌不是无病呻吟，而是他情感的真实表露，他的慷慨悲歌实在是"不得已"而为之。《陈卧子诗序》是方以智青年时期为好友陈子龙所写的一篇诗序，那时候方以智还没有形成"中边"说完整的理论体系，亦没有将"怨"纳入"中和"的范畴，但那个时候方以智已经注意到了诗歌中真实情感的重要性，是以，他情愿诗歌不合"温柔敦厚"也不能自欺。

方以智在另一段材料中也表达出类似观点：

> 今之歌，实不敢自欺。歌而悲，实不敢自欺。既已无病而呻吟矣，又谢而不受，是自欺也。必曰吾求所为温柔敦厚者以自讳，必曰吾以无所讳而温柔敦厚，是愈文过耳自欺矣。日当流离，故乡已为战场，困苦之余，蒿目所击，握粟出卜，自何能毂，此果不敢自欺于鸣鸠之渊冰者。①

这段材料出于方氏青年时期，那个时候方氏就认识到了"今之歌，实不敢自欺"。因此，当方以智目睹天崩地裂的动乱时代，他的家国情怀让他无法对国破家亡熟视无睹，方以智的"悲怆"之情难以抑制，方以智如实地将这种情感展露在诗歌中，"悲怆慷慨"也由此成为他的诗歌具有标识性的一个情感主题。那时候方以智也没有建立起圆融的思想体系，他没有强迫自己写出"温柔敦厚"的"自欺"之作，他认为与其迎合时风，还不如打破传统，写世人所谓的"无病呻吟"之辞。其实，此时方以智的"故乡已为战场"，"流离"在外，"蒿目所击"，皆是悲怆，这份心腔中的悲怆又如何能"自欺"呢？因此，方以智青年时期的那些诗歌绝不是"无病呻吟"之作，而是内心悲怆的真实表露。

---

① （明）方以智著，张永义校注：《浮山文集》，华夏出版社2017年版，第55页。

> 方以智的艺文活动与学问之道

"诚"一方面是《中庸》的内在要求;另一方面也是方氏家族特别看重的家学传统。方以智在《膝寓信笔》后序中就谈到了方氏家族对"诚"的看重:

> 读吾祖所刻《阳明录饕》,语皆切近,不可以举业为学,亦不碍其为举业也。小子未敢谈道,每事但行其心之所安,率真毋欺,切忌伪饰;然又不可以伪加勉强之贤,习气横流,安得不用药?药自勉强,既已不能,则悔愧自反,犹救一半。①

方氏家族历来就深受儒家经典的影响,因此方氏家族对"诚"历来就非常看重。方以智在儒门环境下成长,"诚"之品质由此嵌入方以智内心深处,成为方氏终其一生都不曾移换的品质。方以智这里谈到在他青年时期,"每事但行其心之所安,率真毋欺,切忌伪饰","率真毋欺"讲的就是一个"诚"字,"诚"能让人心安,"诚"能去"伪饰"。当然,方以智谈到他年轻时也有"伪加勉强之贤""习气横流"的时候,但他那时候就认识到了这样的做法不"诚",因此"悔愧自反"。

"诚"是方氏家族的传统,方以智还以此传统告诫儿子不要自欺其志:

> 老父则曰:"析理、举事、极物,文之正用也;达志、陶情、文之乐群也。士业生于典籍之后,何乐而不因其井灶,续其无欺之火也乎?闭防已甚,大决伤多,故以经学藏道,雅音作人。所偻偻于末世者,高标不可与争,而时风若以熏之,此即薪泯火之中和饮也。谨取辛巳至今前后条说汇而录之。"②

---

① (明)方以智:《膝寓信笔》,载《方以智全书》(第八册),黄山书社2019年版,第483页。
② (明)方以智:《文章薪火》,载《方以智全书》(第四册),黄山书社2019年版,第88—89页。

方以智中年时的诗歌崇实奇崛且喜好老庄，但他对儿子的教育却与自己的作品呈现的风格并不一样。他告诫儿子，写文章要把道理讲清楚，把例子举恰当，把描写对象尽可能生动地描绘出来，这是写文章的正道。此外，他还告诫儿子，写文章可以传达出自己的志气，可以陶冶情操，也可以和朋友一起交流娱乐。文章要写好，必须对古人的典籍非常熟悉，方氏家族的"井灶"（家学）要熟悉，最重要的是，要延续方氏家族"无欺"至诚的治学态度。方以智有感于明末"闭防己甚，大决伤多"的社会现状，因此他还希望儿子能够将自己的所学贯穿到"道"中，做一个儒雅的善人。在这个浑浊的"末世"中，方以智还谆谆告诫儿子莫要与那些标新立异者论争，若真的与那些人争吵，就是熄灭了自己内心苦苦修炼来的"中和"之气。

文为心声，真诚的人作文也是真诚的，因此方以智强调要作"中和"之文，首先要做"中和"之人。方以智在《浮山文集》中就谈到了这一点：

素心不俗，感物造端，存乎其人，千载如见者中也。[①]

诗的雅俗与否在乎人，正所谓"素心不俗，感物造端，存乎其人"是也。方以智认识到了这一点，就能见得"中"之大义。也就是说，"中"者，人也。

综上来看，"诚"是方以智诗文创作中的一个立足点，亦是方以智所理解的"中和"诗风的前提。与一般人理解的"中和"诗风不同，方以智认为真实流露自己内心的心绪比虚假地追求"中和"诗风更重要，因此，方以智在经历生死淬炼之后，他的诗歌更倾向于真实地表达内心的痛感。总而言之，"诚"是方以智诗歌从早期到晚期一以贯之的一个基本品质，方以智一生的诗集实则为方以智一生心史的外化，方以智对

[①]（明）方以智著，张永义校注：《浮山文集》，华夏出版社2017年版，第63页。

"诚"的特殊强调既符合《中庸》的内在要求,也是方氏家族一直看重的精神品质。

三 怨怒亦"中和"

如果我们知道了"诚"是贯穿方以智诗文活动的一个最重要的品质,那么我们对方以智诗歌中的"怨"就相对容易理解了。事实上,在诗歌中真实流露"怨"情也是方以智诗文活动比较看重的一件事情。

方以智关于"温柔敦厚"的一段解读文字,可以帮助我们理解方以智诗歌中关于"怨"的表达:

> 《经解》曰:"温柔敦厚而不愚,深于诗者也。"孤臣孽子,贞女高士,发其菀结,音贯金石,愤謇感慨,无非中和。故曰怨乃以兴。犹夫冬之春,贞之元也。[1]

"温柔敦厚"是《礼记·经解》对《诗经》的一个基本评价,同时也是中国诗歌评论最主流的传统。"怨"则语出《论语·阳货》,是孔子对《诗经》社会功能的一种描述。孔子这里所讲的"怨"不是怨恨,而是一种适当的"怨"情,这种"怨"情通常寄寓着诗人对现实生活的观照。诗之"怨"既可以抒发诗人内心的苦闷,同时也可以引起统治者的警戒,从而更好地改正自己的不足。以上是笔者对"温柔敦厚"与"怨"较为原始意义的一些描述。然而,后世随着社会风气的转变,人们对"温柔敦厚"与"怨"的理解较之先秦更为狭隘,很多儒者甚至认为诗歌一定要合"温柔敦厚"之旨,对"怨"情有过者也多持否定之态度。方以智对此可能并不认同,他认为"怨"是中国诗歌的优良传统,真诚地反映时弊才是真"怨",粉饰之"怨"非真"怨"也。由此他说"孤臣孽子"与"贞女高士"的"愤謇感慨"亦是"中和"之诗。真诚

---

[1] (明)方以智著,张永义校注:《浮山文集》,华夏出版社2017年版,第65页。

的"怨"是人自然之流露,无须刻意掩护,这就好比冬日严寒难耐一样,虽然刺骨,但确是天地自然之转化,若"制器塞乎天地"。

方以智对"怨"的看重亦在他对古代经典诗文作品的品评中展现得淋漓尽致。方以智特别钟情《诗经》中的《小雅》,也喜欢屈原的作品,其中很重要的一个因素就是以上作品中的"怨"情引发了方以智内心的共鸣。我们不妨先看方以智对《小雅》中诸部作品的品评:

> 格莫奇于《三百》牛羊之章,先叙饮讫之状,忽曰"牧人乃梦",变鱼变旟,从而占之,何其幻乎?《采绿》忆远,忽而作计,此后永不相离,薄言观者,冷缀便收。至于《正月》《小弁》《雨无》之沉悼,《蓼莪》《彼何人斯》之激怒,章法次第,最称神品,皆非后人所能仿佛也。①

《小雅·无羊》是中国古代第一部诗歌总集《诗经》中的一首诗。此诗写牛羊繁盛和牧人的梦想,反映了当时畜牧业的生产状况。全诗共四章,方以智这里谈到的"牧人乃梦"是《无羊》的第四章。在前三章中,诗人已经将牧羊的生动画面描绘得惟妙惟肖,第四章若还是白描放牧情景,全诗就会显得没有韵味,果然在第四章的起首,诗人就谈到"牧人乃梦",这就超越了放牧的现实,诗人笔下纵横捭阖,来去无影,难怪方以智要说此诗第四章"何其幻乎"。方以智接下来又谈到了《小雅·采绿》一诗,此诗讲的是一位妇女思念出门在外的丈夫,诗中前两章以实极写幽怨神理,刻画情思细致入微;后两章以虚极言倡随之乐,更显出别离之苦。前为景中情,后为情中景,形象生动地表现了夫妻的恩爱和妻子对丈夫的痴情。此诗中将一个女性心中的缠绵悱恻的"怨"情刻画到了极致,难怪方以智对此诗印象深刻。此外,方以智还谈到了《诗经》中《正月》《小弁》《雨无正》《巷伯》《何人斯》等篇目,从方以智所谈到

---

① (明)方以智著,张永义校注:《浮山文集》,华夏出版社2017年版,第72页。

的这些诗歌来看，以上诗歌均出自《小雅》，且都是充满着忧愤情绪的哀怨诗，可以说方以智对《诗经》中的"怨"诗有着特殊的兴趣，他自己都说这些诗歌"章法次第，最称神品，皆非后人所能仿佛也"，这既体现着方氏本人的审美趣味，也可能与方以智当时离乱的心绪有关。方以智早年对《诗经·小雅》有过大量的仿写之作，中年以后，很多诗篇都具有《小雅》哀怨诗那种缠绵悱恻的哀怨之情，可以说哀怨诗是方以智诗歌最显著的一个标志，甚至贯穿方氏诗歌创作的始终。

方以智早年就对屈原推崇备至，甚至还模仿屈原《九歌》《九章》写了《九将》等骚体诗歌，在这篇诗之前，方以智对屈原其人其文的一些文字值得我们注意。方以智青年时期就专门写过一篇《屈子论》，文中对屈原的"怨"情予以极高的肯定：

> 古人其心，翱翔乎天地，呼吸乎古今，随所出处，倘然自适，或著书以垂教，或发声以言志，何与乎死生？讵必以其无文，见其无情？讵必无情，然后能不为生死累乎？忠不见用，信而见疑，其心一，其声悲，不必以传，不能以传。此其日月争光之文，文固已传天地之心矣，吾故谓屈子之死，故不死，其文固不死也。[①]

方以智认为屈原之文能感天动地，屈子那种大无畏的精神让其人其文充满了理想的光辉。他认为屈子的境界非腐儒所能理解，屈子之心会通天地、融通古今，他的行为已经到了"从心所欲而不逾矩"的境界，他谈论生死，抑或不谈论生死都是极自然的事情。他不会打着"圣人无情"的旗号彰显他们早已超脱生死、看清生死的名号，更不至于讳谈生死。方以智所谓的"古人"亦有"情"，只不过其"情"真纯自然，他们根本不会刻意掩饰内心，因为他们的"情"与"无情"早已和"道"汇通。屈子在面对"忠不见用，信而见疑"之后，"其声悲"是极自然的

---

① （明）方以智著，张永义校注：《浮山文集》，华夏出版社2017年版，第270页。

事情，屈子当然不是借由"声悲"来传其文，"其日月争光之文"早已感天动地，其"文固已传天地之心"，天下哪里还有不传其文的道理。因此，在方以智看来，屈子的肉体虽然死了，但他的精神依旧不死，他彪炳史册、感天动地的"文"也将永远传于世界。

对于《离骚》《古诗十九首》以及陶渊明作品中的"怨"情，方以智也予以极大的同情：

> 《离骚》之登天入水，作如何会？《华胥》之钧天，作如何会？《古诗》之结婚遗鲤，书字不灭，作如何会？渊明之干戚掷杖，乞酒与年，作如何会？其指远矣。①

中国诗歌其实不大容易真正读懂，难懂之处并不在于诗歌字词和表象之意，而是文字背后诗人遥远的寄托。方以智对此颇有感触。他说《离骚》中创造的一系列"登天入水"的意象，华胥与钧天，《古诗十九首》中的"结婚遗鲤"，陶渊明的"干戚掷杖，乞酒与年"等情节都不能止于字面意思，这些故事背后都有作者的寄托。从方以智谈到的情节来看，其中有一个共同之处，那就是诗人内心都是处于一种愤懑之中，他们内心的痛楚无法在现实生活中得到平复，因此化而为诗，以诗来宣泄内心沉重的哀怨。

对于时人作品缺少"美刺"，只会以润色鸿业为能事，方以智对此颇有不满，他认为士子面对千疮百孔的社会，应该用"怨"诗来担起自己身上的担子。方以智在《陈百史诗序》一文中就专门谈到了这个问题：

> 今天下方工博士家言，急为世资耳。它诗古文辞，何必事？事之者不乏，然吾不能不慨雅道之丧也。岂风不可复兴？何知者执寡耶？余少鲁，然知好古，不善流俗人之言，以故虽欲游方内，未尝

---

① （明）方以智著，张永义校注：《浮山文集》，华夏出版社2017年版，第72页。

> 方以智的艺文活动与学问之道

为人论说,乃者何幸得百史与长言之也。①

方以智认为当时有一类人文章还没学得古人的精髓,就迫切想要闻名天下,写一些润色鸿业的文章。诗歌、古文、辞章难道一定要加入这类润色鸿业的事情才行吗?他们不过着急出名,方以智对这类着急讨巧的人颇不认同。实际上,方以智并不排斥在诗歌中用事,方氏在自己诗歌中亦有很多针砭时事的诗歌,方氏所排斥的就是这类不真诚的谄媚之作,也正是因为这类人、这些作品的出现让方以智慨叹"雅道之丧也"。中国诗歌有"怨"的传统,这在《诗经》中已经确立下来,孔子本人亦对"怨"之诗加以肯定,《诗大序》中也说作"怨"之诗者无罪,同时还能让"闻之者足以戒"。但方以智谈到明末很多诗人似乎忘记了《国风》与《小雅》中还有"怨"的传统,其实这些人不是"寡闻",只是不愿承担士人该承担的责任罢了。这一点是方以智最痛心疾首的。在方以智看来,学文应从"好古"开始,对古人文法熟悉之后不要做那些油滑的迎合之作,而是要作有裨于世的"大雅"之作。

方以智对诗歌中的"怨"非常看重,透过以上材料我们能很明显地看到这个问题。但是"怨"与"中和"又有什么联系呢?方以智在《礼部仪制司主事黄公墓碑铭》一文中就指出了"怨"与"中和"的关系:

> 有烈士而未闻道者,有好奇而非正命者,有袭委化而貌中和者,有以悟自谢而不顾法位者,夫乌知夫致中和之超生死耶?夫乌知夫怨怒之皆中和耶?②

方以智在这里首先为我们列举了一系列人,这些人或多或少都有一些偏颇或问题,其中"袭委化而貌中和者"就是没有"中和"之心却虚伪地呈现"中和",这类人方以智显然不会认同。随后,方以智指出,"中和"并不

---

① (明)方以智著,张永义校注:《浮山文集》,华夏出版社2017年版,第52页。
② (明)方以智著,张永义校注:《浮山文集》,华夏出版社2017年版,第386页。

像世俗理解得那么狭隘，需要超越生死之后才能对"中和"有更深的体悟。方以智经历了家破国亡，经历了"九死一生"，在他看来"中和"不是徒袭"中和"之貌，而是在患难中依旧不易其志，这样的人发真情、有真心，纵使他们在作品中有怨、有怒，亦无违"中和"。这就是方以智所谓的"怨怒亦中和"了。"怨怒亦中和"的核心在人，有坚定志向的人，他们情感的诚恳流露就合中和。反之，那些趋炎附势的摇摆人，他们的诗文纵然有了"中和"之貌，那也不是真正的"中和"。

方以智的学生揭暄在读完方以智《文章薪火》一文后有一段题跋，这段文字提到了方以智经常谈到的"中和"说，其观点可补上说：

> 一真无避，则孤孽之哀怨亦中和也。渊明、元晏、云贞，皆以枕籍自化其高而养中和者乎？我师道备四时，一多相贯，潜亢肥遁，归于中田。其所雅言，无非罕言，特未尝剥烂复反历尽者无由知之耳。①

在揭暄看来，真诚地表达自己内心中的"孤孽之哀怨"亦符合"中和"。古往今来，陶渊明等人难道都依靠"自化其高"来形塑他们的"中和"之气吗？显然不是，陶渊明亦有不少金刚怒目式的诗歌，《咏荆轲》中的"惜哉剑术疏，奇功遂不成"，《读山海经》中的"刑天舞干戚，猛志固常在"，何尝又不是真性情的流露呢？由此，揭暄认为其师方以智的诗歌亦符合"中和"之气。谈到方以智，揭暄说其师有"道备四时"的通达，有"一多相贯"的会通，有"潜亢肥遁"般丰富的人生阅历，如此浩瀚的经历形塑了其师"中和"之气。如果没有"剥烂复反"感受其师传奇的一生，那么对其师的"中和"是难以深切理解的。

综上来看，方以智不仅重视"怨"在自己诗文作品中的呈现，还对古代文学作品中的"怨"情极为推崇——他对《小雅》《楚辞》中的

---

① （明）方以智：《文章薪火》，载《方以智全书》（第四册），黄山书社2019年版，第89页。

"怨"情深表同情，对司马迁、陶渊明等人作品中的孤愤亦颇有共鸣。此外，方以智还将"怨"纳入他"中和"诗说的范畴，提出"怨怒亦中和"的诗学观。

本章小结

方以智在诗歌方面下过很大的工夫，他早年的拟古诗入古极深，但同时他又能做到出古。方以智早年的拟古诗歌具有一定的创新精神，具体体现在四个方面，分别是：以古韵写时事、将自身的情感融入拟古诗中、重诗歌形式方面的修饰，以及将传统以"物"起兴扩大到以"事"起兴。

方以智提出的"中边"说是在方氏易学基础上提出的具有原创性的文艺主张。"中边"说之"边"指诗歌的艺术表现形式，同时寄寓着方以智卓然傲立的艺术生命品格；"中"则指诗歌内容的思想意义，同时还包含方以智期待的独特精神价值。"中边说"在内在理路上与"一在二中"基本一致，"中"与"一在二中"的"一"相近，这与方氏所谓的无极、先天、形而上、"不可言"等相类似；同样地，"边"与"二"相近，这与方氏所言的"对待"、"可言"、器物、后天、日用、形而下相类似。

方以智的"中和"诗说是在古代"中和"思想的基础上发展而来的，是方以智用诗文作品对现实的一种回应。"诚"是方以智"中和"诗说的前提，而随"时"而变则是方以智"中和"说的精髓。"怨怒亦中和"是方以智面对国破家亡，真诚表露内心情感所提出的诗歌主张，这一主张既折射出方以智作为士人的社会担当，同时也是对传统"中和"诗说内涵的丰富。

第二章

方以智的书法与学问

方以智的书学思想是深刻而富有张力的，如果用先入为主的方式将其抽绎出一条条僵化的概念，这样的研究无疑会损害方氏思想的丰富性，也犯了方氏本人最厌恶的"皮相"之弊。方氏论学绝少就事论事，其书学思想常常不单单是论述书法，因此，解读方氏书学思想很难将其仅仅囿于书法，而是应当从方氏文本的实际出发，将方氏书学和他的学问结合起来，如此才有更接近方氏书学思想原貌的可能性。

方以智的《浮山此藏轩别集》中有两卷随笔札记，第一卷有八十八条，主要论述其书学思想。此外，《物理小识》和《通雅》中亦有不少方以智关于书法的材料。方氏的这些随笔札记内容当然不止于书法本身，而是和他的学问紧密联系在一起。方以智在这些札记中的书学思想都还未被学界所发掘，但无论从书法还是学问角度而言，都对我们有很大的启发。

第一节　学书先从下苦功开始

方以智认为"法"与"神"的兼备是好的书法作品应该具有的，但对于初学者而言，学书更应该先从守"法"开始。

我们先来读一读方以智在《跋介公旧本千文》中的一段文字：

> 法与神致，不相离也。体正而尽变，变亦正矣。莫非寓也，莫

方以智的艺文活动与学问之道

非游也，过庭所云神怡务闲之难也。①

所谓"法"者，殆指书法之内部法则，所谓"神"者，当指超乎法度之外的自然造化，"法"显然需要由人去践履，而"神"则非人力所能把控，方氏认为好的书法作品得先从守"法"开始，再来谈"法"与"神"的兼顾。"法"与"神"度量的把握其实并不容易，所以方氏说："莫非寓也，莫非游也，过庭所云神怡务闲之难也。"② 一般人只看到了"法""神"兼备之后的"神怡务闲"，但谁又知道这背后需要付出多少辛劳与历练呢？

"法""神"兼备在学理上似乎并不难理解，但在实际操作中却非常容易有所偏颇。方以智谈到有一类人就喜欢未知"法"而妄谈"神"：

学未知法而骤诩神致，不为苛律所缚，即为谈神所误。③

可见，对于对书法之"法"还未有所体悟，就妄谈书法中"神"韵的做法，方以智很不认同。对此，他还专门开出了药方：

必临古帖，乃不随恶道……人本不能健整而骤语训顺，只属软稚。不能牵展而言缩敛，只属局促。欲得陟拔，即蛇纠鬼攫，不入高朗之格。④

依此可知，临帖是治此类弊病的不二法门，通过大量的临帖，才有可能与古人书道的精微冥会，没有这样一个艰苦的临帖过程，"神谈"也只是空中楼阁。对于初学者而言，方以智认为还是应该踏踏实实地从基础

---

① （明）方以智著，张永义校注：《浮山文集》，华夏出版社2017年版，第416页。
② （明）方以智著，张永义校注：《浮山文集》，华夏出版社2017年版，第416页。
③ （明）方以智著，张永义校注：《浮山文集》，华夏出版社2017年版，第416页。
④ （明）方以智著，张永义校注：《浮山文集》，华夏出版社2017年版，第416页。

训练开始,先把字写"健整",再来谈"刌顺"也不迟。至于"陗拔",那是一种个人风格,如果没有经过大量基础训练就想当然地以"蛇纠鬼攫"自诩"陗拔",那不过是自欺欺人,终究"不入高朗之格"。

事实上,方以智自身也有大量的临帖经验,惜乎有关方以智传世的临摹作品不多,我们仅发现一套方以智临褚遂良《潭府帖》《家侄帖》和虞世南《去岁帖》册页(见图2-1),现藏汕头市博物馆。此册页落款处有:"偶临储河南、虞永兴数字,临公喜之,无道人智。印:浮渡愚者智记、韵古楼、北轩收藏"。

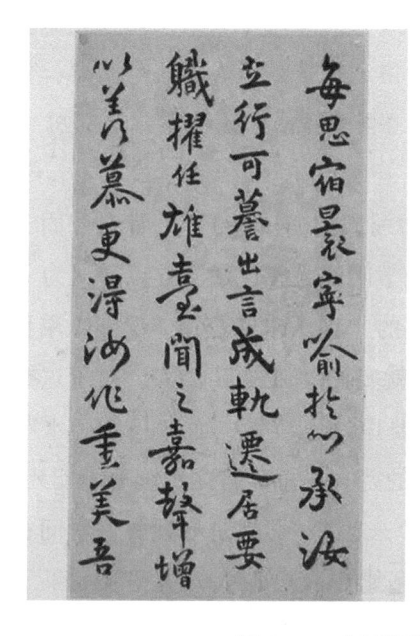

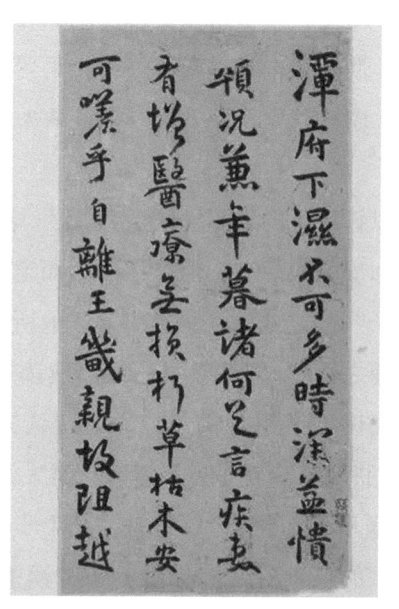

图2-1 方以智临帖作品(局部)

从此册落款处"浮渡愚者智记"可知,此册页当为方以智中年以后的作品。对于一般书家而言,中年之后一旦书风确立就疏于临帖,然方以智中年之后仍对临帖情有独钟,可见其对书法之庄严态度。方以智此册页用笔精到、线条圆润,虽有草笔,然整幅作品仍能做到结字方正,显然能看出方以智当时临摹时一丝不苟的态度。方以智虽临摹褚遂良与虞世南,但显然能看出方氏并没有完全死临褚、虞,而是在二人基础之上略带王羲之之随性洒脱。总而言之，此幅作品点画舒朗，运笔轻捷，无意于法而法度自在其中。

方以智在书法上主张守"法"与他在学问上主张读书其实比较接近。方以智多次告诫后学，不要当胶固的书呆子，但万不可以"自性本足"而废弃读书。他在《东西均·道艺》中的一段文字可以帮助我们理解他的这一思想：

世士袭艺濡唇，依通数墨，浮晃钩锁，翳起空华（花），握镜筌蹄，诵法未能蒸淯，况能瞠醯目而又矑之耶？故用乌场礑水，剥肤浣肾，正以聚火燎门，用师十倍。及乎豁庨（庨豁）反掌，任用家珍，则学问乃古今之监酱也。悟同未悟，宁废学耶？①

方以智所说的"世士袭艺濡唇"与"翳起空华（花）"即针对胶固于书中知识的人而言。但与不读书而空谈学问的人相比较，方以智认为"书呆子"较之或许还更胜一筹。他所说的"诵法未能蒸淯，况能瞠醯目而又矑之耶？"即针对书还没读熟读通就妄论"矑之"的人。对于这类不肯在读书上用功的人，方以智认为要用猛药攻治，而"乌场礑水"与"剥肤浣肾"就是方以智为这类人开的药方。总而言之，读书不能死读，但万万不能不读，不管是"悟"与"未悟"，书都是打开我们学问视野最好的媒介，纵使"悟"了，读书还能让人更加大彻大悟，如果"未悟"，那就更要读书了，因为不断读书，慢慢体悟，最终才有可能达到"顿悟"。

方以智在《通雅》《物理小识》中谈到了不少有关书法的问题，我们不妨借此领略一下方氏青年时期在书法上下过的苦功。方以智青年时期临摹过大量法帖，他甚至对临摹的纸张及其用法都有一定的研究：

---

① （明）方以智著，庞朴注释：《东西均注释》，中华书局2001年版，第175页。

第二章　方以智的书法与学问

曰临摹，曰硬黄，曰响搨，皆学帖法也。临谓置纸在傍学之；摹谓以薄纸覆摹；硬黄谓置纸热熨斗上，以黄蜡涂匀，俨如鱿角，毫厘必见；响搨谓之纸覆就明窗映光摹之。此宋张世南说。今之油纸摹帖，盖硬黄之遗也。古帖远者，墨浓者，坚若漆，挨之纤毫无染，兼以摹弄日久，纸面生光，且有异香。以此为辨。①

方以智对何为"临"、何为"摹"做了清晰的判别，他在古人"摹"法的基础上用"油纸摹帖"，这种摹帖的办法既能让书者对法帖的精微有所体会，又能做到不损伤法帖的本来面貌。方以智的这些记载显然是经过大量亲身实践之后才得出的结论，其在临帖与摹帖背后下的功夫就可想而知了。

方以智在临帖之外，还对古文字颇有兴致：

古文总目之科斗，非谓颛顼所作也。仓颉之迹，止传藏书台之墓石，禹迹则岣嵝、紫霄、夏县之甄也。石鼓，籀文也。窦公乐书，孔壁汲冢，皆周篆也。上古难识，总谓之科斗文字，非专以科斗书之。如曰炎帝见禾入稳，作隐书，一作八穗。黄帝云书，太昊龙书，少昊凤书，颛顼作科斗书。古应有此，然确以何帝所作，则不必信矣。②

中国古人有喜欢附会的传统，他们常常喜欢将一项技艺的发明归功于一人，比如，古人常常将汉字的发明归功于仓颉。方以智读书极多，又颇喜考辨核实，因此他对古书上的记载并不盲从。在上边这段材料中，方以智说"古文总目之科斗，非谓颛顼所作也"，这显然在当时是石破天惊的看法。此外，他还对古书上记载的"黄帝云书，太昊龙书，少昊凤

---

① （明）方以智著，黄德宽、诸伟奇主编：《方以智全书》（第五册），黄山书社2019年版，第469—470页。
② （明）方以智著，黄德宽、诸伟奇主编：《方以智全书》（第五册），黄山书社2019年版，第474页。

书,颛顼作科斗书"并不认同,他认为这些"确以何帝所作,则不必信矣",这也是非常了不起的论断。方以智终究生活在传统社会,他无法脱离那样一个文化环境,因此他也认为"仓颉之迹""禹迹""黄帝云书,太昊龙书,少昊凤书,颛顼作科斗书"均是客观存在的,这一点与现在的考古发现似乎并不一致。但总的来讲,方以智这种勇于探索、敢于疑古的精神非常难得,尤其是在清代碑学未兴起之前,方以智对古文字就有了相当程度的研究,这一点就显得弥足珍贵。

笔墨纸砚是学书人必备的器物,方以智对文房四宝均有颇具系统性的研究,他还参照前人的制墨经验,自己亲自制作过墨块:

> 去尘自谓敌程君房,其法不用冰麝,而止用猪胆,万杵之,以冰麝能夺墨之色光也。试法:磨各墨于研,俟其干,置于水中,则上者乃黑,次则迥白。惟李廷珪作蓝色。①

方以智显然对前人制墨经验一一加以践履,并对前人制墨的优劣做了简略评判。古代士人耽于翰墨者不在少数,然能躬身于笔墨纸砚的制作,且乐在其中者,实属罕见,方氏兴趣之广亦可见一斑。

方以智对书法史也有一定程度的研究,我们在《物理小识·器用》中发现了一段他对书史的简要评论:

> 书贵钟王,而虞取其健秀,褚取其紧俊,欧颜取其矩法。后则分体擅长。黄山谷谓《乐毅论》为王著书,小僧缚律,杨凝式为散僧入圣,独服东坡之沉着。张旭书智雍壁,楷法绝妙,而草书颠逸,字字皆在法度中。此善评也。②

---

① (明)方以智著,黄德宽、诸伟奇主编:《方以智全书》(第五册),黄山书社2019年版,第504页。
② (明)方以智著,黄德宽、诸伟奇主编:《方以智全书》(第七册),黄山书社2019年版,第378页。

方以智认为，书史看重钟繇和二王，这一点放在今日仍是不可攻破的。他还从流变角度分析了虞世南、褚遂良、欧阳询、颜真卿对钟、王的继承与发展，其论述之合理与精微，非遍临诸家所不能道。短短数行文字之中，方以智还谈到《乐毅论》作者、杨凝式与苏轼书法之关系、张旭草法之严谨等书史上比较重要的几个问题，其观点之深刻、论述之简洁亦让人叹服。

方以智对书法笔法也有相当程度的研究，对于"拨镫法"，他说："拨镫，堆垛，书法也。王右军有拨镫法。"[1] 对此，方以智还有一段文字按语：

> 今之刻造结构，亦力量不能高妙而恃法也。其随意飘飏，以为秀脱，亦学力少，不历诸法，而大言自我者也。先得篆籀之法，方知画沙、印泥之妙，其鉤踢牵带，乃无意流行者耳。世人力量单薄，学识又浅，乃专恃牵带委靡，反曰骨格为火气未化，岂不哀哉！强纸弱笔，亦谓骨力与姿致，能尽其方员断续之势，宁专以媚为道耶？凡学先苦于不成，后苦于不化，未琢先磨，以涂鸦观剑器，往往不免。[2]

当代学书人都知道书法的线条质量对于书法形态的重要性，因此现在很多书法专业学生学书先从篆书学起，其目的就是提高线条的稳定性。方以智在上述文字中竟然明确提到"篆籀之法"与"画沙""印泥"的共通性。"画沙"和"印泥"都是中锋用笔，而"篆籀"就是训练中锋用笔的稳定性。当代书法训练的方法，方以智竟然在青年时期就认识到了，这实在让人为方以智的先知感到惊讶！此外，方以智还提

---

[1] （明）方以智著，黄德宽、诸伟奇主编：《方以智全书》（第五册），黄山书社2019年版，第487页。

[2] （明）方以智著，黄德宽、诸伟奇主编：《方以智全书》（第五册），黄山书社2019年版，第488—489页。

到一些人腕力不足、学识又浅，就故意用"牵带"来掩饰他的这些缺陷，对此，方以智毫不留情地点出他们自欺欺人的做法。反观当代亦有通过以牵丝连带掩饰其线条质量的不足的做法，我们再次为方以智的先知感到震撼！最后，方以智再次告诫学书人："凡学先苦于不成，后苦于不化，未琢先磨，以涂鸦观剑器，往往不免。"这句话还是说学书要先守法度，没有经过艰苦的法度训练最终只能沦为"涂鸦观剑！"

刚开始学书得下一阵子苦功夫，纵使天才睿智如方以智这样的哲人亦须经过这样的训练。他不仅大量临帖，还对法帖中的笔法、临帖用到的笔墨纸砚、书法史、古文字等都有相当程度的研究。这些工作为日后方以智书法上的融会贯通奠定了坚实的基础。方以智在书法上的用功与他在学问上主张崇实是比较接近的，他认为学问最初的获得不是靠苦思冥想而来，而是需要踏踏实实地在实际处用功。写字就先临帖，做学问就先读书。只有经过层层淬炼，我们才可能有所得。道理其实很简单，但很多人却因为畏难、偷懒、想找捷径而最终无法在学问上有所收获。

第二节　学书请放下成见

无论是学问还是学书，待经过一段时间的用功之后，学者又会碰见新的瓶颈——在一个熟悉的领域停步不前。针对这种困境，方以智希望学者们能够放下成见，突破自我，然后再成全一个全新的自我。

我们还是从书法之"法"的问题谈起。

对于初学者而言，守"法"固然是方氏所鼓励的，但经过一定程度的积累之后，如果还囿于"法"，那就会限制了自身的发展。方以智害怕学者对于"法"有所执着，所以他又提出了"无法"和"忘法"。方以智在《跋五乳遗笔》中的一段文字可以帮助我们理解他的这一书法追求：

一切法无法，得成于忍。入门之药多方，应无所住而生其心。

第二章 方以智的书法与学问

究竟寓诸无竟,毕矣。书法殊古,世不贵此而其腊神。嗟乎,不斫艳酱,淡然以老,无不乾安,况资丹頮耶?愚骇神钱,格惟一笑。①

其实,苏轼早已提出"无法"的观念。东坡在《跋山谷草书》一文中就提出了他对"无法而法"的理解:

昙秀来海上,见东坡,出黔安居石草书之一轴,问此书如何?坡曰:"张融有言:'不恨臣无二王法,恨二王无臣法。'吾于黔安亦云。他日黔安当捧腹轩渠也。"②

苏轼借南朝草书大家张融的一句话对黄庭坚一幅草书所作的评论说明从古至今不存在一个定法,每个人对"法"都有不同的理解,"无法"乃为超越具体法则的"至法""大法"。也就是说,不存在一成不变的法则,不能亦步亦趋,只能根据自己的特点来体悟。方氏正是借用东坡"一切法无法"的道理告诉世人莫要对"法"产生执着。

方氏在《跋直之弟所临颜帖》中也提到了这一点:

吾尝谓法以忘法而神,穷尽一切法,乃无一法可得,此郑构所谓大成也。临者之意,亦在此乎!《坐位》屋漏痕,天然尊贵矣,讵以《多宝塔》为田舍翁耶?③

方以智在这里以鲁公"屋漏痕"为例,告诉我们鲁公之"法"其实亦是"忘法"之后与造化的冥会,"天然尊贵"也好,"田舍翁"也罢,都是后世书家对鲁公的评价,这些其实都不重要,重要的是"忘法"之后

---

① (明)方以智著,张永义校注:《浮山文集》,华夏出版社2017年版,第454页。
② (宋)苏轼著,李之亮笺注:《苏轼文集编年笺注(诗词附)》第九册,巴蜀书社2011年版,第568页。
③ (明)方以智著,张永义校注:《浮山文集》,华夏出版社2017年版,第453页。

"穷尽一切法",而这个转化需要师法天地造化,亦即鲁公所发现的"屋漏痕"。

方以智青年时期就遍临诸帖,对"法"之理解定然有异于常人的深刻体会。方以智又是性情中人,故其书法作品又常常能"忘法"而流露出真性情。从图2-2中的落款来看,此幅作品当为方以智青年时期的作品。

纵观方以智此幅作品,我们发现它用笔大胆流畅,显然是方以智急就而成。方氏在一挥而就之间让我们感受到"忘法"之后的畅快淋漓。然而从细节上来看,却处处在法度之内,无论是墨色变化的自然与丰富,还是结字之变化多端都能看出方氏深厚的书法功力。

如果说"无法"就是方以智书学思想的最终归旨,那显然是没有读完《跋五乳遗笔》这段材料。方以智在"无法"之后再次提到"书法殊古,世不贵此而其腊神"。"书法殊古"是说书法本身就是一门古老的学问;"世不贵此而其腊神"是说有些人不重视书法的古老传统,这其实是损害了书法的"神"的自性。读到这里,我们发现方氏似乎又对"法"加以肯定。综上来看,"应无所住而生其心"与"究竟寓诸无竟"是方氏以"空"来打破对"法"的执着,但"无法"的观念一旦形成,就又有可能成了胶柱,故方以智以"不斫艳酱"进一步否定对"无法"的执着。到了这里,读者已经被方氏烧脑的逻辑搞得头晕目眩,方以智到底想

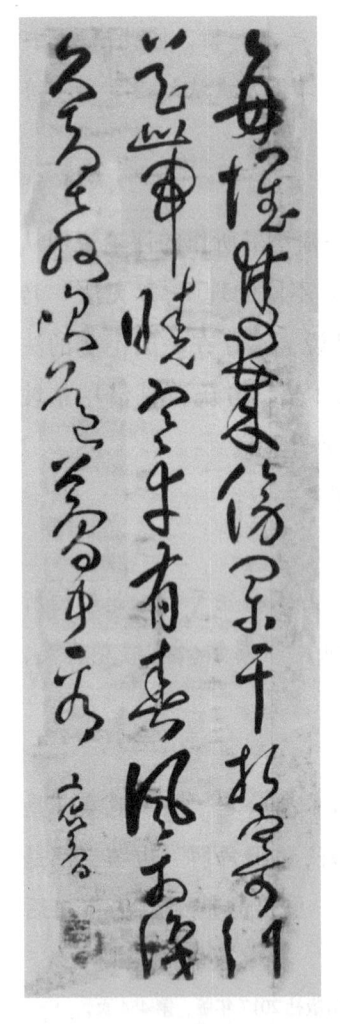

图2-2 方以智书法作品

要我们守"法"还是追求"无法"?

其实,学书是守"法"抑或追求"无法"并不是该问题的聚焦点,方以智或许是想告诉人们:一切固化观念皆不可取,书家莫要抱定一个既成的观念,因为根本没有一个亘古不变、可供我们现成使用的固定法则!

方以智在《药地炮庄》中有类似的文字:

> 未学道时,茶是茶,饭是饭;专精进翻时,茶不是茶,饭不是饭;究竟茶是茶,饭是饭,有深浅否?教止言当,我见自便。当果当乎?必无我、无无我,而后知当其所当,即如其如也。请过三关。[①]

从字面意思来看,方氏所言的"请过三关"是由"茶是茶,饭是饭",变为"茶不是茶,饭不是饭",再到"茶还是茶,饭还是饭"。方以智在短短几句话中寓意了认知的多重转变。一般人依据自身所见、所闻、所感,他们由此分别事物的类别,并赋予他们不同的名称。修禅之后,人们的认识与婆娑世界的认识发生了根本性的转变,此时人们发现万事万物皆为虚妄,人们由此否定自身、否定世界、否定万事万物。其实,一般人执着于"分别",而修禅人虽然打破分别心,却陷入对"空"的执着。方以智认为,当人们打破对"分别"和"空"的执着之后,才能灭尽一切烦恼。此时,才能见"茶还是茶,饭还是饭"的妙谛。

归而言之,书法之"法"与"无法","茶饭"是"茶法"抑或非"茶饭"都是方以智打破世人心中成见的工具。在他看来,无论是书法还是学问都须经过"无我""无无我",进而进入"如其如""当其当"的第三层境界。"无我"是放下自我的成见,从自己偏差的见解中解脱出来;"无无我"是不要认定"空"是学问本来的样

---

① (明)方以智著,张永义、邢益海校点:《药地炮庄·总论上》,华夏出版社2011年版,第20页。

貌，学者还要继续保持精进，不要耽于对"空"的执着；等到学者能放下一切道理的执着，最终才能觉悟一切事物当然如是的样貌，并且安顿其中。

第三节　从随"时"而变到"方圆同时"

如果说打破成见是方以智书学思想的一个核心内容，那么随"时"而变则是对方以智这一书学思想的进一步深化。

我们不妨再来看看方以智在《跋五乳遗笔》中的一段小文：

> 三十年前，郑超宗告我以千里之诀，曰法熟自化。魏子一告我以臣虎之诀，曰有干有埃。杨龙友告我曰，莫妙于松。愚者曰：面前具足，各冥应其性而已矣。①

在方以智青年时期，他对友人郑超宗所言的"法熟自化"看上去是比较认可的。"法"当然是书法之"法"，亦即书法的内部规律。"熟"当然是对"法"的熟悉。"法熟自化"其实是说，书家需要对前人法帖悉心临摹，这个阶段书家要对书法之"法"非常熟悉，然而"熟"还不够，书家还需要将古人之法与自性相化，达到"法"与"我"不二的境地，此即为"自化"。书家一旦有了"自化"之后的"法"，那么他的书写就能达到"随心所欲而不逾矩"的自然书写，这个时候书家在创作时就能从容不迫，体现在书法实践层面，此即杨龙友所谓的"松"。方以智到了晚年，他的学问已经到了炉火纯青的地步，在这个阶段他对书法的理解又有了不同，在他看来，文字已经无法阐说什么样的书写才是好的书写，因为纵使再好的定义都有偏颇，无论是"法"也好，"松"也罢，这些"名相"都限制了书法本身的丰富性。因此，方氏又提出了"面前

---

① （明）方以智著，张永义校注：《浮山文集》，华夏出版社2017年版，第454页。

具足，各冥应其性而已矣"。方氏的这一论断看似教人放弃对"法"与"松"的执着，但实际上是对"法"和"松"的一种超越，换言之，"法"和"松"已经化成自性的一部分，根本不用刻意提出来，书家要做的，只需要显出自性而已。

从上述材料可以看到，方以智对书法的理解也是随着时间的变化而变化的。

以下两幅作品（见图2-3、图2-4）分别是方以智青年时期和逃禅之后的作品，我们能够很明显地看到方以智在书法实践方面也有较大程度的变化。

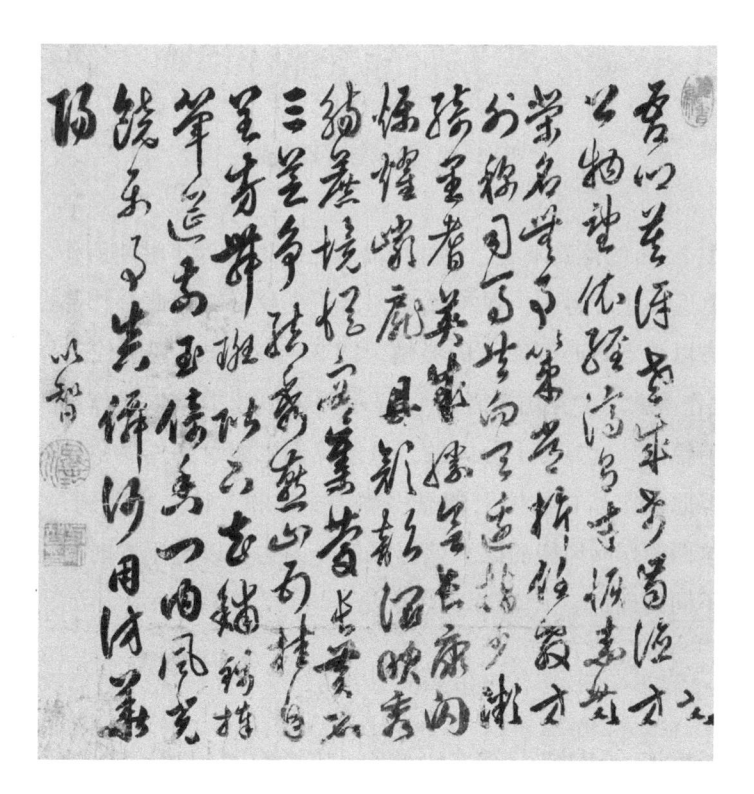

图2-3 方以智青年时期的方斗书法作品

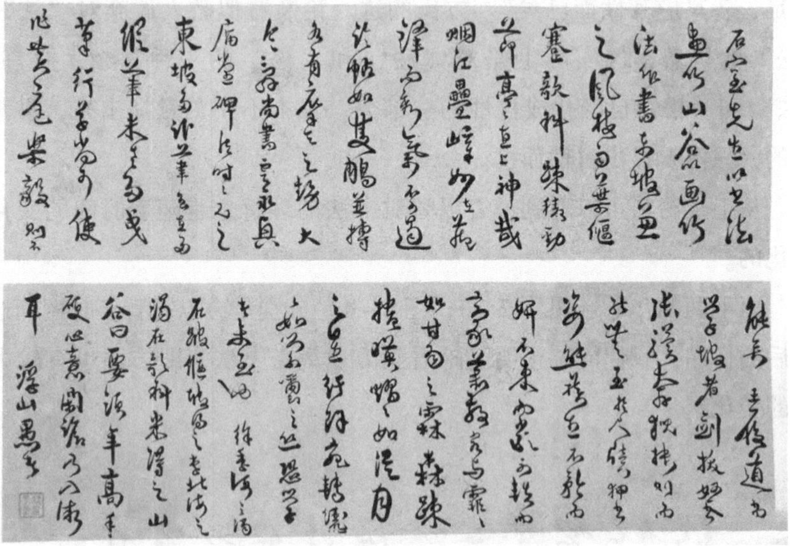

图 2-4 方以智《论书法》

从图 2-3 的落款来看，此幅作品应是方以智青年时期所作。此幅作品俊秀飘逸，秾纤得中，风神流动，富于变化，纵观此幅作品，我们可以想见方以智当时心潮澎湃的激情。图 2-4 为方以智的代表作《论书法》，此作落款为"浮山愚者"①，显示为方以智中年以后作品，此幅作品较之上幅作品就显得十分内敛，虽然我们也能看到作品中疏密大小的变化，但此幅作品在整体上却显得静谧、祥和，让人感受到一种放松。方以智这两幅作品风格的巨大差异显然是因为方以智不同时期对书法实践有了不同的理解。

---

① 方以智《论书法》卷释文："石室先生以书法画竹，山谷以画竹法作书，东坡兼之：风枝雨叶，偃蹇依斜，疏稜功节；亭亭直上，神哉！烟江叠嶂，妙在藏锋，而秀气不可掩。临帖如双雕并搏，各有摩天之势。大令辞：尚书虞永兴庙堂碑法，时时见之。东坡多卧笔。鲁直多纵笔。米老多曳笔，行草尚可，使作'黄庭''乐毅'，则不能矣。王履道云：'学坡者剑拔弩张，骥奔宛抉，则不能无。至于尽脱押书，姿态横生，不矜而妍，不束而严，可轶而豪，萧散容与，霏霏如甘雨之霖，森疏掩映、熠熠如丛月之星，纡徐宛转，纚纚如紫玺之丝，恐学坡者之未至也'。徐季海之谒在陂陁，坡得之；李北海之谒在倚斜，米得之。山谷曰：'要须年高手硬，心意闲澹，乃入微耳。'"（文为桐城市博物馆提供）落款"浮山愚者"。

其实，方以智谈到的"法"与"松"本身都没有绝对的错误，这些都是方以智在某个阶段对书法的理解。方以智对之前书学观念的否定并不是要否定这些观念本身，他不过是想要告诫人们：不要执着于"法"或"无法"这样一两个书学概念，而是需要在思考和实践中不断突破自己的思维，让自己的书学观念随"时"而变。方以智这种随"时"而变的思想其实贯穿于方氏学问的方方面面，尤其在方氏易学中体现得更为明显。

方孔炤的友人余飈在《方潜夫先生时论序》中对《周易时论合编》给予了高度评价，通过以下文字我们看一看方氏易学对"时"的理解：

> 故不变易无以为《易》也，不变易亦无以为时也。《易》之为时用也，大矣哉！且即以学《易》者论，文王时处坚贞，其卦为夷；周公时当制作，其卦为泰；孔子际辙环删述之时，其卦为暌；孟子当异端邪说之时，其卦为兑。至若辅嗣、康成连经合象，邵子明元会运世之故，程子融理数一源之妙，晦翁阐象变占玩之微，皆因时以觉世，劂切帝王，陶铸天地，反对交轮，明代错之至理而已。近代新建、京山、会稽、漳浦击扬四圣之铎，剥烂程朱之案，愈出愈奇，迭翻迭显，总未有绍述三世，贯彻一中，如桐城方潜夫《时论》之为极深研几，至大至广也。先生之学《易》也，以统有无之中为极，以河洛为端几，而要归于时用。①

《易》是六经之首，但易学思想的博大精微绝非一人建立而成。文王、周公、孔子、孟子、邵子、程子、朱子皆随"时"而对《易》有他们自己新的阐发，古圣贤的这些阐发无疑对易学的丰富有巨大推动。方氏《易》学正是看到了《易》无定理，每一代人都有每一代人对《易》新的理解，他们由此看到"时"之于《易》的重要性。

---

① （明）方孔炤、方以智撰，郑万耕点校：《周易时论合编》（上），中华书局2019年版，第7—8页。

"寂历同时"是方氏父子在《周易时论合编》中提出的一个非常重要的哲学概念。我们不妨以这个概念的理解为线索，看看方氏所言之"时"还有什么特殊含义。

朱伯崑先生认为："'寂'指所以然，即太极之体；'历'指变化的过程，清晰可数，即太极之用。二者同时，谓体用无时间先后之别。"[1]也就是说，方氏所谓之"时"是连接和消除太极之体用差别的媒介，方氏通过"时"概念的提出建立起有"极""无极""太极"三者无差别的圆融体系。

方以智在《时论后跋》中也谈到"时"的问题：

嗟乎！环中寂历，善用惟时，拂迹者胶柱，窃冥者荒芜，统御谓何，独立亦未易也，姑曰委化。闷无闷乎？果不可以庄语，而以卜筮象数寓之乎？差别难穷，赖此易准。待好学者深几而神明之，存乎其人。同时哭笑。[2]

"寂历同时"是方孔炤为避免人们落入"舍历无寂"的弊病而发的。其用意是通过"有极""无极""太极"三者的体用同时，让人认识到"时"的可贵之处。方以智这里谈到了两类人：一类是"拂迹者胶柱"，这类人思想胶固不化，偏于质实，重"历"而不知有"寂"；还有一类人是"窃冥者荒芜"，此类人正是受王学末流影响而偏重冥想，不重质实，即方氏所言的"舍历无寂"之人。方氏提出的"寂历同时"正是要消除以上偏颇，让"下学"与"上学"统一起来。由此看来，方氏所谓之"时"必须与"同"联系起来，"同时"之后，"寂历"之体用关系才能混融无间、圆融自在。

方以智"方圆同时"的审美理想建立在"寂历同时"易学思想的基

---

[1] 朱伯崑：《易学哲学史》（第三卷），昆仑出版社2005年版，第484页。
[2] （明）方孔炤、方以智撰，郑万耕点校：《周易时论合编》（上），中华书局2019年版，第18页。

础之上:

> 笔泯于法,腕忘其心,始享方圆同时耳。①

书家在经历过守"法"与求"变"的淬炼之后,还有做到"笔"与"法"的交融,"腕"与"心"的冥会。待达到这种境界之后"始享方圆同时耳"。

方氏谈到的境界与庄子在《齐物论》中提到的"物化"有异曲同工之妙:

> 周与蝴蝶,则必有分矣。此之谓物化。②

当书家有了以上层层淬炼又能做到"心手两忘"之时,"方圆同时"的艺术效果就不期而遇了。

那么,何谓"方圆同时"?方以智在《题东坡狂草醉翁记》中有所提及:

> 愚者反覆观之,由方藏圆,乃知方圆同时。坡公自云绵里铁,山谷最赏沉着。此幅脱刚棱与圆熟,真、行、草相间,别有奇逸。③

方以智所谈到的"方圆同时"似乎主要是针对东坡书法的丰富性而言。东坡书法形态能够"由方藏圆"于"云绵里铁",即其"方圆同时"的一个表征,而东坡书法能够在风格上做到"刚棱与圆熟"兼备,此又可称得上"方圆同时"。此外,方以智还谈到了东坡对以往书法的吸收接受,他认为东坡能做到"真、行、草相间"而"别有奇逸",毫无疑问

---

① (明)方以智著,张永义校注:《浮山文集》,华夏出版社2017年版,第416页。
② (晋)郭象注:《庄子注疏》,中华书局2010年版,第61页。
③ (明)方以智著,张永义校注:《浮山文集》,华夏出版社2017年版,第422页。

东坡在书道上融会贯通的精神为他书法的丰富性增添了光彩。综上来看,"方圆同时"是方以智对东坡书法的一个总体评价,某种程度上来讲,这也是方以智理想中的一个书法审美。

方以智还在《跋乐毅论帖》再次谈到了"方圆同时":

> 李阳冰与李嗣真书云:"右军《乐毅论》,有忠臣烈士之象。"或谓《黄庭》圆、《曹娥》匾、《乐毅》方,欧、颜皆从此出。是盖质论其状,勿胶柱也。神于践行,则颊毛即神矣,讵曰谨毛而废之哉?山谷谓《乐毅论》王著所书,未免小僧缚律,此急于展其别致而借以凌轹耳。愚者忽见胡耽一本,颇自流逸,因叹曰:手与法化,随意自足,风韵勃然。砍阵藏锋,讵可作二观乎?古人各以其所至者临之,方圆固同时也。①

从表象上说,"方圆同时"是指书法用笔的丰富性,但结合以上文献综合来看,"方圆同时"所寓意的丰富性不仅仅限于用笔,其背后或许有方以智更多的寄寓。书家从守"法"再到求"变",从求"变"再到"忘法",书家每经历一个过程都需要经历层层淬炼,更重要的是,书家还不能对其中任何一种产生执着心,待到"笔泯于法,腕忘其心"之时,书法之"神"韵方能显现,这或许才是方以智所讲的"方圆同时"的真正意蕴了。

图2-5这幅作品是方以智晚年绘画作品《高台松柏图》中的落款,方以智晚年的代表之作,细细品味其中妙趣,我们对方以智所说的"方圆同时"或许会有更加直观的认识。纵观此幅作品,我们已经很难再发现方氏对前人有明显的继承,其书写之自然与随性已经让此幅作品没有任何烟火之气。但若细细品读此幅作品,可发现其用笔十分精到,每一个字都在无意之间做到方笔与圆笔的巧妙结合。方以智此幅作品自然随性让人看到

---

① (明)方以智著,张永义校注:《浮山文集》,华夏出版社2017年版,第420—421页。

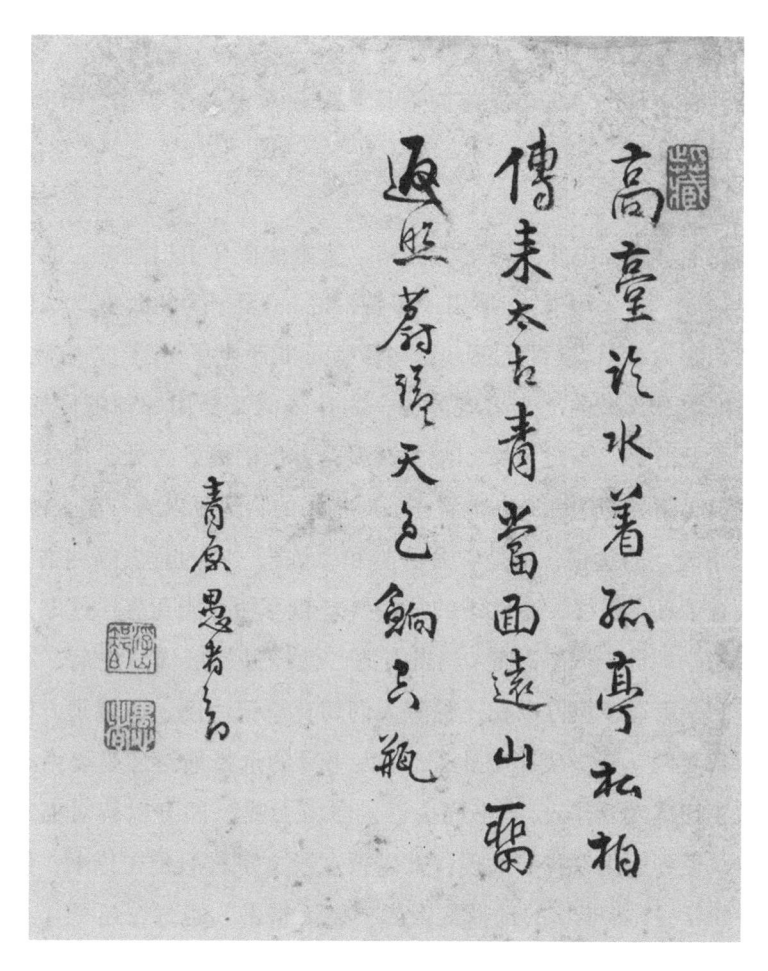

图 2-5　方以智《高台松柏图》题跋

他恬淡的创作状态，其作品变化之丰富亦是他"物化"之后的自然产物，或许这就是"笔泯于法，腕忘其心"之后所谓的"方圆同时"。

第四节　学书须有一个开放的心态

方以智对书法的择取是持有一种开放态度的，他在《跋乐毅论帖》中有一段文字可以帮助我们理解他的这种书学观念：

方以智的艺文活动与学问之道

> 宋无楷书，不若就其摹晋楷者，与之为缘。临楷舍己，所以炼己。敬学即此，泯心即此。手舞足蹈，未尝废坐立也。书固由己，岂由人哉？①

方以智在学书过程中并无固定的法帖。就像他在文中提到的，他要学楷书，他觉得"宋无楷书"，所以"摹晋楷之"，至于为什么要"摹晋楷"，他说"与之为缘"。读到这里，有些读者可能产生了疑惑，"宋无楷书"不就是他学习晋楷的一个客观原因，为什么他又要用一种随性的方式，说他学习晋楷是"与之为缘"呢？这就是方氏的高妙之处，他故意用这种矛盾引起读者的注意。在他看来，对楷书的临习可以磨一磨人的心性，这个"临楷"的过程，就是"舍己"和"炼己"的过程。等到书家对前人书法有了真正敬畏，心性中的某些执着和习气就能刊落，这即方氏所说的"敬学即此，泯心即此"。当人的心性经过层层淬炼之后，心性就可以有一些彰显，但方以智还提醒人们切莫忘记法度，这就是方氏所说的"手舞足蹈，未尝废坐立也"。个人书写的选择最终还是要由书家自己决定，切莫人云亦云，"书固由己，岂由人哉"即方以智对书家的一个劝告。读到这里，我们发现，方以智这段文字看似是在论书，但其实也是在论学。"晋楷"的选择是因为"宋无楷书"也好，还是"与之为缘"也好，这些都不重要，重要的是去学。

在笔者看来，方以智谈到的"晋楷"其实就是一个学问的符号，他与方以智以往探讨的学问并没有什么两样，"晋楷"的学习与学问的探寻都是为了让人成为一个更好的人。读到这里，我们才明白方以智的苦心，"晋楷"仍旧是一个"名相"，只要是能让人"炼己"、能让人"敬学"、能让人"泯心"，哪怕是宋楷、唐楷照样可以学习。明白了这一点，我们就知道方以智求学的一个路径，只要是能让人变得更好的学问，他都愿意择取，这或许是方以智随取随用书学观念产生的一个重要原因，

---

① （明）方以智著，张永义校注：《浮山文集》，华夏出版社2017年版，第421页。

也是他对书法的择取持开放态度的主要原因。

图2-6是方以智青年时期的一幅摩崖石刻作品，此幅作品显然能看出方以智对唐楷的取法。

图2-6　方以智早年摩崖石刻

从整体来看，此幅作品用笔凝练、结构规整，显然在唐楷学习上下过很大工夫。从细节上来看，方以智又与唐楷有所不同，例如"高"字右方的勾画以及"水"字右方的捺画均未出锋，这显然是方以智刻意为之。总的来说，此幅作品取法唐楷又能加以变化，是方以智石刻作品中比较优秀的作品。

方以智对书法的取法到了晚年就更为丰富，我们从他的《水中雁字十五首》（见图2-7）中看到更多取法前人的影子。有后人点评这幅书法说："工书，字作章草，亦工二王，擅小楷。其小楷笔法源出钟繇，参以隶书笔意；结体明显左高右低，天成古拙雅妙，全无插花之态。其草书学二王，书风洒落有致。"总体来看，此幅作品确实做到了能够熔铸多家而让人难以察觉到底取法哪家的地步，真正做到了朴拙与韵致的兼得，我们看到它闲庭若步的同时也感受到了犹如蝶舞纷飞的灵动气息。方氏这种自身风格的形成当然与方以智对古人法帖持开放心态有很大关系。

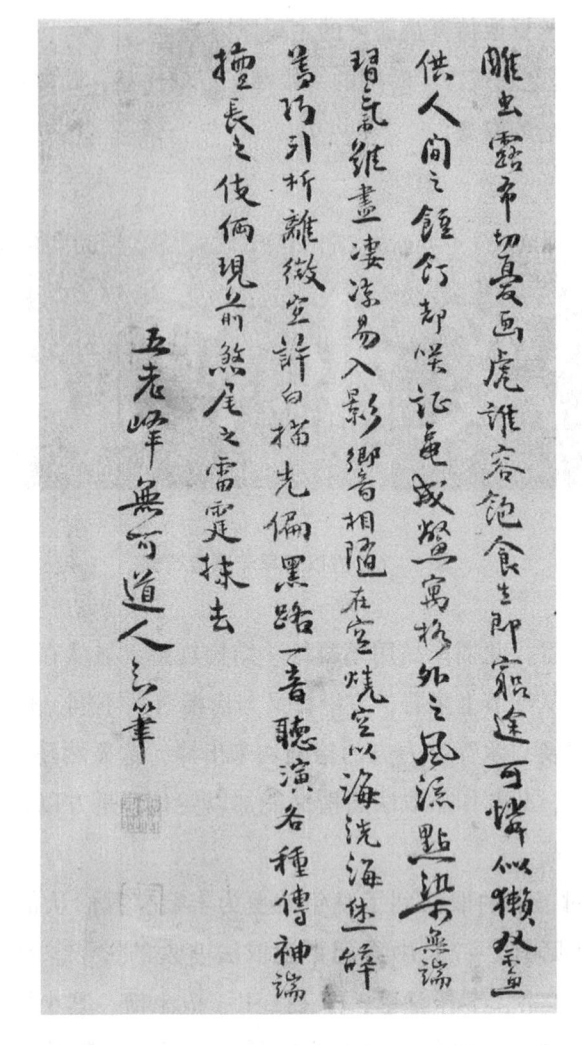

图 2-7 方以智《水中雁字十五首》

正因为方以智对古人都持有一种无分别的欣赏，因此他对书家巧立门户且攻讦他家的行为非常不满，方以智在《书小愚卷》中对此还专门做了阐说：

> 以势为主，乃规摹古帖后，遇钱穆父诃，而自出机杼者。华亭宗伯谓骞翥险绝，势奇反正，平淡天真，颜行第一，自于八还悟入，

然曰余解此意,笔不与意随也。顽仙庐则自出峻峭一路,孟津宗伯则又笑之。往往浓墨淋漓,骨力裹铁,而宗圆顺者,又复抑之。①

说到底,方氏对任何有固化倾向的思想都非常不满,他认为书法和学问一样,都是不断吸收外来思想,不断消化吸收的过程,这个过程从来没有止境。所以,方氏通过层层叠叠的否定是想告诉读者不要纠结到底是要随性还是要守法,因为根本没有一个固定不变的样板可供我们摹习,我们要做的就是根据自己所处的不同阶段随时调整,不断读书学习。

方以智对学问始终持有一种开放态度,这在他对书法的态度上也能看到。他在《题东坡狂草醉翁记》中的一段文字可以作为参考:

老而见之(指东坡的狂草醉翁记),真可长一倍矣。彼不知郎官壁楷,悟颠逸之法,而毁方貌圆者,吾岂许之?嗟乎,古今一致,竭才候足,其神自传,不必问为绍兴方氏所藏、白麟所摹也。摹而神,即其悟后之火候矣。苟悟其不磨者,随寓以游可也。忽泥涂,忽珍藏,何惊之有?②

方以智对学问和书法都持开放态度,纵使晚年见到东坡书作时,依旧认为东坡书法值得学习吸收。他认为很多人并没有搞清楚书道的真正源流就妄论"方圆",这里他举了唐代草书大家张旭的例子加以说明。《郎官壁石记》是张旭的一幅楷书作品,在这幅作品中他取法晋楷,世人不知张旭取法晋人而从张旭处"悟入",这其实是没有搞清楚楷书"方圆"的实指。因此,方以智说的"毁方貌圆"亦即说世人没有看到晋人楷书的精微而模仿张旭楷书的形式,对于这种取法模式,方以智很不认同。读到这里,读者可能以为方以智对张旭楷书不以为然,以方氏之心胸当然不会如此桎梏,他的意思不过是不满"貌圆",而非对"圆"的否定。

---

① (明)方以智著,张永义校注:《浮山文集》,华夏出版社2017年版,第456页。
② (明)方以智著,张永义校注:《浮山文集》,华夏出版社2017年版,第422—423页。

所以他又说"嗟乎！古今一致，竭才候足，其神自传，不必问为绍兴方氏所藏、白麟所摹也。摹而神，即其悟后之火候矣。苟悟其不磨者，随寓以游可也。忽泥涂，忽珍藏，何惊之有"。也就是说，方氏对今人还是古人的书法都一视同仁，他并没有持有凡古必宝的狭隘思想，而是认为只要是有价值的东西，无论是古人还是今人、无论是"方氏所藏"还是"白麟所摹"都可取法。在方以智看来，后人对前人书法的接受应该从临摹开始，然后用心领悟前人之"神"，一旦火候到了，就能达到"随寓以游"，从而做到身心的畅快与愉悦。

正因为方以智对学问持有一种包容态度，因此他对那些秉守一家又攻讦他家的书家非常不满，他在《书小愚卷》中的一段文字尤其值得我们注意：

> 大约人各就其所近，各自取一法，而又巧为之说，夺人以自为地耳。郑子经所云盈虚消长之理，雄奇雅逸之观，实是寓性上下而备焉者，汉晋唐宋无异也。纵横出入，屈伸刚柔，人不能自尽其才，自得其法，而委于不学之性，宁惟书法乎哉？且看墨水黑否。[①]

方氏对这类人的不满同他对学问的态度是一致的，他的学问就以融会贯通见长，所以对那些没有识得诸家所长就谨守门户的书家颇为不满，如何识得诸家所长，在方氏看来还是要"看墨水黑否"，也就是在临习、创作方面是否花过很多工夫。由此可见，方氏的书法观念与其学问态度一样，都主张博采众长之后的会通。

方以智在学问上最不喜拈得一知半解就自诩有得之人，这类人与学书路上"学未知法而骤诩神致"的人本质上是一样的，他在《东西均》中专门提到了这类人：

[①] （明）方以智著，张永义校注：《浮山文集》，华夏出版社2017年版，第456页。

> 讵知后世之门庭张网者，偶窃一知半见，谓入悟门，便住门限上，登曲录床，此生不可复下。习便遮遣，偏畏多闻，三学十支，挥斥禁绝。一语及学，则頩为之赤；稍涉质核，曰落教家矣、罣义路矣，何况通三教、收一切法乎？甚至贿人掇集，篝灯肆习，而惟恐人知。天地本逍遥游，何苦乃尔？此皆未能洞彻，自辟顶宁，故依傍揣摩，为专门之旧条令所误。神钱挂树，相绐取食，终以自讳，固焉尔矣![1]

学问是没有止境的，纵使有一点所得，也不过是学问的一边一角，识得学问大体是极为困难的事情，天才如方以智之人亦不敢自谓能穷尽学问。正因为方以智知学问之难，因此他才谆谆告诫后学万不要有一点小得就忘乎所以，如果"偶窃一知半见，谓入悟门，便住门限上，登曲录床"，这在方以智看来实在是不应该的。每一个人的学问固然有大有小，但"学"本身是任何时候都不能停止的，所以方以智对那些"偏畏多闻"与"挥斥禁绝"之人很不满意。不"学"之人最大问题还在于为其不"学"寻找各种理由，他们以"本性具足"为依据，碰见稍微需要下功夫的"质核"之学，就横加指斥，说"学"是"落教家矣、罣义路矣"，这一点是方以智尤为厌恶的。学问本身不应该设立重重边界，儒释道皆是学问，随取随用，受益身心，但有些人却喜欢站在自己的立场指摘别人，有些人甚至为自己的学说观点刻意伪造证据，"贿人掇集，篝灯肆习"说的就是这类人的不耻行为。方以智对此颇为不悦，他说："天地本逍遥游，何苦乃尔？此皆未能洞彻，自辟顶宁。"可见学问如天地一样广阔逍遥，为了一己私利而诋毁其他学说，这样的行为又何必呢？学问本是天地一样广阔，取适于自身性情之学问，对他家学问亦当宽容而后吸收，这样才是做学问应当秉持的态度。更何况学问本身是"为己之学"，与其与他人争论不休，还不如在读书上用功，让自身性情变得

---

[1] （明）方以智著，庞朴注释：《东西均注释》，中华书局2001年版，第175页。

更好。

其实,对学问持一种开放包容的心态也是一流学人成就大学问的前提,对世界多元文化的态度、对人类历史的态度,开放之心态同样重要。

《周易·谦卦》是六十四卦中为数不多的六爻爻辞全吉的卦象,我们不妨先看看谦卦的彖辞:

> 《彖曰》:谦亨。天道下济而光明。地道卑而上行,天道亏盈而益谦。地道变盈而流谦。鬼神害盈而福谦。人道恶盈而好谦。谦尊而光。卑而不可逾。君子之终也。①

这句话意思大概是说,"谦"之理通天地、贯人伦,它能让天道"光明",地道"上行",人道有福。"谦"何以具有如此巨大的能量?在笔者看来,"谦"而后乃能虚,虚后乃能容,容后厥有所得。有真诚之"谦"方能有容,这不正是中国古人持开放包容心态的一个极佳例证吗?

蕅益大师还从禅学角度对谦卦进行了解释。

> 约世道,则地平天成,不自满假。约佛化,则法道大行之后,仍等视众生。先意闻讯,不轻一切。约观心,则圆满菩提,归无所得。凡此皆亨道也。君子以此而终其始,可谓果彻因源矣。②

蕅益大师以"仍等视众生"与"不轻一切"来阐释"谦"之内涵,这其实是很有见地的。实际上,故步自封的一个重要原因就是有差别地看待事物,就是"恃才傲物"之后"轻视一切",取消了差别,能持一种平等心态看待事物,这个时候外来思想也就能进入了。

德国哲学家雅斯贝斯在《历史的起源与目标》一书中对开放心态就有着特殊的强调。雅斯贝斯认为,开放的文化态度对于人类历史的演进

---

① (明)释智旭撰,周易工作室点校:《周易禅解》,九州出版社2004年版,第56页。
② (明)释智旭撰,周易工作室点校:《周易禅解》,九州出版社2004年版,第56页。

具有重要意义，人类以往的历史正是因为开放才得以发展，对于我们的此在生活，我们与其故步自封，不如开放胸襟，迎接古往今来的所有信息：

  新的推动力于此完全不同，它愿意向所有造物无限地保持开放。在这种推动力的作用下，认识恰恰渴求那些与直到当下所发现的秩序和规律不相符的现实事物。①

在完全不一样的时空，东西方关于开放包容的看法在冥冥之中相会，这令人欢喜，也值得我们进一步反思和追问。

第五节　如何欣赏一幅书法作品？

以上五个小节我们探讨了方以智自己关于书法的理解，那么他如何看待别人的书法作品呢？

方以智在《跋介公旧本千文》中也谈到了他自己对书法欣赏的理解："区区较量点捺，随人轩轾，依然目皮相耳。"② 这句话的意思是说，那些在书法点画上争论长短的人还没有识得一幅书法作品精神的三昧，这样的评论不过是流于皮相罢了。可见，方以智对只关注书法细节的接受模式并不认同。事实上，对一幅经典的书法作品的接受绝对不是仅从技法层面感受其中的美感，更重要的是感受书法背后所蕴含的精神，这一点似乎是方以智更为看重的。

方以智在《题严相国家藏坡书》中也谈到了他如何看待一幅书法作品：

---

 ① ［德］卡尔·雅斯贝斯：《历史的起源与目标》，李夏菲译，漓江出版社2019年版，第124页。
 ② （明）方以智著，张永义校注：《浮山文集》，华夏出版社2017年版，第416页。

> 今观常熟养斋公所跋御赐坡帖《吕梦得八十三岁读书篇》《与柳子玉宝觉师会金山作》，神致苍逸，真乃迟缓络绎，行乎不得不行者乎！施愚山一日载向芝亭展玩，满座轩舞，因识于此，犹徒执宋缣细密，燃之以辨真乎？琐琐矣。①

我们可以看到，"神致苍逸"是对文中提及的两幅东坡作品整体风格的评价，而"真乃迟缓络绎"则是从作品的运笔处谈起。"行乎不得不行者乎"则是借用了苏轼本人的理想书写状态来评价苏轼的这两幅作品。文末，他又提到了"满座轩舞，因识于此，犹徒执宋缣细密，燃之以辨真乎？琐琐矣"。从此处可见，方氏对有些人没有深入书法作品本身而在作品之外的辨伪处用功颇有不满，他认为这样的鉴赏就流于琐碎了。读者读到这里千万不要以为方氏反对书法辨伪，方氏所反对的只是"买椟还珠"式的书法接受——在辨伪处用功，而丢失了对书法本身的欣赏。

实际上，方氏在他的不少题跋中也提到了书法辨伪，他在《跋藏真自叙帖》中就对时人所藏《自叙帖》的真伪有过怀疑：

> 绍兴曾公卷跋藏真《自序》三本。嘉靖壬辰，文徵仲令章甫刻入《停云》矣。愚者反复观其所拓，忽大忽小，间多不属。所迟疑者，寄傲养性之士，不羁之致俨然，何乃自叙公赞句以示夸耶？殆后之好事者拟为之乎？②

由此可见，方氏亦喜欢从细节处对书法作品进行把玩欣赏，同时亦不排斥对书法作品做真伪性质的怀疑和判定。

综上，方以智对书法的评判照顾到了书法作品的细节和整体。方以智早年可能更偏重于对书法知识的掌握，到了晚年之后他似乎更偏重于从整体上评判一幅书法作品，但不管是早年还是晚年，方以智从未偏废

---

① （明）方以智著，张永义校注：《浮山文集》，华夏出版社2017年版，第420页。
② （明）方以智著，张永义校注：《浮山文集》，华夏出版社2017年版，第424页。

任何一家。值得强调的是，方以智在晚年并非排斥对书法细节的欣赏，他反对的不过只是斤斤计较细节。

书法的接受还需要一个情境。中国古代书法很少以纯粹的艺术形式而单独存在，它的内在张力是在中国文化这个大的系统之中呈现的，若我们只是以笔法、线条、结构等艺术标准来审视古人的书法，我们所接受的书法信息可能就会丢掉很多。譬如，我们去看鲁公的《祭侄文稿》就会发现鲁公当时悲愤的情绪和凌乱的涂抹就是他作品的构成；弘一大师最后的绝笔之作"悲欣交集"四字，若不能把这四个字放到一代高僧圆寂的情境当中，我们其实很难感受这四个字的深沉；我们去看《兰亭序》，若不能结合文本一同来看，我们对右军风度可能就不会有更真切的感受。

方以智欣赏一幅书法作品时也常常将书法放入一个情境中去看，他在《跋直之弟所临颜帖》中谈到了对自己弟弟书法的看法：

> 吾弟少负豪隽，其才不羁，遭时骯髒，三十而殇。有《时术堂稿》，其孤中发，集而藏之。笔迹为当时所赏，今亦稀少。忽然见此，人琴俱亡，藉之以存，因命工双钩过朱，泐诸石，噫，屋漏痕岂徒以书法譾谩哉？浮庐愚者识于青原之归云阁。①

从这段材料中我们可以看到，方以智对弟弟的早亡倍感痛心，待看到弟弟遗存的墨迹时，方氏对弟弟书法作品的接受就不可能仅仅止于书法本身。由此，方氏发出喟叹：颜真卿的《祭侄文稿》中的"屋漏痕"也不单是一种技法，其背后蕴藏着痛彻心扉的情感，也寄寓着鲁公对侄子最沉重的哀思。

方以智特别重视书法中所蕴藏的精神，他在《跋魏子一仿颜字后》中有一段文字可以帮助我们理解方以智的这一书学观念：

---

① （明）方以智著，张永义校注：《浮山文集》，华夏出版社2017年版，第453页。

方以智的艺文活动与学问之道

山影居士扣关,手一扇,乃子一仿鲁公笔也,为之俯仰。山影居士曰:"顷从友人处苦索得之,以为至宝。"或曰同一泡影,有何鸿毛泰山之见?然鲁公之笔,子一能仿之,今又有宝之者。山谷、冷斋,每称忠义日月之气,笔间挟之,千古不灭,未可执空亡一扫也。①

我们看到,方氏认为鲁公作品的形貌虽然可以模仿,但鲁公的忠义之气是模仿不来的,这其实就又牵扯到书法家的人品问题。进一步来讲,书法欣赏不能仅从作品的笔法形貌来谈,而要结合书家的人品及书家的创作情绪来看,这样的例子在书法史上比比皆是。方以智在这里的书法接受显然是继承了中国古代书法重视人品的传统。

方以智在《跋杨周二公所书诗后》中同样强调了人品之于书法作品的意义:

金坛为弘光巨憨冤死,清江以天兴督师,与万吉人、郭云机、姚有仆、龚建木、黎美周同殉虔州。观其"忠信鱼鳖,日月弓影"之句,慨叹埋怨,使人萧条。生死之间,悲歌者固已早自必矣。清江诗与漳浦同调,而蒽蒨流利过之。书法逼元常,稿行稍变。金坛晚家茅麓,邀朗三、眉生,砥砺攻苦,肆志风雅。是其笔迹,不必以人传,而今正以其人传。

若只单单去看杨周二公"忠信鱼鳖,日月弓影"之句的书写,其实并不能引发人们内心的共鸣,真正让方以智动容的是杨周二公忠义的人品,是"金坛为弘光巨憨冤死"和"清江殉虔州"这样让人动容的事迹,杨周二公的人品和他们悲壮的事迹虽然不能在书法作品中表现出来,但正是因为这种看不到的东西才为作品本身注入了一种精神力量,让二人的

---

① (明)方以智著,张永义校注:《浮山文集》,华夏出版社2017年版,第417页。

作品"以其人传"。

相对于作品本身的收藏,方以智也重视作品内部所蕴含的精神力量,他在《跋杨周二公所书诗后》中就曾提到这一点:

> 予又叹世士好藏名公巨卿书者数数,而捷公独藏二公之诗,此尤当为天地珍惜以传者乎!后之览者,岂无感焦隐,怀鲁生,洒洒而传吾党者哉?由白马之苦苦言之,夕则可矣,悲不必无。①

世人皆喜收藏书画实物本身,而"二公之诗"之内容却少有人问津。在方以智看来,"捷公"才称得上杨周二公真正的知音,因为一般人更看重书画背后的物质价值,却忽略了杨周二公诗中所蕴含的悲壮。诗是无形的,却直入"捷公"的心腔,使其体味到杨周二公其人其事所带来的痛感与焦隐。此段材料虽探讨书画之收藏,却再次折射出方以智更看重书法作品背后所蕴含的精神价值的欣赏态度。

方以智还认为有精神气韵的书法作品才能长存,他在《跋施教臣藏颖井兰亭本》中还专门提到了此事:

> 施教臣出世,无所不舍,独此帖(《兰亭》)犹在枕中。噫,天下之物,岂由长存之理?精入而神化,则有水火不能烧者。②

方以智认为,世间的万事万物能无"长存之理",纵使像《兰亭序》这样的珍品书法亦难逃此理。那什么才能长存呢?在方以智看来,"精入而神化"的气韵和精神才是书法作品长存于世的真正所在。因此,方以智对一件书法作品的欣赏,并不是要将作品占为己有抑或与其日夜相伴,而是要和作品有一种冥冥之中的感应,感应作品中特殊的气韵和精神。

书法的自赏和别人的欣赏其实是有差别的,方以智敏锐地注意到了

---

① (明)方以智著,张永义校注:《浮山文集》,华夏出版社2017年版,第418页。
② (明)方以智著,张永义校注:《浮山文集》,华夏出版社2017年版,第422页。

这个问题，他在《跋藏真自叙帖》中就谈到了此事：

> 已而叹曰：秃笔成冢，夏云随风。一生如此本以寓其别致，而后世之寓者复寓之。要亦当时承蜩弄丸之凝神，所流传，不可昧灭也。①

一个书法家纵使再过勤奋努力，他的作品终究还是会像烟云一样随风消散，书法家在创作书法作品的时候会将自己的情思寄寓其中，并以此来凸显其作品的别致，但他们定然不能料到，他们当时为作品注入的情思在后世的解读中可能会完全变了模样，因为后世欣赏者在欣赏他们的书法作品时又会以自己的情思揣度作品。什么样的作品才能始终流传不灭呢？方以智认为那些书写自然、技巧娴熟而又能够做到形神兼备的作品是可以流传下来的。方以智在这里其实谈到了两个很重要的问题，第一个就是书法作品中的情思和再传达问题。第二个就是什么样的作品能成为经典而永存下去。方以智探讨的这两个问题都是书论史上绝少论及的问题，特别值得我们进一步去思考。

归而言之，方以智看重一幅书法作品的艺术性，因为它是一幅书法作品成为经典最可靠的保证。方以智在进行书法作品欣赏时谈到的二王、怀素、颜真卿、苏轼等人的作品都是书法史上的经典，也是方以智最为欣赏的书家。但较之书法作品的艺术性，方以智似乎更看重一幅书法作品所蕴含的精神，鲁公的气节、杨周二公的忠义，以及弟弟方直之的早逝都是让方以智痛心而有交感的。

本章小结

方氏认为学书当追求"法"与"神"的兼备，但对于初学者而言，

---

① （明）方以智著，张永义校注：《浮山文集》，华夏出版社2017年版，第424页。

方以智似乎认为应先从实际的临帖开始，只有下得一番苦功夫之后，才有资格谈融会贯通。方以智在书法上的用功与他在学问上主张崇实相近，他主张学问也要先从实际处用功。方以智的书学思想是建立在他深厚的学问基础之上的，他的书学思想看似庞杂难解，甚至有相互矛盾的地方，但这其实是最见方氏良苦用心的地方：他无意为后世传达知识性的概念，而是想要通过一重又一重晦涩难懂的思想打破世人心中有意无意的执念，人心之病最难根治，方氏历经患难之后的苦心正在于此。在他看来，无论是书法还是学问都须经过"无我""无无我""如其如"的三层历练。在破除对某些书学概念的执着之后，方以智希望书家还能在思考和实践中不断突破自己的思维，让自己的书学观念随"时"而变。方以智这种随"时"而变的思想其实源于方氏易学，而方以智"方圆同时"的审美理想显然建立在"寂历同时"的易学思想基础之上。学书要有一个开放的心态，他认为书法和学问一样，都是不断接触外来思想并不断消化吸收的过程，方氏的书法观念与其学问态度一样，都主张博采众长之后的会通。

第三章

方以智的绘画与学问

　　方以智本身不是以画家传世，在通行本绘画史中也鲜见方以智其名。从技法层面来讲，方以智的绘画确实未做到超越古今，形成自家独特面目，然而在绘画思想方面，方以智却新见频出，非常值得我们研究。此外，方以智的画跋也值得我们关注，透过这些画跋，我们能从中管窥方以智的学问思想。方以智的画跋主要集中在《浮山此藏轩别集》卷二中。方以智的绘画作品，目前散佚较多，除了博物馆收藏之外，散佚在民间的画作亦不在少数，近期，安徽博物院编撰的《方以智文物集萃》中收录了不少方以智的画作，印刷精美，是我们研究方以智绘画非常好的一手材料。

　　囿于篇幅，本章主要就四个问题展开研究。第一，从方以智的画论出发，探讨"顿在渐中""讆讆""不觉一笑"，以及方以智绘画作品的继承与多元的风格问题。第二，对方以智圆寂前一年创制的《墨石图册》进行专门研究，本书认为，在此幅作品中，方以智具有无问东西的学习态度、以"奇"破执，以及在"奇"中寄寓人心之正的良苦用心。第三，就方以智绘画中的会通精神做专门探讨，认为方以智做到了文人画与院体画、中与西、拟古与写生的会通，方以智绘画中的会通精神与他在学问方面呈现的会通气象是一体的，关于这一点，方以智在《东西均》中有极为深刻的论述。第四，本章还就方以智绘画中的遗民心态做了探讨，本书认为，方以智的一些绘画呈现出比较明显的遗民心绪，但这种遗民心绪的背后又有其"松柏而后凋"的士人气节。此外，作为一个博古通今的大学问家，方以智的绘画不仅仅只有遗民的哀伤，还表现出更为博大的宏通气象。

第一节 方以智画论三题

一 "顿在渐中"与"譨譨"

方以智在《题仿古册后》中谈到了他对学习绘画的认识：

> 气韵生动，得天为多。然天自蕴一切法，流峙动植，一纵一衡，莫非天之法也。学先资于古人，能征古人处，即自见其天矣。久之而心手与之为一，古人一我也，天一我也。造化在乎手，官僚之丸解难，宁王之鼓开花，讵可言说耶？①

方以智认为绘画最高之师法对象厥在师法自然，他认为绘画中"气韵生动"的呈现更多是从自然造化处得来的，自然中蕴含一切法则，绘画之法当然亦包含在自然之法当中，我们所看到的山水画中动植物的流动对立、纵横交错不过是对自然法则的模仿而已。师法自然是绘画的最高境界，但对于初学者而言，方以智认为还是先学古人，待能学到古人精髓，自然能看到自然造化之神秀。在经过对自然和古人的长期浸染、学习之后，学习者方能做到心手合一，能做到师法自然与师法古人的统一。

对于古人的作品，方以智主张要尽全力去临摹，对此他在《题仿古册后》中还专门谈到此事：

> 当其事此，狮子搏兔，必用全力，未可以苟而冒之。涂鸦者自谓张颠剑器，不鹄而抑空笞箭，且夸吾棘端落处，定中秋毫，

---

① （明）方以智著，张永义校注：《浮山文集》，华夏出版社2017年版，第461页。

讘讘何为？[1]

方以智认为，初学者既然选择了学习绘画，就应该认认真真、全力以赴。方以智在此谈到了两类人，第一类是信笔涂鸦却以古人精神自诩之人，第二类是没有章法而盲目学习的人，这两类人都有一个共同特点：未入绘画门径，而为自己务虚找各种理由。对于这类初学者，方以智认为他们还未将绘画之"法"明了就任性而为，对此，他显然不认同。

事实上，方以智早年在临习前人作品上也下过不少工夫。以下两幅作品（见图 3-1）中，第一幅落款为："欲觅荒寒何处是，枯林老屋振霜风。密之。"第二幅落款为："涧口泉壑清可听，不辞策杖到林隈。鹿起。"从落款名称来看，这两幅作品显然是方以智早年的作品，总体上构图别致、意境幽远，给人一种空灵之感。

图 3-1 方以智《山水册页》

如果我们拿方以智这两幅作品与倪瓒作品（见图 3-2）相比较，就能发现二者之间存在非常明显的继承关系。

从技法上来看，方以智早年作品似乎不如云林精准，但从意境把握

---

[1] （明）方以智著，张永义校注：《浮山文集》，华夏出版社 2017 年版，第 461 页。

图 3-2　倪瓒《秋林远岫图》

上看，方氏与云林何其神似，这显然与方氏对倪氏有过大量的临摹有关。

总之，无论是师法自然还是师法古人都有一个过程，待有一定量的学习积累之后自然就会有所领悟，这就是方以智所说的"顿在渐中"。

> 夫中锋之干，积颖之埃，苍乾之人有无，烟润之藏烘染，惟成乃化，顿在渐中。正如瓯冶之烧淬，夕桀之乘除，固未有不兼者，候何可以自欺乎？噫嘻，摩诘余习未忘，萧贲止以自娱，随场遣放已耳，又何讈讈？然讈讈亦遣放也，况自有同心木石不放过者在。[1]

可见，画道之悟与学问之悟一样，都需要有一个长期历练的过程，没有经过"渐"的过程，"顿"只能化作空想。当然，"渐"只是"顿"的前提，真正的"顿"不仅要有"渐"，还需要有"忘"，待忘记自己在修行，不觉然之间，"顿"或许才能不期而至。因此，"讈讈"对绘画而言同样重要，因为正是这些说不清、道不明的东西才能让人放下执着，达到不知其所以然而所以然的境界。

我们不妨看看方以智晚年的作品，感受一下方氏所言的"讈讈"。

---

[1]（明）方以智著，张永义校注：《浮山文集》，华夏出版社2017年版，第461—462页。

在《拄杖攀山图轴》（见图3-3）中，画题有："高台临水着孤亭，松柏传来太古青。当面远山留返照，蔚蓝天色饷空瓶。青原愚者智。"可知，此幅作品为方氏晚年作品。在此幅作品中，我们依然能够看到倪云林的影子，但此时方氏俨然已经没有刻意临摹云林的意思。其图描绘荒山野岭，全以水墨写就，我们看到高台矗立、远山如屏、古树凋零、空亭孤立、临渊照水，一幅萧瑟孤冷的景象，这种境界的凸显绝非临作所能达到。

我们再来看方氏所言的"讋讋"，方氏此时用笔全然以秃笔焦墨勾写，绝少渲染，这种大胆的绘画方式就是为了追求笔墨之间的偶然性，这种偶然性也最终形成一些说不清、道不明的神来之笔，让整幅作品具有一种难以言说的妙境。具体来看，

图3-3 方以智《拄杖攀山图轴》

方氏以"讟讟"之笔确实做到了不求变化,而轻重、浓淡的层次感却更加自然呈现,也正是因为这些"讟讟"之笔,让整幅绘画舍弃了刻意追求笔墨韵味的执着,而作品中的荒凉寂寥却反而更加凸显。正如后人评曰:"无可大师纯用秃笔,意兴所到,不求甚似,细钩皴,免渲染,而生趣天然。"周亮工在《读画录》中亦称其"意兴所适,或诗或画,偶一为之,多作禅语,自喻而已,不期人解也"。

二 开放的继承与多元的风格

方以智还在《卧游册总跋》中谈到了他绘画观念的转变:

> 愚者自少好此,老而遭放,忘山忘道。两折三番,理窟尊幢,未免断断角立,不如以烟云化之。前身余习辋川,不妨自招。踦履偕还,安道宁拘家数?将谓新硎技进乎?①

方以智在青年时期就对绘画有浓厚的兴趣,他甚至毫不避讳地说自己早年取法王维,对于这一路画派的取法,方以智似乎还略带自嘲地说:绘画的取法难道也拘于一家吗?取法王维一路的新手就算得上进步了吗?

到了晚年,方以智说自己已经疏于此道,甚至连山和道的画法都记不住了。其实这是方氏自谦的说法,晚年的方以智对绘画的认识似乎和早年有了不同,这时的他认为即使穷尽楼阁山水画法也会犯过于显露的弊病,与其这样,还不如"以烟云化之"。由此可见,方以智早年虽然取法王维,但他并没有秉守王维一家,而是广泛吸收各家,最终形成自己多元的绘画风格。

图3-4是方以智《山水册页》中的一幅作品,在这幅作品中的款识处,方以智写道:

---

① (明)方以智著,张永义校注:《浮山文集》,华夏出版社2017年版,第441页。

两公皆叹，汝为高逸故仿云林，古木乔松余亦求隐者，能别作一观耶。弟方以智。愚者。

图3-4 方以智《山水册页》

方以智说自己这幅作品是为了追求"高逸"而取法倪云林。然进一步考察（可见），作品描绘了一幅山村野外的景色，树木错乱稀疏，上略绘枝叶，树下偶立一屋，远处的山石若隐若现，用笔极简单，表现出荒凉空寂之景。这也是在明亡后作者为僧归隐的一种黯然愁伤心境的表达。从风格继承上来看，整个册页都流露出明显的"董巨"画风。因此，方以智在绘画取法上呈现出与学问相同的态度——开放。

正因为方以智对绘画取法持一种开放态度，所以方氏绘画风格与同时期其他画家有一个非常明显的不同——方氏绘画无论在早期还是晚期都呈现出多元的绘画风格。

《疏树古亭图》（见图 3-5）是方以智晚年的代表作，这幅作品中绘有野山幽谷，可见溪河平静，疏树散落，草亭孤立，视野之内既无陈舟，也无人踪，唯有那尽染尘埃的秋叶在风中摇曳。全图运墨疏淡，表现出

图 3-5　方以智《疏树古亭图》

一种空灵冷落、远避世俗的隐逸境界。据说《疏树古亭图》是他在去世前一年（1679）满怀明末遗民的悲恸而创作的，情调凄苦，故而画面荒僻冷落。笔墨虽然平易朴实，却不乏深厚功力。图上题文，书写得体，风神流动，深得元人冷静幽隽之韵。

然而，同样是在晚年时期，方以智还曾经画过一套《墨石图册》（见图3-6）。

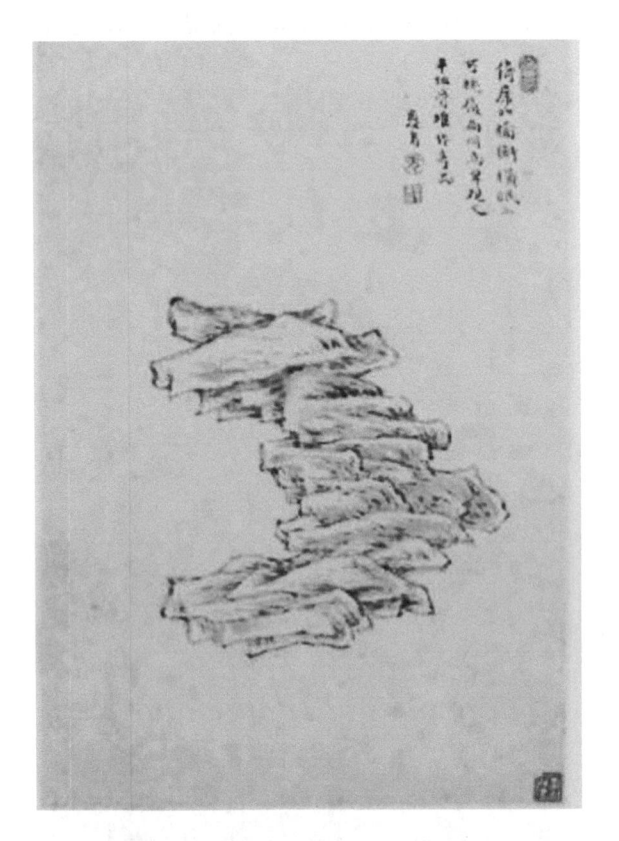

图3-6 方以智《墨石图册》其四

我们可以看到，这幅作品中方以智以清晰的细线勾画石形，用浓淡不同的水墨上轻下重、内深外浅地依石骨的纤细硕壮、高低前后体位、受光程度强弱而晕染表面，令石柱呈现色泽玲珑剔透、肢体纤巧瘦健的神采。

透过以上两套作品,我们其实很明显地看到它们之间存在的明显差异。《疏树古亭图》以淡为主,其用笔亦是典型的文人画法——并不刻意在点画上较劲,而是追求绘画整体的空灵;而《墨石图册》则运用到了"凹凸法",这是取法西方绘画之后形成的绘画风格,整幅作品也更为写实。

因此,我们可以说,方以智的绘画在取法上不守一家,同一时期的绘画在风格上亦呈现出多元性,这背后其实与方以智对待学问的态度是一贯的。正如我们前面所提到的,方以智对待艺术也好,对待学问也罢,他都不会预设成见,而是以平等开放的心态去看待每一样事物,凡是他认为好的东西,他都会尝试去践履。所以,他对学问和艺术才能不断吸收、不断消化,呈现出博采众长之后的会通气象。

三 何以"不觉一笑"?

《历代名画记》中记载了唐代画家张璪一条非常精彩的画论——"外师造化,中得心源",对于张璪的画论观点,方以智似乎比较认同。但透过方以智对名山大川的描绘,我们发现方氏其实对"外师造化"与"中得心源"有自己的阐发。他在《卧游册总跋》中还引用吕梁和黄庭坚的话,试图说明这个问题:

> 吕梁曰:"吾无道也,闲游可赞,不必寝弦,五岳时行,毫端自足。"黄摩围(黄庭坚)曰:"丘壑须胸次有之,笔墨那可得耶?"[1]

对于吕梁和黄庭坚这两个人的认识,方以智批点了四个字:"不觉一笑。"这一点就很有意思了,此"笑"是肯定还是否定呢?非常值得我们玩味。

我们先看这段材料的字面意思。吕氏认为绘画取法造化,正所谓

---

[1] (明)方以智著,张永义校注:《浮山文集》,华夏出版社2017年版,第441页。

方以智的艺文活动与学问之道

"五岳时行，毫端自足"，意思是说画道就在"五岳"之中，对"五岳"有真切的认识，画笔自然能画出好的绘画。而黄庭坚则认为好的绘画源于画家丰富之内心，"丘壑须胸次有之"即为张璪所谓"中得心源"。对此，陈师曾先生有过一段精辟的论断：

> 殊不知画之为物，是性灵者也，思想者也，活动者也，非机械者也，非单纯者也。否则直如照相器，千篇一律，人云亦云，何贵乎人耶？何重乎艺术耶？所贵乎艺术者，即在陶写性灵，发表个性与其感想。而文人又其个性优美，感想高尚者也；其平日之所修养品格，迥出于庸众之上，故其于艺术也，所发表抒写者，字能引人入胜，悠然起澹远幽微之思，而脱离一切尘垢之念。然则观文人之画，识文人之趣味，感文人之感者，虽关于艺术之观念深浅不同，而多少必含有文人之思想；否则如走马看花，浑沦吞枣。盖此谓心同、此理同之故耳。①

事实上，方氏对山水画的理解与陈师曾先生所言的文人画有异曲同工之妙。比如，对于西岳华山，方以智有一段文字值得我们注意：

> 中为南峰，东为玉女洗头盆，西为莲花峰。游者从青柯坪，挽铁索上千尺㠉。上此，即具希夷之蜕骨，何烦王涯、王履辨掌迹哉？② 于鳞记曰："罍中穿受不满足，穿受手如决吻。峡中之縆垂，罅中之縆倚，皆自汲也。足已茹，则啮膝也。足已吐，是以趾任身也。人上出如出井。朱白民再游，始叹其状非亲至也，耳食乌能知之？吾初以锐心上而不知险，既以忘心下而忘其险，夫亦有善载其腐肉朽骨者乎？"愚者曰：如是二心，先心难。宁可退之惊哭，遗信告绝，不负

---

① 陈师曾：《中国绘画史》，商务印书馆2014年版，第152页。
② 王涯，字广津，唐朝宰相，著有《太华仙掌辨》。王履，明初名医兼画家，晚登华山，作《宿玉女峰记》，对王涯之说有所辨证。

亲至一回，未可以杜陵遥望题诗为风流好事便得便宜也。①

方以智是否去过华山我们无从得知，但从这段材料可以看到方氏对华山之地貌特征非常熟悉，这当然与方氏勤于读书有关。他旁引扬雄、王涯、王履、李攀龙等人对华山的记载，为我们勾勒出华山之险。但方以智似乎更强调亲赴华山去看一看，因为只有亲身去了，对于华山之景貌才能有所感受，才能核实古人论述之华山之景。方氏对华山之了解一方面强调实地考察；另一方面也源于书中所记载之华山。

在对南岳衡山的考察中，方以智也有类似表达：

> 衡八百里，首回雁，尾岳麓，大矣而无愧异，故图画不能艳传。传以岣嵝碑艳，继以一懒二宗艳。顾璘言韩愈开云、朱张霁雪二事，最堪图画。或疑之，何不疑何子一之《岣嵝碑》耶？檗庵曰："泉石不能如雁荡、匡庐，而峰峡旋云，祝融日观，果是二绝。"友夏曰："山云出入艰难际，莫使关门此念深。"望衡九面，殆所谓云中乎！吾知游山者，必疑而不信也。游山若一无所疑，亦不免为芋头咽杀，砖头踏杀，石头滑杀。②

在这段材料中，方以智提到"顾璘言韩愈开云、朱张霁雪二事，最堪图画"，据嘉靖《衡岳志》记载，韩愈谪潮州，过衡山，默祈岳神，云遂为开。③ 另，宋孝宗乾道三年（1167）冬，朱子与张栻同游南岳，来时阴云四合，天雪纷集。朱子赋诗曰："急须乘霁色，何必散银杯。"张栻亦曰："夜半起视，明星灿然。"比晓，果然日出天晴。④ "韩愈开云"与"朱张霁雪"均为历史上名人游历衡山的场景，在现实场景中，我们定

---

① （明）方以智著，张永义校注：《浮山文集》，华夏出版社2017年版，第428页。
② （明）方以智著，张永义校注：《浮山文集》，华夏出版社2017年版，第429页。
③ （明）方以智著，张永义校注：《浮山文集》，华夏出版社2017年版，第429页。
④ （明）方以智著，张永义校注：《浮山文集》，华夏出版社2017年版，第429页。

然看不到这样的画面,但从绘画角度而言,以二人颇有奇妙意味的故事入画非但不会有损"外师造化",反而会增加韵味。

方以智关于龙眠山的描绘最能看到方氏山水画的创作理念:

> 东西龙眠皆先垅,今日伯时不待尽画矣。俨玉峡瀑流最壮,叔祖户部公取以为号。寥天一峰,即老父跨涧之游云阁也。俱从境主庙入,左忠毅之三都馆在焉。极半天岭而北为舒矣。固非一幅可写,但指幽石清湍,即当归梦耳。①

龙眠山位于安徽桐城,因此方以智对龙眠山的理解定然不会流于"外师造化"一层。我们发现,这段材料虽名为纪山,但实际上是纪人,方以智的乡贤、叔祖、父亲都出现在这段文字中。那么,方以智所说的"固非一幅可写,但指幽石清湍"定然不会仅仅是描绘"幽石清湍",其画卷中定然有着方以智对亲人的寄托和思念。

通过以上材料我们可以看到,方氏实际上已经将张璪所言"外师造化"与"中得心源"完全打通。我们看到方氏描摹"五岳"和各地的名山大川时,他固然强调实地考察的重要性,但他几乎所有的文字都涉及了"造化"之外的事理,或是书本知识,或是历史事件,抑或是对亲人的思念,这些都在"造化"之中寄寓了方氏的情思及他对学问的理解。

现在,我们终于明白方氏"不觉一笑"的内涵:他不是要否定吕梁的"外师造化"和黄庭坚的"中得心源",亦不是肯定二人的观念,而是将二人观念完全会通之后形成了一种"不落有无"的超越。如果理解了这一点,我们也同样会明白,方以智的绘画绝不仅仅是一般文人以绘画为消遣的余事,而是将绘画作为一种载体,来承载他的学问和情思。因此,我们要读懂方氏的绘画,绝不能限于丘麓山泉本身,而是要透过物象看到方氏所寄托的画外之意,只有将绘画本身和画外之意联系起来

---

① (明)方以智著,张永义校注:《浮山文集》,华夏出版社2017年版,第430页。

去看，才有可能理解方氏真正要传达给我们的讯息。

四 小结

方以智的画论与他的学问有紧密的联系，他认为绘画与学问一样，都需要一个长期历练的过程，没有经过"渐"的过程，"顿"只能化作空想，这就是方以智所说的"顿在渐中"。真正的"顿"不仅要有"渐"，还需要有"忘"，待忘记自己在修行，"顿"或许才能不期而至，方以智所谓的"譊譊"正是如此，那种说不清、道不明的东西让人放下对"顿"执着，达到不知其所以然而所以然的境界。方以智在绘画取法方面与他的学问一样，都具有博采众长的特点，因此，方氏绘画无论在早期还是晚期都呈现出多元的绘画风格。方以智在画论中谈到的"不觉一笑"是他在读完吕梁"外师造化"与黄庭坚的"中得心源"之后发出的感慨，他的"笑"不是对二人单纯的否定或肯定，而是将二人观念完全会通之后形成了一种"不落有无"的超越。

第二节 方以智的奇石之癖与学问寄寓

明代中期以后，文人似乎对赏石有特殊的兴趣，这一方面与自北宋以来国人有赏石的传统有关；另一方面，也与当时园林的兴盛不无关系。[①]

明朝中期以后，观赏奇石俨然已经成为当时文人雅玩的风尚，举凡园林、案头皆置奇石，奇石已然进入文人的日用生活之中，以至于当时有"室无石不雅，园无石不秀"之说。正是在这一风尚之下，万历间林麟编纂了《素园石谱》，此外，文震亨《长物志》中亦不乏赏石章节，《图绘宗彝》《吴骚集》《洒洒篇》等书亦有不少与奇石相关的内容。[②]

"当时文人不仅赏石，亦画石，如莫是龙、董其昌、陈继儒、邢侗、

[①] 沈歆：《从画山到画石：奇石、观看与吴彬的山水画创作》，《文艺研究》2015年第7期。
[②] 沈歆：《从画山到画石：奇石、观看与吴彬的山水画创作》，《文艺研究》2015年第7期。

孙克弘、蓝瑛、黄道周、冯可宾、王铎、倪元璐等人皆有画石作品传世。"① 方以智正是在这一时代风尚之下创制了他的《墨石画册》（见图3-7）。

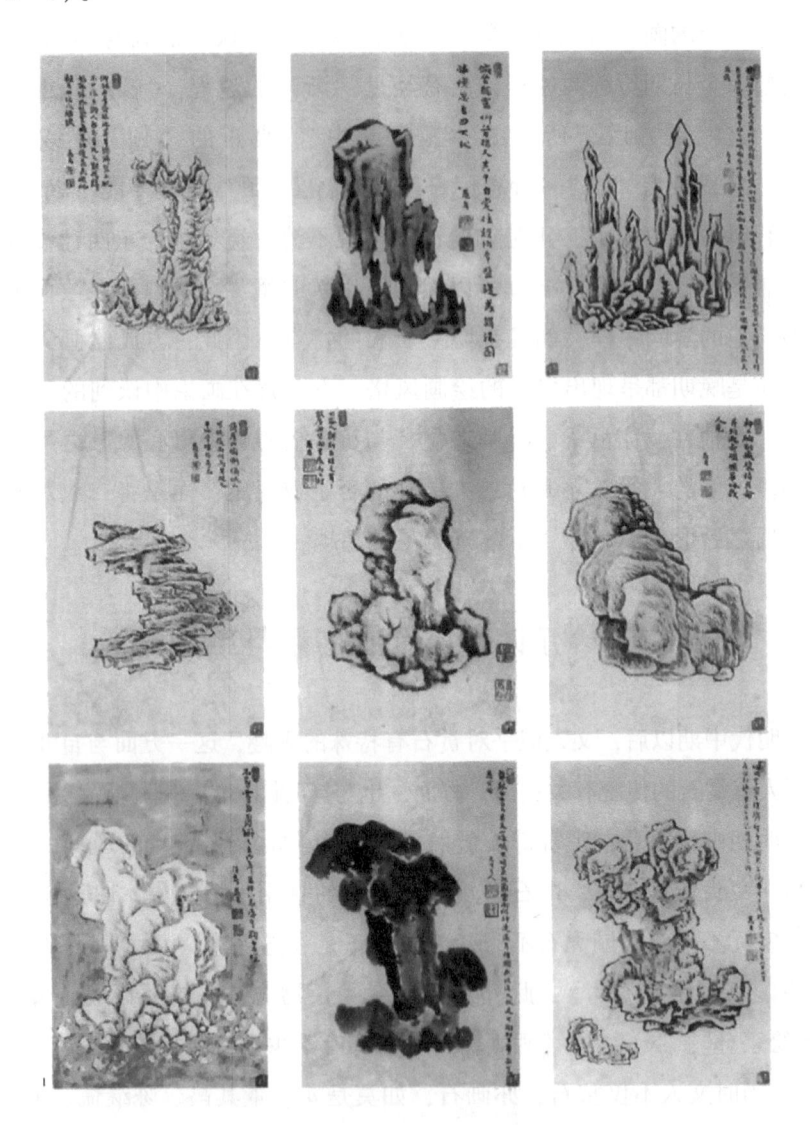

图3-7 方以智《墨石图册》

---

① 沈歆：《从画山到画石：奇石、观看与吴彬的山水画创作》，《文艺研究》2015年第7期。

方以智创制的这套《墨石图册》外封夹板包锦上附纸签一条，有行书："无可大师墨石，孝奘题签。"册内画页后有方以智草书自题："庚戌献岁，寒山无事。童子炙炭研墨，请愚者发笔，遂成诸种石。将谓荟撮各家，实则任冰雪之自肖耳。研邻山主过归云，闻而索观，便以为饷。浮庐愚者智。"汪律本草书跋："磊落形奇，崚峥骨傲。石耶人耶？分明写照。固由天然，亦因笔妙！为问米颠，何如九曜？甲申初冬，芝老题。"

由此册页落款我们推知，此册页当作于清康熙九年（1670），作者时年60岁。全册每图各配行书自题一段，画面石形独立，不设衬景，意境荒寒，简雅古拙。笔精墨妙，立意高洁清逸。观之几如天仙化人，似可与之谈道论禅，反映出作者对事物超脱的悟性和深厚的艺术功底。

方以智创制该作品时离去世仅仅只有一年，这套画册与他的其他门类艺文作品一样，绝不是仅止于艺文本身，而是和他的学问紧密联系的。

方氏除了这套《墨石图册》之外，还在《浮山文集》中对奇石有不少描述，他对奇石特殊的爱好由此可见一斑。

关于方氏对奇石的特殊癖好，笔者试图从以下三个方面来谈谈自己的认识。

一　学画无问东西

方以智在绘画方面对源于西方的"凹凸"画法并不排斥，他在《题吴季六干笔佛像》中就谈到了他的这种看法：

> 高丽画大夫，原出于唐尉迟乙僧笔意。今西洋堆染细皴之法，能使颐高眼深，正其不约而同者也。至以干笔写生纸，不藉影本，不试朽枝，信手展挥，轻埃霎积，亦与西画同其凹凸，此则吴季六真未曾有矣。[1]

---

[1] （明）方以智著，张永义校注：《浮山文集》，华夏出版社2017年版，第447页。

尉迟乙僧是唐代西域画家，他的绘画常常采用阴影法，故能使得所绘对象富有凹凸立体感，其对有唐一代吸取西方画风有很大的帮助。方以智提出高丽画有凹凸笔意源自尉迟乙僧，而此画风又与"今西洋堆染细皴之法，能使頫高眼深"相似，对于方以智这样的论断，我们不得不发出惊叹。

自董其昌提出"南宗北宗"说以后，中国绘画的主流俨然是"文人画"，"文人画"的最大特征是重神似而不重形似，重气韵而不重质实。以"文人画"的标准来看，"西洋画法"无疑更接近工笔"院体画"，这种画体在当时普遍为文人士大夫所轻视。方以智本人绘画亦以文人画为主，但难能可贵的是，他对与"文人画"精神相背离的"西洋画法"并不排斥，其《墨石图册》更是对此种画风的亲身实践。更了不起的是，方以智还能认识到"西洋画法"早在中国唐代开始已经在中国传播，这实在是令人惊叹的。对于"高丽画"的特点，方以智也加以概括，并认为这与西洋画相似。实际上，方以智已经对"西洋画法"的特征有了比较详尽的概括，他说："至以干笔写生纸，不藉影本，不试朽枝，信手展挥，轻埃襞积，亦与西画同其凹凸，此则吴季六真未曾有矣。"由此可见，他认为"西洋画法"的特点是"干笔写生纸"、不用参考画本、不用触摸树枝、自然简便、寡墨能画纹理，相当于今日的"速写"。

《昆仑铁石图》（见图3-8）是《墨石图册》中的一幅作品，从这幅作品中我们可以看到方以智用浓墨方折劲线勾形，淡墨短线解索皴法表现暗面和沟壑，偶于结构交接之处或水墨轻濡淡染以示深度，最后复用焦墨重笔果断勾醒要处，令物象处势稳固而精神鑃发。若我们再去细究此幅作品的细节，很明显能够发现此幅作品运用了西洋之"凹凸"画法，这正是方以智在实践层面吸收外来技法的一个明证。

事实上，方以智对学问从来都没有门户之见，其学问亦多借鉴西学。另外，方以智曾与西学家多有交往，他在晚年札记中对西洋传教士利玛窦，以及晚明热衷西学的熊明遇都甚为服膺。

图 3-8 方以智《墨石图册》其六

值得注意的是,方以智对西学虽然不否定,但并不是说方氏对西学全盘肯定,他在《物理小识》自序中曾说,西学"详于质测,而拙于言通几"。落实到"奇石"的创作方面,方以智亦秉持这样的态度。

方以智在《跋画石卷》一文中谈到了他理想中的奇石绘画创作:

> 黑又白,圆又方。干又湿,柔又刚。茸然毛,截然光。其枯若朽,其腴若肪。其落笔也,次第秩然有先后,而适还其无先后。①

---

① (明)方以智著,张永义校注:《浮山文集》,华夏出版社 2017 年版,第 470 页。

方以智对奇石的理解更多还是从中国传统美学观念出发的，他更欣赏富有变化的奇石作品。具体来讲，方氏所谓"黑"与"白"、"圆"与"方"、"干"与"湿"、"柔"与"刚"、"毛"与"光"、"枯"与"朽"、"腴"与"肪"皆是这些变化在奇石绘画作品中的具体表征。值得注意的是，以上变化不是单独存在，亦非对立存在，而是你中有我、我中有你的和谐共存。此外，方以智还认为，奇石绘画的落笔次序可以有先后亦可以无先后，有先后是为了"次第秩然"，而无先后则是"适意"，也就是说笔次的先后其实没有一个固定的范式，而是需要将绘画作品的"次第"和创作者本人的"情绪"结合起来，至于到底偏向哪一个，需要根据绘画情境及时调整，所以"时"应当是决定落笔次序的一个重要因素。

综上来看，方以智对待学问不会预设任何成见，他对西学的态度是有所取、有所不取，他对中国的学问亦秉持同样的态度。因此，我们可以说，"无问东西"应当是他从早年至晚年一直秉持的学问态度。

二 以奇石之"奇"破物象之执

方以智喜欢奇石，他在文字中展现的思维亦非常奇崛诡奥。我们不妨看看他在《拟雪浪石》中的一段材料：

> 高浪驾天轮不尽，顷刻青黄浮澥蜃。韩修武以之论文章，苏和仲买作仇池顶。①

方氏此段材料前两句其实语出韩愈的《赠崔立之评事》，原文为"崔侯文章苦捷敏，高浪驾天输不尽""摇毫掷简自不供，顷刻青红浮海蜃"，韩愈这两句话都是用来表达对崔立之诗文的赞赏。最令人感到奇妙的是，方氏用韩愈对崔氏之赞美之语来表达苏轼对仇池顶的情愫，这种思维看

---

① （明）方以智著，张永义校注：《浮山文集》，华夏出版社2017年版，第473页。

似突兀，但了解了其中背景之后，又会为方氏之跳跃思维感到称奇。

他在用词、取意上亦偏好诡谲一路。我们再来看看他的《绉爪石》：

> 仰祠石屋齐临池，翠茸绉絺碧玉与肌，爪甲棱角钩人衣。吾尝玩之，不能携归。想成绿火盘云飞，寒郊瘦岛其邂肥，观者毋怪人雕乱。①

前段材料是方氏对绉爪石的描述，我们姑且略过不论，但他说"吾尝玩之，不能携归"就很能看到方氏的心意了——方氏太喜欢绉爪石了，把玩之后又想携之。方氏终究不能带走，只好以诗聊表对绉爪石的思念了。方氏所写之诗值得我们注意，"想成绿火盘云飞"是何等诡谲的意象，"寒郊瘦岛"又是诗史上何等以奇崛闻名的诗人，方氏对"奇"的特殊喜欢不言而喻。

方以智对"奇"的欣赏一方面出于个人的审美，但最重要的是，他是想用这种奇怪的思维破除人们心中的成见。

方以智在《跋画石卷》一文中还有一句话特别值得玩味：

> 其成品也，伦脊翕然分中旁，而实未尝有中旁。②

方以智的这段材料还是在谈奇石的创制。他一方面说奇石的"翕然"可以从石头的中间和侧面去看；另一方面又说石头未尝有中间和侧面的区别。方以智提出的这个观点看似矛盾，其实寄寓着他的苦心。在方以智看来，一个固化的观念一旦形成，就会阻碍一个人的发展，因此他不惜用一种看似诡谲的思维来引发读者的注意。具体来讲，奇石侧面与中央的和谐统一固然是一幅绘画应该具备的，这样的绘画本身没有错误，但如果人们对这样的审美有了一个固化的模式，认为只有

---

① （明）方以智著，张永义校注：《浮山文集》，华夏出版社2017年版，第474页。
② （明）方以智著，张永义校注：《浮山文集》，华夏出版社2017年版，第470页。

这样的作品才是好的，那这其实就陷入了审美的模式化，在方以智看来，这样的模式有碍于对其他风格作品的接受。因此，我们读到"而实未尝有中旁"一句就能理解方氏为什么要打破这种人们约定俗成的和谐的关系，原来他是想让我们包容不同风格的奇石作品，想让我们看到一个更广阔的天地！

方氏在《鬼面皴》中也以奇石为寓试图破除人心中的成见：

龚圣予以画马名，而又自题墨鬼曰："未有不善真书而能作草者。"竟谓墨鬼为戏笔，是大不然。然则画马其真书乎？恐仍属牝牡骊黄之见也。且看此石师几十年，乃可信手为之耶？即曰马也石也，皆戏墨也，吾又何辞？①

龚开，字圣予，是南宋画家，他以画马闻名于世，他曾说写不好楷书就很难写好草书。这一观念自然非龚开一人的想法，时至今日，仍有不少人秉守这样的学书模式。对于龚氏的这种看法，有些人并不以为然，他们认为这不过是龚开信口胡诌，不足为道，他们反驳的意见也很合理：难道楷书写好了，就会写好草书、会画好马吗？经过了二重思维之后，方以智最终提出了自己的意见，他说：难道观摩石头几十年，就能信笔画好奇石吗？画马也好、画石头也罢，不过都是戏墨罢了。

要理解方氏此段话的深意并不容易。"未有不善真书而能作草者"是有些人秉持的一种惯性思维，这种观点背后似乎有事物之间存在共通之理的寓意。对此，方以智借他人之口以破除人们的这种成见。但问题又来了，破除对"真书"的执着之后，人们又可能会对"分别"产生执着。对此，方以智马上又给这类人一记棒喝，他所说的"马也石也，皆戏墨也"，这其实又再次肯定了事物之间是存在共通之理的。值得注意的是，方氏在强调"马"与"石"具有同理性之前，他还强调了在实处用

---

① （明）方以智著，张永义校注：《浮山文集》，华夏出版社2017年版，第473页。

功的重要性——只是观摩石头定然不行,要画好奇石还须在纸上千锤百炼。读懂方氏这段奇诡的段材料非常困难,但一旦读懂就会明白方氏的苦心所在——别洋洋得意地认为自己的认知是没有差池的,山外有山,人外到处是高手!

方氏在《药地炮庄》一书中亦展现出与之极为相似的思维。

《药地炮庄》一书的书名就非常值得我们深思。据李忠达研究,"炮庄"的"炮"字其实是取医家炮制药物之意,表示将《庄子》制成医治世间之病的良药。由于方以智对中医颇有心得,所以在此融入了许多中医对药物特性的观念。对医生来说,每种药物的特性无论温凉寒热,其使用方式都要视病人属于寒证或热证,以便对症下药。庸医用药错误比不用药更糟糕,而误服药物的副作用和误食毒药一样。方以智认为战国时期人们迷失在功利欲望中,庄子出于激愤所撰写的书籍,是帮助陷溺在利欲胶漆盆中的人醒悟的一帖清凉剂。明末清初一样是邪说横行、人心陷溺的时代,因此《炮庄》同样是以毒攻毒、以药救药的一剂良方。

《庄子》一书本身就故意制造出一种逻辑颠倒、情节怪异而不合常理的文字,如果以合乎常理的诠释强加在《庄子》上,反而会失去《庄子》的真义。因此,超越名言的陷阱才能得到妙解之所在,并且不迷失在不断后设评论的回圈里。

方以智是《庄子》的知音。他定然知晓《庄子》有不可解、不可诂的特性,也不妨碍才人名士解之、诂之,反而各家之解都能成为阅读《庄子》时的助力。方以智依据各种立场评述同一个不可解的《庄子》,这些立场和不同的训解之间彼此或许有矛盾,但是与《庄子》的妙解不会产生矛盾,反而是被包含在其中。方以智的苦心正是让读者一开始就陷入文字的障蔽,但读者在各家文字的反复折冲间,最终超越解之、诂之的层次而获得妙解。

这正如方氏在《药地炮庄》中所言:

平心乃能精一，折摄乃能深参。倘信不及，不妨以疑疑之。①

待读者能够超越一切评述立场之后，才能公平平等地对待一切立场的说法。在此，方以智把多层次的阅读活动视为禅宗参公案的修行隐喻，阅读本身就是一种参悟的过程，因此提倡"精一"和"深参"。在尚未参透前，读者不妨提起疑心，等待开悟那一刻的到来。

《药地炮庄》中还有不少令人疑惑不解的评语，譬如："拙""噫""哭""笑""鲜""瞋""丑""伤""凛然""妙妙""苦哉""再看看""少卖弄"等。这些评语其实并不容易理解，譬如"瞋""曝""齑""撄"这些字眼，往往来自《庄子》及其他先秦两汉古籍，若不透过字书训释，其实际意涵相当难以理解，故逼迫读者在训诂上作更缜密的思考。这些词语的使用，是方以智苦心经营的成果，他在每一个字、每一个句子上增加阅读的困难度和厚重感，毋宁说是在创造一种诡怪、艰涩的语言，邀请有才华、有学养的读者来破解谜题。只有当读者真正投身到这个众声喧哗的场域之中，《庄子》的妙解与读者内心习气的刊落最终归趋。

三 "奇"中寄寓人心之正

以奇破执只是方以智治人心病的第一步，方氏之用意当然不是"奇"本身，他在"奇"当中其实寄寓着人心之正。我们再来看看方以智在《墨石图册》中的一幅作品（见图3-9）。

《漆园怪柱图》（见图3-9）的款识处有一段文字值得我们关注：

俯若悬雷，仰若指天。其中自当柱，经络常盘旋。或谓御园怪侻，忽吾曰不然。愚者。

---

① （明）方以智原著，张永义注释，邢益海、张永义主编：《药地炮庄笺释·总论篇》，华夏出版社2013年版，第69页。

在这段文字中"其中自当柱，经络常盘旋"尤其值得我们关注。所谓"柱"者当指奇石中间的部位，虽然"柱"周围"经络常盘旋"，但方氏提醒我们"柱"之正才是我们最应该秉持的品性。因此，当常人看到"御园怪傥"时，方氏"曰不然"，何以如此呢？原来"奇"只是方氏其人其画展现给世人的名相，而"正"才是方氏的终极关怀！

图3-9　方以智《墨石图册》其八

方以智在《玲珑石》中亦有着同样的寄托：

是谁琢受具区波，泰山穿溜为我磨。手摘大千还老圃，藕丝孔笑岩穴蠹。近来名园假山仿大痴，花卉玲珑弃置之。山水家见汝皆

方以智的艺文活动与学问之道

攒眉，吾谓雅俗各有宜。世间好奇不知奇，多半为文人指点之所移。噫！①

"近来名园假山仿大痴"就是针对时人对黄公望的盲目效仿，这种行为导致"花卉玲珑弃置之"。毫无疑问，方以智对时人这种毫无主见的跟风行为非常不满。实际上，雅俗、奇与不奇皆有可取之处，要结合自身情况择善而从之。因此，方以智说"世间好奇不知奇，多半为文人指点之所移"，可见时人并没有领会"奇"背后的寓意，"奇"并不是我们执着追求的艺术风格，"奇"背后人心之"正"才是每一个士子需要关怀的终极命题！

方以智还在《列指石》中引用韩愈与陶潜二人从而道出他的苦心：

九华可望不可登，三山立海游不能。莫笑空拳迂秦汉，皇帝自娱加此名。穷崖突兀发奇梦，桌笔刺天天可升。我谓漆园龙门多画出，世人碌碎信不曾。且莫惊，何不看韩昌黎自竖赤蠊藤？且放平，何不看陶元亮细描《山海经》？②

韩愈诗歌的奇崛我们当然能够看到，但奇崛背后的孤愤又有几人能够领会。方以智显然明白韩愈孤愤之缘由：人心不古的芸芸世道中，韩愈试图以一己之力恢复道统，这样的艰难如何又让韩愈不孤愤呢？孤愤是一方面，但韩愈正人心之气量在方以智看来是"平"的，也是"正"的。理解了这一点，就能明了陶渊明《山海经》中"刑天舞干戚，猛志固常在"的孤愤，孤愤背后，显然有着靖节先生无力恢复道统的无奈。

方以智在《题黑石芝》一文中也同样流露出想要恢复道统之正的宏愿：

---

① （明）方以智著，张永义校注：《浮山文集》，华夏出版社2017年版，第471页。
② （明）方以智著，张永义校注：《浮山文集》，华夏出版社2017年版，第472页。

> 谁献水苍玉，莫使山海礝（礝，黑砥石）。黑坟蒸成菌，雷雨何神速。还有种识无，条达天然足。可谢北方帝，安置愚公谷。①

此段材料中，方以智提到的"愚公谷"最值得深思。愚公谷，故事讲述了一位聪明的老人故意假托解释地名，讲了一个傻得荒唐的寓言故事，意在讽刺齐国司法的废乱。然而齐桓公信以为真，把寓言当成了真实的事情，没有参透老人的真正目的。名相管仲理解并接受了老人的讽谏，改进治理，下大气力解决齐国的司法问题。显然，作者意在劝诫治政者应善于听取老百姓的意见，治理好国家。该故事出自刘向的《说苑·政理》，后来人们多用"愚公谷"指隐居或与人无争的地方。知道了"愚公谷"背景，我们就知道，所谓"愚公"者，正是方以智本人，他也像愚公一样为世人讲着诡谲荒唐的故事，但奇诡背后，有着他正人心、复道统的宏愿！

同样的，方以智在《药地炮庄》中对"奇"的凸显也寄寓着他对"正"的期待。方以智习惯将作怪的读者称为才士、偏才、畸人。有才之人追求新知、鄙弃庸常，无法自甘平淡，于是表现出傲世、弃世、凌越礼法的言辞行径。由于才士有任情纵性的毛病，《药地炮庄》一书深知这些才士的性格，以《庄子》之奇文吸引他们，并期待在阅读《药地炮庄》的过程中潜移默化将他们导回名教的正途上来。由此看来，方以智对才士追求的"奇"与"怪"有所反省，也让"奇""怪"的风格带有吸引读者、引导读者意向的正面功能。

方以智固然鄙弃那些拘守旧辙、顽固不化之辈，但又将才士的性格形容成"偏胜""偏才"，而以圣人代表的中庸之道为最高境界。《惠子与庄子书》云：

> 众人苟用，君子正用，圣人皆用皆不用，畸人惟凿误用之用，

---

① （明）方以智著，张永义校注：《浮山文集》，华夏出版社2017年版，第472页。

而不顾天下有用之用。①

这里指出三种层次的读者。畸人是追求"奇""怪"的才士,其地位高于众人,但又低于圣人。畸人和君子一从正面肯定"用"、一从反面否定"用",形成一正一反的关系,但其地位并无明显高下。在这种读者层次的区分中,方以智暴露了自己编撰《药地炮庄》的目的是引导最低层次的众人,以及中间层次的君子和畸人,开始追求最高层次的圣人之道。

他在《东西均·奇庸》中说:

> 始而玄言扫其义,义者曰吾守吾庸;已而玄者以奇高庸,庸者亦好奇以相高。又安知人之习奇为庸,其至庸者实至奇乎?舍庸而好奇者,好奇之奇,犹矢溺也……好奇者又不自知其所以庸即所以奇也,而好言人之所不能言,知人之所不能知,以为夺人之良、穷人之技莫我若。若者,适自遁于鬼魅,惊愚民耳。②

在此,方以智以"庸""奇""至奇"区分读者的三种层次。"庸"指的是平凡、庸常,而非带有贬义的愚昧庸下。自从有才之士追求玄奇,开始贬低庸常;庸常之人也开始竞逐新奇,以便相互争胜。方以智批评这种追求玄奇的风尚,认为"至奇"不过是至为平凡之事,如同日月之东升西落、四季之代错交替,只是被好奇之士可以忽略而已。如果放任这种好奇之风增长,无论庸者、才士都将竞逐争胜,以各种放肆之语惊骇常民,因此必须加以化导。

由于好奇之士才识较高,用一般方法无法劝说他们,所以《庄子》才成为觉浪道盛和方以智烹炮评点的最佳对象。因为《庄子》的奇怪之

---

① (明)方以智原著,张永义注释,邢益海、张永义主编:《药地炮庄笺释·总论篇》,华夏出版社2013年版,第120页。

② 方以智著,庞朴注:《东西均注释》,中华书局2001年版,第132页。

风早就为晚明读者所认识和接纳，而庄子的高深思想也具备化导人心的功能，身为才士的晚明读者不愿接受僵固的道德劝谕，但能接受庄子非同凡响的表述方式。

觉浪道盛和方以智便要透过点评《庄子》将"至庸者实至奇"之道放进书中，以转化才士之心，因此觉浪道盛评价《庄子》曰：

> 有主、有宾、有权、有实，至于纵横杀活，隐显正奇，放肆诡诞，嬉笑怒骂，直指天真，曲示密意，其为移出人心之天，岂可长情臆见领略之耶……天下沉浊，不可庄语，为此无端崖以移之，使天下疑怪以自得之。①

写出这种奇怪的文字，目的是打破读者的"常情臆见"，去接受过去不能接受之事。觉浪道盛以《庄子》语言之奇为媒介，试图将读者导向思想之奇的探究。觉浪道盛在阅读《庄子》的过程中寄寓了一层参禅的意义，让读者不仅能够以奇怪打破庸常，更能进一步超越奇怪，参悟"至庸者实至奇"的化境。《药地炮庄》运用评点体裁创造了一种近于参禅的阅读体验，试图为读者的意识转化创造条件，这层用意于其他评点作品中罕见。

如此一来，觉浪道盛和方以智评点的《庄子》不仅满足了晚明读者对"奇""怪"风格的期待，更将庄子诠释成苦心救世的参悟之书，在"奇"之上再翻出一层至奇之义；这使得《药地炮庄》评点本身独立成为读者所承认的一部奇书，同时又是一部救世之书。

四 小结

就《奇石画册》来讲，方以智在该册页中应用了西洋绘画的技法，这种技法在同时代画家中还非常少见。重新定位方以智在中国绘画史中之地位，继而发掘方以智对中国绘画到底有哪些贡献，这些都将是我们

---

① （明）方以智原著，张永义注释，邢益海、张永义主编：《药地炮庄笺释·总论篇》，华夏出版社2013年版，第62—63页。

方以智的艺文活动与学问之道

日后需要认真思考和研究的工作。

方以智对待西洋画法的态度与他对待学问之态度一样,都主张博采众长之后的会通,无问东西可以说是他对绘画和学问的一个基本态度。方以智对奇石的兴趣折射出他对"奇"的特殊癖好,而以"奇"来破除人心对小我的执着,继而让人们看到更为广阔的天地就是他良苦用心的学问寄寓。总而言之,奇石之"奇"既有着方氏个人的审美趣味,又有着方氏对学问的深沉寄寓,最重要的是,方以智还在"奇"之中寄寓着他祈盼人心复归于正的深切关怀。

第三节　不止于遗民:方以智画事活动中的遗民心绪及其精神超越

当明清易代之时,前朝的士子到底是抵抗还是屈身,是殉节还是俟命,是入世还是出世,这一连串问题的解答其实就是那个动乱时代士子的生命画卷。"天下有道则见,无道则隐。"与很多明遗民一样,方以智选择了逃禅,他在中年以后以自己的特殊方式与清廷对抗,这种温和的对抗方式既守住了气节又保全了性命。与激烈的对抗方式不同,方氏所采取的不合作态度更多体现在艺文一端,我们去通读方氏在明亡之后的艺文作品,或激烈愤慨,或忧心忡忡,或向往隐逸,这些情感的流露其实都是方氏遗民心绪的一种外化。

我们不妨欣赏方以智在《梅花十首》中的一首诗歌,以此感受方氏这种遗民心绪:

> 慘慄伤心此一回,腥风匝地苦相催。惨知漠北春无草,哀寄江南信不来。天上招魂非笔墨,空中埋玉兔尘埃。和根掷向蓬莱外,枉费深山瘠土栽。[①]

[①] (明)方以智:《浮山后集·无声瘵》,载《方以智全书》(第十册),黄山书社2019年版,第239页。

第三章　方以智的绘画与学问

方以智亲身经历了甲申之变，内心的伤痛非身处其中者定然难以感同身受。方以智此首梅花诗即作于甲申之变之后，透过文字，方以智心中的"慺慄"与"伤心"我们亦可感知一二。颔联中一个"惨"字让人不由得心生痛感，待读到"漠北春无草"时，方氏看似压抑住心中的忧愤，但"哀寄江南信不来"一句又让人看到方以智内心难以抑制的伤痛。"漠北"者，暗喻清廷之统治，"春无草"者意即在清廷统治下中华大地将无生机可言，如果说此句是方以智对清朝统治者的抵触，那么"哀寄江南信不来"一句则寄托着方氏对明王朝的无限追思。此诗颈联和尾联表达的也是类似的遗民心绪。

与方以智在诗歌中表达的遗民心绪相一致，方以智在甲申之变之后的画事活动中亦流露出类似的心绪。接下来本章将从方以智画事活动与遗民心绪、绘画中的遗民心志、不止于遗民三个方面展开论述。

一　画事活动与遗民心绪

方以智绘画的高峰主要集中在青年和晚年时期，这在方以智早年的诗文集中就可见一斑。在方以智诸多诗文集中，青年时期的《博依集》和中年以后的《浮山此藏轩别集》[1] 是方氏论及绘画活动较多的集子。尤其是在《浮山此藏轩别集》一书中，保存了方以智的大量绘画题跋，其题跋数量之集中、思想之深刻，是其他诗文集所没有的。此外，无论从艺术质量、作品数量抑或绘画思想角度来讲，方以智甲申之变之后的绘画都能代表其绘画的最高水平。由此，本章将主要以

---

[1]　胡长春、束莉等人在新版《方以智全书》的整理说明中指出，《浮山此藏轩别集》当为方以智在四十三岁以后逃禅期间所作。依据有三：一是其中可确定写作时间的有《跋魏子一仿颜字后》和《书庐药合草后》两篇，前者作于清顺治十一年（1654），其时方以智正闭关于南京高座寺；后者作于康熙九年（1670），方以智主持江西青原寺期间。二是文中多涉及佛教事象，义理阐发富有禅宗风味，相关人物也多为方以智暮年交往的僧俗人士，可与《青原愚者禅师语录》《冬灰录》相对照。三是为该书作跋的刘砥自称"青原学人"。因此，大致可以判定该集主要写作于清顺治十一年（1654）至康熙十年（1671）间。

方以智晚年绘画为主要研究对象,着重关注方以智晚年画事活动中的遗民心绪问题。

在方以智晚年画事活动中,方以智与明遗民保持了密切的交往,不仅如此,方氏还在《浮山此藏轩别集》一书的绘画题跋中多次流露出对倪元璐的欣赏。

倪元璐是晚明书画大家,明末之际,北京城失陷,倪元璐自缢以殉节。无论是倪元璐的人品抑或书画作品,方以智都推崇备至,他在《题倪文正公芝石图》中说:

> 忽瞻倪文正公《芝石图》,磊砢潭沸,乐嘘蒸成,不容一草一木,想见解衣般礴,其沉雄为何如哉?达人游戏,寓意甚远,目为雷大所舞、将错就错,彼不辞也。先生一生诗文书法,亦绝不肯雷同面目,又非绛园碑、樗寮帖所可比例。①

方以智欣赏的书画都有一个共同特点,那就是书画作者的人品没有瑕疵,倪元璐的气节无疑是方以智所欣赏的,这一点虽然在方以智题跋中没有点出,但这无疑是书画接受的一个最重要的前提之一。他对倪元璐《芝石图》的评价可归结为"沉雄"二字。进而论之,"磊砢潭沸"是指倪氏绘画生动而有气韵,"解衣般礴"是指倪氏神闲意定、不拘形迹的创作状态。综而论之,方氏对倪氏洒脱自然、不拘形式、气韵生动的绘画风格尤为称许,这其实也从侧面反映了方氏自身的审美倾向。此外,他还对倪元璐"绝不肯雷同面目"的艺术呈现赞赏有加,可见方以智对艺术创新有着自觉的追求。

方以智除了对倪元璐的推崇之外,他还与八大山人有过一段有意思的神交,对于这段交往,萧鸿鸣先生在《江湖之远两头陀——八大山人与方以智的相交》一文中有较为详尽的考述,我们不复赘述。

---

① (明)方以智著,张永义校注:《浮山文集》,华夏出版社2017年版,第424—425页。

方以智与明遗民有较为密切往来，这在他的画事活动中亦不例外。此外，方以智在他的绘画作品中亦流露出衰飒、简逸的明遗民画风，透过他在《山水册页》中的一幅作品（见图3-10）我们就能非常清楚地看到这一点。

图3-10 方以智《山水册页》

方以智此幅作品以柔曲的元代董巨的画风，描绘了一幅山村野外的景色，树木错乱稀疏，上略绘枝叶，树下偶立一屋，远处的山石若隐若现，用笔极简单，表现出荒凉空寂之景。这也是在明亡后作者为僧归隐的一种黯然愁伤的心境表达。图中笔墨用法亦仿倪云林的若淡若疏,以简逸为上。

此外,方以智在《疏树古亭图》(见图3-5)中亦流露出类似的心绪。

此幅绘野山幽谷,溪河平静,疏树散落,草亭孤立,视野之内既无陈舟,也无人踪,唯有那尽染尘埃的秋叶在风中摇曳。全图运墨疏淡,表现出一种空灵冷落、远避世俗的隐逸境界。据说,《疏树古亭图》是他在去世前一年(1679)满怀明末遗民的悲恸而绘制的,情调凄苦,故而画面荒僻冷落。笔墨虽然平易朴实,却不乏深厚功力。图上题文,书写得体,风神流动。所绘深得元人冷静幽隽之韵。

从方以智与明遗民群体的交往与其晚期绘画风格的风格来看,方以智的画事活动明显流露出比较强烈的遗民心绪。

二 松柏而后凋也:绘画里的遗民心志

方以智画事活动中的遗民心绪一方面体现在绘画风格上;另一方面在绘画题跋和绘画题材上也有流露。方以智在《题灵寿木》中就展现出"松柏后凋"的遗民心志:

> 偶从潋青峡得之,似姜似蕉似竹,通身棘张,三冬不变,固知识灵寿木也,因图之以待识者。①

"似姜似蕉似竹"的"灵寿木"似乎并无特殊之处,然而,"灵寿木"却能"通身棘张"且能"三冬不变",这或许才是方以智看中的地方。在明末清初那样的动荡年代,太多士子为了一己私利成了贰臣,这样的人在方以智看来其实就是没能经受住"三冬"的考验。方以智这里谈的"灵寿木"其实寄寓着方以智理想的人格,能历经"三冬"的磨难,依

---

① (明)方以智著,张永义校注:《浮山文集》,华夏出版社2017年版,第465页。

旧能"不变"其志，依旧能"通身棘张"，这样的人才能称得上是真正的士子。方以智在天崩地裂的动荡年代，能够坚守志节，"灵寿木"是方以智的一幅作品，同时也是方以智遗民心志的外化。

方以智在他的《兰花图》（见图3-11）中亦流露出类似的心志。

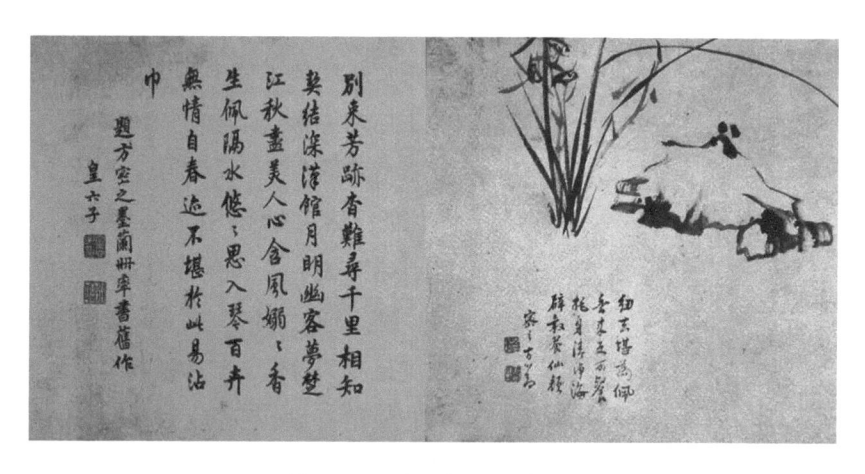

图3-11　方以智《兰花图》

方以智此幅作品现藏浙江博物馆，为黄宾虹先生旧藏。在此幅作品中，无根之兰花一方面似乎寓意着明代江山已失；另一方面也流露出方以智对清朝统治的愤慨和不满，这一点，方以智其实借用了南宋郑思肖的画兰不画根的手法。南宋郑思肖为画兰的高手，其笔下的兰花有一个特点，就是"写兰多无根，亦不写坡地"。有人向他询问缘由，他说："土为番人夺，忍着耶？"他毫不掩饰对故土的怀念与忠贞，如此情深义重，令人动容！而此时方以智的内心就好比这兰花，虽无根飘摇，却不改初衷！兰花无根犹有香，醺醉世代忠贞士。亡国之恨再深，如今也已消散不见了，而方以智的忠贞不贰，却令后人肃然起敬。

在方以智的晚年绘画中，松柏成为方氏多次选取的绘画题材，我们不妨看看方以智的这幅《高台松柏图》（见图3-12）。

从技法层面上来看，方以智此幅作品用焦墨来处理笔墨的层次和枯湿相润的笔性，对于淡墨来渲染还是觉得较为费事，不像焦墨这样易于把握。这种短竖的点皴，换用淡墨来挥洒，感受也是完全不同的。在落款的书法上，也是点画严谨、起收顿挫、行字气息，无不彰显出章草与汉隶籀书的深厚功夫，观之扑面而来的丰妍秀美。从绘画主体上来看，此幅作品的主体是"松"。"松"之于中国文化有着特殊的意义，《论语·子罕》曰："岁寒，然后知松柏之后雕也。"岁寒，是（说）在每年天气最寒冷的时候。雕，通"凋"，凋零。到了每年天气最冷的时候，其他植物多都凋零，只有松柏挺拔、不落。方以智此幅作品以"松"为主题，似乎也有着"松柏而后凋也"的寄寓。笔者认为，在方氏"松"之背后，也有着他坚韧不拔、不变初心的遗民心志。

三　不止于遗民

明末清初的不少遗民画家避世于山林寺庙之间，他们的绘画与自然调和成一种艺术丘壑，以山水表达禅境，以山水寄托胸怀。他们在绘画表现上，更以禅理去观察和理解大自然，并凝

图3-12　方以智《高台松柏图》

练自然山水，将"禅"的意境渗入画中。他们同时也都极为重视传统，但又不为传统所限制，主张师法自然，以造化为师。在这些遗民画家中以"四僧"（弘仁、髡残、石涛、八大山人）为最。这些遗民画家的画以孤高、典雅、幽静、清逸以及禅境的空寂之美为追求。譬如，弘仁的

· 174 ·

《画偈》《偈外诗》常有云山、烟水、苍苍、茫茫、寒云、寒月、卧雪、残雪、孤亭、幽谷、空庭等词。他将以"空""寂""虚""静"为主的禅宗思想进行了处理转换，在画面上常常一笔不皴，大片空勾，以虚代实；以冷净、高简和清逸的"禅"的境界，成功地表现出黄山与众山不同的特质与风貌。从而造就了他的孤寂、淡远、高简、冷逸的"禅"的艺术风格。

遗民画风在方以智的绘画中亦有所体现，同时透过方以智绘画中的孤寂，我们常常又会感受到一丝伤感。那么，我们还要思考一个问题：方以智晚年到底是一种怎么样的创作状态？

笔者认为，对于方以智这样博古通今的鸿儒而言，一般遗民所持有的哀伤心绪固然也会有，但这可能不是方氏晚年思想的唯一主题。事实上，方以智的晚年生活并没有我们想象得那么糟糕，尤其是在方以智去世前几年，方以智的生活其实是比较安定的。此时的方以智面对明清易代的定局选择了随"时"而变，他不再像甲申之变前后那样强烈地宣泄自己内心的悲愤，而是选择以一种不合作的姿态坚持自己的心志。这既是方以智保全自己的一种手段，也是方以智面对世事变迁的一种现实回应。纵观方以智的晚年生活，我们发现他逐渐变得平静下来，他说法导众，交游唱和，游踪遍及江西、桐城、江苏、福建等地，所过之处，皆深得僧俗人士的爱重。生活境遇的转变，使得他的谈艺小品呈现出清雅流逸的风貌，《浮山此藏轩别集》中的题画之作，如《卷幔看泉图》《骑驴过桥图》《远峰入楼图》《崖下放舟图》等，皆为此种心绪的写照。再如卷二中，题咏奇石的《题方解石》《玲珑石》等十五篇，题咏文房器具的《方竹杖铭》《斑竹诗筒铭》等二十三篇，方以智对平居细物一一玩味，一咏再咏，足见生活之暇裕与心态之平和。①

由此来看，传统遗民心中的伤感情绪在方以智绘画活动中确实有相

---

① （明）方以智：《浮山此藏轩别集》，《方以智全书》（第十册），黄山书社2019年版，第91页。

当程度的展现，但我们不能仅凭几条画跋和几幅画作就判定这种伤感情绪一直萦绕在方以智的心中。在方以智的其他艺文活动中，这个道理也同样适用。譬如，方以智在晚年也写过一些伤心欲绝的诗歌，但我们同样不能仅凭这几首诗歌就判定方以智在晚年始终处在悲痛之中。大艺术家的艺术创作皆是感而发，他们绝少虚情。这就给人一个假象：我们可以从方以智晚年绘画和诗歌中的伤感心绪判定他晚年生活的悲惨。逻辑上可以，但问题在于以偏概全了。诗人有欢愉的时候，也有平淡的时候。作者没有展现平淡的生活并不意味着没有。依笔者来看，由一首诗或几首诗可以说一个诗人在一段时间内如何如何，但决不能由此判定诗人一定如何如何。如果要判定，则需要有更多的材料。

方以智是通古今之变的鸿儒，以他的才学和思想绝不可能在晚年仅仅流露出遗民的伤感。我们知道，忠孝精神是方以智特殊强调的精神品质，在方以智晚年诗歌中也有不少流露忠孝精神的诗作，那么，我们是不是可以说忠孝精神就是方氏晚年诗作的主旨呢？不能！方以智在诗歌中流露的忠孝精神通常是由外在事件引发，他只是随性流露而已。方以智对《庄子》太熟悉了，他难道不知道《天运》篇里至德与孝悌都不是用来标榜的吗？事实上，方以智晚年诗中也有许多禅语与庄语。看来，方以智作诗没有什么固定的精神，他只是真实地流露性情而已。

既然我们很难仅凭方以智的几幅作品就将遗民的伤感心绪视作方氏晚年绘画的主题。那么，除了这种伤感心绪之外，方以智在他的晚年绘画中还有什么样的精神流露？要找到这个问题的答案，我们不妨先来欣赏方以智这幅《枯木图轴》（见图3-13）和相关题跋。

此幅作品的画面主要为枯树二株，方以智以书法中起手的严谨笔法切入画面的树干线条，在线条的转折处亦如书法中的折笔一样用顿挫来过渡。所用淡墨枯笔或焦墨相间，尤其在树枝的皴法上，都能感受到这种淡墨的干裂和浓墨的滋润，最终形成一种苍茫温润之气。此幅在新安画派吴定的作品中也有类似的形制，但没有此幅浓淡对比笔墨的苍润，也许这也是方以智对待人文生活和运用到笔墨中的不同的理解。方以智为什么要画这幅《枯木图轴》呢？他在《浮山此藏轩别集》中就谈到这一点：

> 尽为荣枯皮相久矣，谁知冬炼三时耶？此木笑曰："我正开万古之花，有人见赏否？"法者时也，道者岁也，寒忍而后温发，从来代错，多少人被几条闲名相换却眼睛了也。遍大地总是文章，供我挥洒，而犹以秦汉韩欧，龃龉角争耶？蓬窗静对，造适而已，亦不可自以为高。①

树木之枯荣只是树木顺遂四季之后相应的变化，世人只知欣赏树木枯荣之变化，但谁又看到"枯树"背后冬炼三时的坚贞呢？孔子说："岁寒，然后知松柏之后凋也。"这其实就是孔子对君子的礼赞！方氏《枯木图轴》中寓意的也正是君子"志不可夺"的精神！因此，树木的枯与荣只是名相而已，枯树"志不可夺"的精神可以是"松柏之后凋"，同样可是春日之"万古之花"。世人看到一个名相，以为这就是万物共通之理，他们看到的

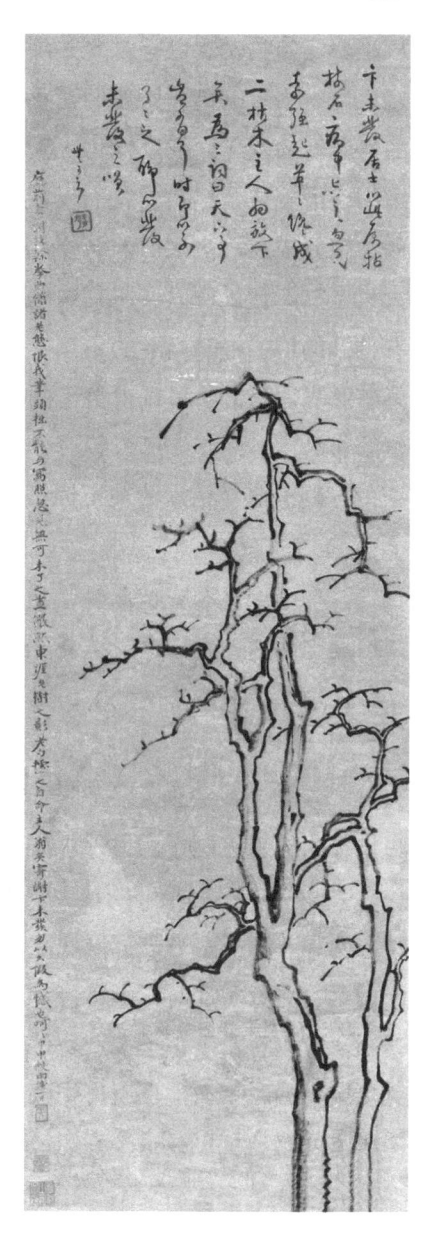

图3-13 方以智《枯木图轴》

---

① （明）方以智著，张永义校注：《浮山文集》，华夏出版社2017年版，第463页。

方以智的艺文活动与学问之道

就是真实的吗？方以智对此并不认可。在方以智看来，万物之法与天地之道没有固定的模式，他们在不同时间都有不同的变化，因此，名相会随着时间的变化而发生变化，世人看到的只是一时之名相，而非永恒之名相。沿着这个思路，我们发现，名相其实是道不尽、写不完、画不尽的，想要描述一个永恒的名相几乎不可能，纵使像韩愈、欧阳修这样的大家也办不到。所以，与其纠结师法何家何派，不若师法自然，不若顺着自己的情感描摹当下的自然。一个艺术家要做的就是把自己此刻的情感恣意表达，万不可觉得自己的作品就可以成为永恒，因为根本没有永恒的作品，时间在流逝，每一个人都是过客。

方以智在《枯木图轴》原画上的题跋也同样值得我们注意：

> 卞未发居士以此属，拈树石，病中忘之，忽见索，强起草草才成二枯木，主人翁放下矣。为之词曰：天下事岂有了时，即以不了了之。聊以发未发之笑，无可书。

方以智这里谈到"强起草草才成二枯木"，这是说方以智此时已经无力再做细致的工笔画作，另外也展现出方以智此时自然随性的一面。如果说"草草"二字还不够明显，那么方以智后面谈到的"主人翁放下矣"就再明显不过了。方以智到底"放下"了什么，我们不得而知，我们知道的是，方以智此时似乎已经和自己和解，没有那么多自己与自己的对抗了。方以智看淡了世事，化解了自己与自己的纷争，当然对于外在的无可奈何的纷争，他也不再像以前那样执着了，"天下事岂有了时，即以不了了之"说的就是这个意思。

方以智的艺文活动不止于一面，《书于陵子后》一文中似乎也谈到了这一点：

> 愚者曰：庄子叙墨翟曰："虽枯槁不舍也，才士也夫！"举世温饱，面目雷同。有一于此，嶔崎历落，正以不平平之，亦姜椒苦茶

之资也。水激风鸣,何尝有意?此畸人之意乎!亦可以哭,亦可以笑。①

方以智不喜欢以"举世温饱"来歌功颂德,亦不喜欢毫无自身创造的"面目雷同",而是喜欢庄子所言的"枯槁",喜欢"嵚崎历落",喜欢"不平"之后的"平",喜欢"畸人之意"。由此来看,方以智不喜欢单调的艺术风格。笔者认为,方以智晚年的审美倾向已经不能用美学上的概念来囊括,他倾心的意象背后似乎还蕴藏着其难以言表的寄寓。方以智最后说"亦可以哭,亦可以笑",方以智此刻已经释然,抑或没有释然,还是超脱释然与非释然,笔者不得而知。纵使我们不知方以智的情绪到底是什么,但笔者已经为之动容,笔者相信,这种厚重而又复杂的情绪只有经过"刳心濯骨"般罹难的人才能道出。

陈师曾在《中国绘画史》中谈到文人画时曾说:

> 所贵乎艺术者,即在陶写性灵,发表个性与其感想。而文人又其个性优美,感想高尚者也;其平日之所修养品格,迥出于庸众之上,故其于艺术也,所发表抒写者,字能引人入胜,悠然起澹远幽微之思,而脱离一切尘垢之念。然则观文人之画,识文人之趣味,感文人之感者,虽关于艺术之观念深浅不同,而多少必含有文人之思想;否则如走马看花,浑沦吞枣。盖此谓心同、此理同之故耳。②

事实上,方以智晚年的绘画正如陈师曾先生所说的那样,真正做到了"发表个性与其感想",同时又能"所发表抒写者,字能引人入胜,悠然起澹远幽微之思"。方以智之所以能够做到这一点,除了"平日之所修养品格,迥出于庸众之上",最重要的是,与方氏在绘画活动中真实流露自身情感有关。

---

① (明)方以智著,张永义校注:《浮山文集》,华夏出版社2017年版,第443页。
② 陈师曾:《中国绘画史》,商务印书馆2015年版,第151—152页。

四 小结

在明清鼎革之际，方以智与很多明遗民一样选择了逃禅，他在中年以后以这种特殊的方式与清廷对抗，而这种温和的对抗方式既守住了节气又保全了性命。如果说逃禅是方以智面对现实无可奈何的折中选择，那么在绘画活动中，方以智则毫不避讳地表达了他坚守气节的愿景。在方以智晚年画事活动中，他对同样具有遗民属性的倪元璐与八大山人颇为欣赏，他在绘画作品中亦流露出衰飒、简逸的绘画风格，这样的绘画风格也同样是明遗民绘画的典型风格。但是，与一般遗民绘画不同，哀伤心绪并非方以智晚年精神状态的全部，随着时局的变化，他对清政府的抵抗也不再像甲申之变前后那样强烈，他的绘画作品也随着这种心绪的变化开始走向平和。

本章小结

方以智是大思想家，同时他还是一位被绘画史低估的画家。方以智的绘画与一般文人绘画的最大不同就在于，方以智的绘画不只是艺术，同时也是他传达思想的载体。

方以智生前写过大量的绘画题跋，在这些绘画题跋中有着丰富的哲学思想，略显遗憾的是，学界对于方以智的绘画题跋迄今都没有足够的重视。本书从方以智诸多绘画题跋中选出三组具有代表性的关键词，并对这三组画论进行了阐释。方以智在画论题跋中提到了"顿在渐中"的画论思想。在方以智看来，绘画学习在前期应该重视基本功，这个基本功就是方以智所谓的"渐"，有了"渐"（基本功）的积累，领悟绘画之道（"顿"）就是非常自然的事情。方以智还认为，真正的"顿"（开悟）不仅要有"渐"（学习），还需要有"忘"（破执），等到打破一切执着之心，绘画作品就能做到自然表达，"顿"（开悟）就在不自觉中悄然而至了。方以智还在画论题跋中提出了"讔讔"的绘画观念。所谓

"谵谵",是指一种说不清、道不明的混沌状态,这正是庄子所追求的"心斋""坐忘"之后达到的状态。方以智认为,最好的绘画创作应该是自然而然的创造,人为的巧思越多,作品的自然韵味就会有所损伤。"不觉一笑"是方以智在读完吕梁"外师造化"与黄庭坚的"中得心源"之后发出的感慨,他的"笑"不是对二人单纯的否定与肯定,而是将二人观念完全会通之后形成的一种"不落有无"的超越。

《奇石画册》是方以智临终前一年精心绘制的以"奇石"为题材的一组绘画作品。方以智在《奇石画册》中借鉴了西洋绘画的创作技法,让"奇石"在造型上更富有立体感。方以智"融合中西"的创作态度对于中国绘画的创新发展具有重要意义。方以智在绘画中"无问东西"的态度与他对待学问之态度一样,他都主张博采众长之后的贯通。方以智对奇石的兴趣折射出他对"奇"的特殊癖好,这背后是方以智的审美偏好,更重要的是他以"奇"破执的良苦用心,寄寓着他祈盼人心复归于正的深切关怀。

方以智晚年与明遗民有非常多的交往,在他很多绘画中不管是题材、内容,还是风格方面,都体现出浓浓的遗民心绪。在《高台松柏图》中,方以智以"松"为主题,其中就有着"松柏而后凋也"的寄寓。遗民所持有的哀伤心绪只是方以智晚年生活的一部分,但并不是方以智晚年精神状态的全部。我们可以看到,方以智晚年的绘画中也有不少表现闲情雅致的作品。

第四章

下学上达：方以智的文道观论略

下学上达是方以智艺文活动非常具有标识性的一个哲学观念，他打破了宋代二程鄙夷下学的传统，认为下学是通往形而上之学的通道，二者并不矛盾。接下来，本章将从方以智对传统文道观的发展、方以智文道观念与崇实思想的关系，以及"下学上达"与方氏易学的关系展开论述。

第一节 方以智对传统文道观的推进与发展

"文"与"道"之关系历来是中国古代文论中争论不休的一个话题。一般来讲，传统以学问为业之人大都对"文"持鄙夷态度，西汉思想家扬雄早年以写大赋闻名于世，但他晚年却说"诗赋小道，壮夫不为"，北宋理学家程颐甚至说出"作文害道"这样令现代人吃惊的论断。以"了解之同情"的态度审视扬雄和程颐的这些论断可以发现，其实他们对"文"持鄙夷态度亦有其苦心。对于有志于学问的人而言，他们囿于自身精力与学识，很难兼顾学问与诗词笔墨，因此在"道"和"文"之间，一般人总得有个取舍，"道"当然是做学问之人首先要选择的。不同于一般学者，扬雄和程颐其实在"文"方面都有突出成就，扬雄之《甘泉》《河东》诸赋都是文学史上的名篇，而程颐的诗歌和书法亦为其理学所掩，其诗虽多有道学气，但气质刚正，不失为一家之风格。扬雄和程颐贬斥"文"道，非己不能为，而是想让一般读书人心思更专一些，因为他知道一般人很难两者都能兼顾，故不惜用较为苛刻的语言贬低"文"，他们不过是想让一般读书人把"道"放在首要位置。

韩愈对"文""道"之关系也有自己的看法，他在《昌黎先生集序》中说："文者，贯道之器也，不深于斯道，有至焉者，不也?"可见，"文以贯道"是韩愈对"文""道"关系的看法，在他看来，"文"是为"道"服务的，是"道"传播之工具。韩愈"文以载道"的主张没有贬低"文"，但确立了"文"是"道"的附庸之价值属性。其实，韩愈提出"文以载道"亦有其苦心孤诣。韩愈所处时代，正是骈文兴盛之时，彼时许多骈文徒有华丽形式而无韩公所谓之"道"，故韩愈不得已以"文以贯道"为依托，他是想以此来恢复一脉相承的儒家道统，让文章成为承载道统的工具。然而，韩愈并非不能为纯粹之"文"，其"文"也并非都有承载"道"之功能：《毛颖传》就是一篇诙谐戏谑的寓言散文，其文多有对唐宪宗薄情寡恩的讽喻；韩诗在文术上亦有追求深险怪僻的倾向，其《调张籍》《月蚀诗效玉川子作》《陆浑山火》《听颖师弹琴》诸诗在文术风格上确实奇特新颖。因此，我们如果坚称以上作品中寓意着"道"统，这未免就有些牵强附会了。综上来看，"文以贯道"确实是韩愈为"时"而发的文论观点，其中寄寓着昌黎先生恢复"道"统的苦心，虽然昌黎先生不承认"道"与"文"的统一性，但他却用诗文实践证明了他对"文"的重视，而且其"文"有时候也不是贯"道"之工具。

朱子气质浑穆，他没有像伊川先生那样对"文"持贬低态度，同时他也反对昌黎先生提出的"文以贯道"，他更强调"文""道"统一，他说"这文皆是从道中流出""文是文，道是道""若以文贯道，却是把本为末，以末为本"（《朱子语类》卷一百三十九）。可见，在朱子看来，"文"与"道"本身就是"一贯"，"道"统摄一切，"道"外无"文"。朱子还用一个生动的例子来说明这个问题，他说"文"与"道"都是树，"道"是树根，"文"乃"道"滋养出的枝叶，二者本是一体，定然不能截然分开，而韩愈所言的"文以贯道"将"文"视作"道"之附

方以智的艺文活动与学问之道

庸,其实是将"文"与"道"截然分开,朱子所反对的正是这一点。

方以智沿着朱子"文道一贯"的线索,将"文"之地位进一步提高:

> 知道寓于文者,文外之无道,犹道外之无文也。称言道者之文,则谓为耻之,亦知齐古今以游者,耻以道名而托于文乎?子瞻、浃(夹)漈,言之详矣。①

可见,方以智和朱子的观点类似,都认为"文"与"道"本是不二,只不过方以智将"文"之地位进一步提升。在他看来,"道寓于文","道"是"文"的"根茎";"文外之无道","文"是"道"滋养出的"树叶"。有些道学家耻于言"文",方以智对此并不认可,他甚至提出"齐古今以游者"亦"耻以道名而托于文",也就是说以苏轼为代表的一些从事文学事业的人也不喜欢用道学气来装点他们的文学。由此看来,方以智与朱子在"道"与"文"之关系上看法相同,但不同之处在于方以智更加肯定"文"之价值。

此外,方以智还将朱熹所言之"文"的概念进一步扩大:

> 真智、内智,必用外智;性命、声音,人所本有;可自知也。寓(寓、字)内之方言称谓、动植物性、律历古今之得失,必待学而后知;其曰本自具足者,犹赤子可以为大人也。玄言者,略其"可以",而陷其语耳。据实论之,赤子之饭与行必学而后知,谓赤子可以笔、可以书则然,责赤子不学持笔而能作书乎?欲离外以言内,则学道人当先从不许学饭始!而好玄溺深者语必讳学,即语学亦语偏上之学,直是畏难实学而蹈好高之竿以自掩耳!②

---

① (明)方以智著,庞朴注释:《东西均注释》,中华书局2001年版,第178页。
② (明)方以智著,庞朴注释:《东西均注释》,中华书局2001年版,第179页。

由此可见，方以智以"文"为原点，将"文"扩大到无所不包的境地，他认为"外智""方言称谓""动植物性""律历"，这些都是道学家较为鄙弃的形而下之学。在方以智看来，有些好"偏上之学"的学者以"本自具足"而为自己"不学"找借口，他们将学习"下学"视为成道之障碍，他们所谓的"一超直入"在方以智看来不过是"畏难""好高""自掩"而已，学问如茶饭，日日不食茶饭，何谈学问？方以智所言"欲离外以言内，则学道人当先从不许学饭始！"正是告诫学者不要鄙弃下学，不要好高骛远，世间处处是学问，将学问视作茶饭，在天地间、在日用里、在读书中每日虚心去学就是了。

方以智认为形而下之学与形而上之学本是一体，他在《书遗教经后》中有一段文字可以帮助我们理解方氏的这一思想：

> 夫上下原不相离，特以徇雕奇之情识，自蔽耳。一心六度，以戒为基。世尊最后珍重，长剑倚天。东坡所谓食鹿之美，加以易牙，犹是当日之味也。中道当当，即自性戒。琉瓶狮乳，在选器炼器之炉锤耳。三一老人曰："屋以建基最先，然屋之享用其基也，最后亦基也。"①

原来，在方以智看来，下学是认识上学的一条途径，以下学为小道而忽略它，这就是自己封闭了自己向外扩展的通道。他又以禅宗的修身为例对此加以说明，认为真正的修身不是以"戒律"为准绳，而是自性中的"戒律"与禅宗的戒律的合而为一，也就是说，戒律本在我心，不假再从他处去寻找"戒律"。如果说"戒律"是形而上之学，那么方以智这里谈到的"自性"就是形而下之学，方以智通过"戒律"与"自性"之间的关系告诉我们，不要将本是一体的东西横加对立，形而下之学与形而上之学都是"道"，都是我们修身的路径。因此他又说，"琉瓶狮乳，

---

① （明）方以智著，张永义校注：《浮山文集》，华夏出版社2017年版，第419页。

方以智的艺文活动与学问之道

在选器炼器之炉锤耳",这句话意思是说没了丹炉的锤炼,纵使有"琉瓶狮乳"也无济于事,当然他的意思还是告诉我们不可轻视"器"之作用。方以智的外祖父吴应宾的融通儒释道的会通精神对方以智影响极大,方以智本人亦对其外祖父极为服膺,故这里方氏又引吴氏语再次论证他的观点。吴氏认为"屋以建基最先",亦即说房屋的根基是房子的基础,而房屋之"享用"亦需依靠"屋"之基也,故屋之基与屋之用形成了一个体用关系。在这里吴氏甚至于将"屋之基"提升到了"体"之高度,这一点无疑对方以智产生了深刻影响。

方以智又从形而上与形而下之关系引出了他对禅宗分流的看法,他说:"五教分时,膠固矣。超而上之,扫而执之,讵非膠乎?……崭新条令,恢复旧基。覆船驾船,不妨求剑。"①

他认为唐以后南禅宗分为临济宗、曹洞宗、沩仰宗、云门宗、法眼宗五个门派其实还是犯了执着胶固的毛病。佛理本一,各个门派却都要建立自己的道统而扫除他家,究其缘由,还是各个门派的思想太过胶固了,他们容不得他家与自己思想的不同。面对各个门派之间的纷纷扰扰,方以智痛心极了,他发愿恢复佛理的本来面目,故他说"崭新条令,恢复旧基。覆船驾船,不妨求剑",也就是说,想要"崭新条令",需要恢复佛理本来不二的样貌,如何恢复呢?只能"覆船"之后重新"驾船",方以智当然知道他这样的宏愿在施行的时候会困难重重,"不妨求剑"就是他对自己的自嘲,其中的心酸和无奈想必也是常人难以感同身受的了。

方以智认为"器"("文")与"道"本不相二,有些人将"道""器"生生截成两段,其实是对"道"的误读:

心有天游,乘物以游心。②

---

① (明)方以智著,张永义校注:《浮山文集》,华夏出版社2017年版,第419页。
② (明)方以智著,庞朴注释:《东西均注释》,中华书局2001年版,第172页。

"天"与"物"自在和谐,而人之"心"则是二者联系的枢纽。在方以智看来,"心"中本来就有"天"("道"),而"物"("器")则是"游心"的外化,也就是说"天""心""物"三者相得无间,都是"道"中的一部分,方以智依此告诉我们"天地人"三才不可截然分开,三者自然而然地融合会通才是识得"道"之全貌的不二法门。接下来,方以智就谈到了何以"器"("文")与"道"难以截然分开:

志道而终游文者,天载于地,火丽于薪,以物观物,即以道观道也。火固烈于薪,欲绝物以存心,犹绝薪而举火也。乌乎可?圣人知之:欲禁制之,先鼓舞之,劳其生而养之,因以费其智巧,节宣其气而隐其情,使乐受其声施,而渐渍于不识不知之则。①

原来,有志于"道"的落脚点还在"游文",亦即游"文",就是识"道"之门径,方以智是想以此告诉我们不要轻视"文"而去追逐空空如也的"道"。这其实是方以智告诉我们"器"("文")与"道"难以截然分开的第一个原因。接着,方以智还用诸多例证进一步论证他的观点,他说"天"("道")须"地"("器")来承载,而"火"("道")之生成也得力于"薪"("器"),"火"虽然较之"薪"更为璀璨,但没了"薪"就不能有"火"的产生。方以智以"天"与"地"、"火"与"薪"的例子告诉我们,"道"与"器"根本就是一体的,弃"器"而纯粹求"道"是行不通的。方以智这一思想的生成与方氏家族素来重视"实学"有很大的关系。

学问本无贵贱、大小之分,小道之中亦寓大道,方以智认为"外学""内学"都是学问,统而观之,才能见得学问三昧,对此方以智有一段材料:

---

① (明)方以智著,庞朴注释:《东西均注释》,中华书局2001年版,第172页。

方以智的艺文活动与学问之道

> 石火不击,终古石也,言贵悟也;然无灰斗以扩充之,石虽百击,能举火耶?是糟粕而神奇寓焉。外内合矣,合不坏分。外学多,内学一,即多是一,即分是合,见天下之至赜而不可恶,正以外内交格,一多通贯,而无内外无中也。一有天地,应有俱有矣,本不分内精而外粗也。甍瓦之与偃厕,皆屋之应有者也。甍瓦一天地也,偃厕一天地也。将尊窔而废桭乎?尊栋而废阶乎?膠内而不闻道,何异于膠外之不闻道乎?[1]

方以智这里谈到的"石"与"灰斗"其实是暗寓"内学"与"外学",世人多鄙夷"外学",以为不足为"道",然无"外学","内学"之体悟就没了载体,终不得悟,是故"外学"虽小,亦"是糟粕而神奇寓焉"。在方以智看来,好的学问是"外内合矣,合不坏分",也就是说应当将"内""外"之学统观来看,以"外学"为阶梯上达"内学"是一条识得学问大体的很好的途径。所谓"外学"者,当特指形而下之学,举凡书法、绘画、辞章、琴事皆可列为"外学","外学"门类繁多,故方以智说"外学多";所谓"内学"者,当特指形而上之学,与"道"之义相埒,故方以智说"内学一"。"外学"和"内学"都是学问,二者本来就是一体的,所以方以智说"即多是一";"内学"之"道"体现在"外学"之方方面面,"外学"遵循"内学"之理而运转不息,故方以智说"即分是合"。好的学问正如方以智所说"外内交格,一多通贯,而无内外无中也",也就是说将"内学""外学"统观来看,不要将二者截然分开。为什么方以智有这样的认识呢?因为在他看来,人道效法天地之道,而天地之道"应有俱有矣,本不分内精而外粗也",因此"甍瓦"与"偃厕"虽不足道,亦是天地之中的一物,厌而弃之就是损了天地之道的整体。总而言之,方以智是想告诉我们"内学""外学"都隶属于天地之道,胶于"玄妙机锋"的内学,溺于"词章训诂"的外学都

---

[1] (明)方以智著,庞朴注释:《东西均注释》,中华书局2001年版,第178页。

不可取，而"外内交格，一多通贯"的圆融自然才是做学问应该秉持的态度。

最后，方以智将"艺"（"文"）提升到一个前所未有的高度：

> 本于大一，协于分艺，不兴其艺，不能乐业。乘物游心，一室自娱，鼓舞可群，万世相告。笔舌之缘，均无所避，有正用，通用之中道焉，有中理、旁通之发挥焉，有通类焉，有体裁焉，不可以知。三知终于知言，此格人我、格内外、格古今之大用也。①

在他看来，"艺"本于"道"，因此"不兴其艺"，就不能体会"道"的精微，亦不能体悟人间烟火的生机。古人有"游于艺"之说，游"艺"不仅可以自娱，亦可以相互之间交流、启发、促进，更可以为后世留下通向"道"的路径。因此，纵使"笔舌之缘"不能轻视，也无须回避，因为"艺"不仅可以通向"道"，还可以帮助我们理解"理"的精微，同时，还是我们打通"人"与"我"、"内"与"外"、"古"与"今"的很好的媒介。因此，方以智主张学者应该对"艺"加以重视，还要熟悉各个门类的"艺"，如此才能完成"艺"与"道"的会通。

第二节　下学上达：方以智艺文活动中的崇实观念

在方以智的文道观念中，方氏主张在"文"中悟"道"，在"道"中见"文"，方氏强调"文""道"一贯的同时也反映出他对"下学"的重视。其实，在方以智的艺文活动中，方以智处处流露出他对"下学"的看重。

---

① （明）方以智：《文章薪火》，载《方以智全书》（第四册），黄山书社2019年版，第74—75页。

以作文为例，很多诗人都强调诗歌的意境，对诗歌的辞藻则相对轻视，更有甚者，许多评论家还认为过于雕琢的辞藻会损害诗歌的意境，这种将辞藻与意境相对立的评论模式，方以智并不认同：

>琢句割字，刻画之小品也。长河千里一曲，不在乎此。然点缀之间，神亦与之俱动……《考工》《檀弓》《仪礼》，叙事状物，俱以简尽。《论语》"鲜仁矣"，《孟子》"豖交之也"，何常不奇？①

在方以智看来，"琢句割字"对于一篇文章来讲不是一件小事，因为"点缀之间"能够传达文章的"神"。《考工》《檀弓》《仪礼》这些书正是因为在炼字琢句上下了大的功夫，所以"叙事状物，俱以简尽"。对此他还举了《论语》和《孟子》中的两个例子。如孔子说"巧言令色鲜仁矣"，其中，"鲜"字就用得非常凝练准确，"鲜"的意思是说很少，由此来看孔子并没有完全否定"巧言令色"，而是给自己说的话留了一定的余地，这就是孔子在炼字上下了功夫才能达到的效果。在方以智看来，这种看似平淡无奇的用字其实内涵更为丰富，这种平淡其实是"奇"的极致。

文章要写得传神，得有一定的技巧，以"旁意"衬托"正意"即司马迁能够将荆轲传神描绘的法宝之一，对此方以智做了详细深入的讨论：

>《荆轲传》"倚柱而笑"，此点睛也。前有鲁句践，后有高渐离，奇峰湍流，互相穿激。昌黎叙睢阳，述南八，详其闻此者张籍云，正法此传，惟恐其冷落无余声耳。此善请客之妙也。妙高峰七日不见，而见之别峰，道寓于器，正意寓于旁意，何往不然？②

"倚柱而笑"出自司马迁的《刺客列传》，这个成语说的是荆轲刺杀失

---

① （明）方以智：《文章薪火》，载《方以智全书》（第四册），黄山书社2019年版，第79页。
② （明）方以智：《文章薪火》，载《方以智全书》（第四册），黄山书社2019年版，第795页。

败后的一个神情动作。荆轲为什么要"倚柱而笑"呢?历来对此众说纷纭。荆轲之"笑"到底是凄凉、悲哀、后悔、自责、痛快抑或为凛然呢?我们不得而知,但可以确定的是,司马迁成功地将荆轲当时复杂的情绪表达出来,并给后人留下无尽的遐想。对此,方以智认为这是《荆轲传》的点睛之笔。司马迁对荆轲形象的塑造不止于此,鲁句践和高渐离两个人物的出现同样为荆轲人物形象的丰满增添了韵味。鲁句践对荆轲大声呵斥,荆轲竟然默无声息地逃走了(嘿而逃去),这虽是一件很小的事件,但我们由此可以看到荆轲冷静的性格。高渐离是荆轲的好友,高渐离侠胆柔肠,作为高渐离的挚友——荆轲自然也同样有侠肝柔肠的品性。司马迁在虚处用力,为我们用心刻画了鲁句践和高渐离这两个生动人物,在看似"无用"的笔墨之间,荆轲的形象也愈加丰满立体了。方以智所谈到的"奇峰湍流,互相穿激"就是这个意思。

韩愈曾在《〈张中丞传〉后叙》一文中如是评价睢阳战役:"守一城,捍天下,以千百就尽之卒,战百万日滋之师,蔽遮江淮,沮遏其势。天下之不亡,其谁之功也?"谈到"南八"其人,韩愈又在此文中说:"城陷,贼以刃胁降巡(张巡),巡不屈,即牵去,将斩之。又降霁云,云未应,巡呼云曰:'南八,男儿死耳,不可为不义屈。'云笑曰:'欲将以有为也。公有言,云敢不死?'即不屈。"韩愈此文本是为张巡而写,但他却不吝笔墨地为我们展现了"睢阳"战役的残酷。城陷之后,贼兵逼迫张巡投降,张巡不屈,但他却不直言求死,而是说"南八,男儿死耳,不可为不义屈"。其实,方以智谈到的"睢阳"与"南八"与《荆轲传》中的鲁句践与高渐离类似,都是告诫读者:好的人物塑造都不是就事论事,而是"妙高峰"而不言"高峰",偏偏在"别峰"处用力,"别峰"既明,"高峰"的巍峨不言也明。

最后,方以智对以上文字作了总结,他说,"道寓于器,正意寓于旁意",这就是说人物的描绘不仅仅是描绘人物本身,而是寄寓着创作者深沉的精神。如何描写人物呢?方以智认为"正意"(描写对象)

方以智的艺文活动与学问之道

寄寓在"旁意"（其他对象）中，如果说荆轲与张巡是"正意"的话，那么鲁句践与高渐离、"睢阳"战役与"南八"就是方以智所谓的"旁意"了。方以智对写作技巧的重视也从侧面印证了方氏对"下学"的重视。

"中边"说是方以智最重要的诗论观之一，在这一诗论观中，方氏也同样强调"字栉句比"与声调音律对于诗歌的重要性：

> 姑以中边言诗，可乎？勿谓字栉句比为可屑也。从而叶之，从而律之，诗体如此矣，驰骤回旋之地有限矣，以此和声，以此合拍，安得不齿齿辨当耶？落韵欲其卓立而不可移也，成语欲其虚实相间而熨帖也。调欲其称，字欲其坚。字坚则老，或故实，或虚谷，无不郑重；调称则和，或平引，或激昂，无不宛雅。是故玲珑而历落，抗坠而贯珠，流利攸扬，可以歌之无尽。①

在方以智看来，一首诗歌"落韵"恰切方能"卓立"，语词"虚实相间"方能"熨帖"，因此诗歌的好坏很大程度上取决于声韵之"调和"、字词之锤炼。诗歌风格"平引""激昂""宛雅"虽因人而异，然"字栉句比"是风格形成之基础，不重视声韵与炼字，就无法形成"流利攸扬"的诗歌，个人风格更无从谈起。

综上来看，方以智在文学创作中异常重视"字""词""韵""法"等传统文论，并将其视为技法的"下学"，他认为这些"下学"是通往"上学"的必经之路，没有在"下学"上用功，"上学"（诗歌整体的意境）就无从谈起。方以智在文学创作中重视"下学"的创作理念体现出其浓厚的崇实观念，这一观念不仅在他的文学创作中展现得非常充分，在其他艺文活动中也有很多例子。方以智在《此藏轩音义杂说引》一文中对"声音文字"等"小学"也非常重视：

---

① （明）方以智著，张永义校注：《浮山文集》，华夏出版社2017年版，第63页。

声音文字，小学也。然亦知载道法，纪事物，世乃相传。①

在方以智看来，"声音文字"虽是"小学"，但确是做学问的基础，"载道""纪事"皆需要利用这些"小学"才能完成。

方以智在《字汇辨序》中亦流露出同样的意思：

声音文字之小学，盖道寓于器，以前用尽神者也。②

"声音文字"纵然是"小学"，但"小学"中亦有"大道"存焉，无"小学"则"大道"无从得矣。方氏对"小学"的重视亦是其崇实思想的一个佐证。

方以智在绘画中亦特别重视对技法的训练：

超宗曰："胆壮笔老，法足故也。"龙友曰："疏秀深隐，得于意外。"魏子一曰："干笔埃笔，烘染破墨而已。"虽分南北二宗，然未有不备北法而能行南意者。士大夫分或高，一二笔有致，岂可以绝句而废律，且扫长篇古文乎？③

大体上来讲，南宗重写意而北宗重写实，在董其昌的影响下，传统文人多半鄙夷写实而崇尚写意，对此，方以智也不认同。他认为，画虽分南北，但南北并非截然对立，南宗之神韵不可能凭空得来，没有北宗写实的功底，追求画中的神韵无异于痴人说梦。方以智对此还以写诗来举例，他认为北宗就犹如绝句一样，是写诗的基础，废弃绝句而追求律诗、长文，这也是不可取的。方氏对北宗的重视也同样展现出方氏艺文活动中对基础的重视。

---

① （明）方以智著，张永义校注：《浮山文集》，华夏出版社2017年版，第134页。
② （明）方以智著，张永义校注：《浮山文集》，华夏出版社2017年版，第142页。
③ （明）方以智：《膝寓信笔》，载《方以智全书》（第八册），黄山书社2019年版，第493页。

方以智的艺文活动与学问之道

方以智在读书时也建议读者做事应先从踏实处着手：

> 桃应一问，不必以事实论也。师弟互相逼唱，不过欲蹴出一"敝履"耳。《庄子·逍遥游》："尧见四子汾水之阳，窅然丧其天下。"歌舞排场，费尽撩天之舌，曾有出乎敝履之外者否？世必以胶柱为笃论，岂可与神游康衢见藐姑耶？元气不足，一浴一风，犹恐外感。①

方以智的这段材料谈到的"桃应一问"是《孟子·尽心章》中的一个桥段。文中所提到的"敝履"是说舜把丢掉天子之位看作丢掉破拖鞋一般。舜无意于天子之位，他乐于背着父亲，傍着海边，一辈子逍遥快乐。方以智列举《逍遥游》中尧的故事也同样是这个意思，尧因为治理好了天下的百姓，所以到汾水北面去拜见四位得道的高士，尧见到高士不禁怅然若失，忘记了自己居于治理天下的地位。方以智为什么要列举尧舜两个人的故事呢？原来，方以智不满时人根本没有到达尧舜的功业与境界，却认定尧舜这种忘我、忘天下的行为才是自己此生应该追求的对象，他们经常将"敝履""藐姑"等超脱凡人的境界挂在嘴边，方以智对这类人的这种行为是非常厌恶的。他说的"元气不足，一浴一风，犹恐外感"就是这个意思。由此我们可以看到，方以智对一般人还是建议从踏实处入手，有一分能力，就说一话，好高骛远的空谈是不会让人进步的。

《物理小识》与《通雅》是方以智中年以前就大体完成的博物学著作，在两部著作中方以智对当时他所能了解到的各类物象都做了分类，并分析其中的本源，方氏这两部的著作的用意其实也寄寓着他"下学上达"的学问理想，关于这一点，他在《通雅》自序中说：

> 函雅故，通古今，此鼓箧之必有事业。不安其艺，不能乐业，不

---

① （明）方以智：《文章薪火》，载《方以智全书》（第四册），黄山书社2019年版，第80页。

通古今，何以协艺相传，讵曰训诂小学可弁髦乎？理其理，事其事，时其时，开而辨名当物，未有离乎声音文字，而可举以正告也。①

对古今中外艺文的研究是方以智早年非常重视的一项工作，《通雅》一书所研究的对象虽然多半属于"鼓箧""训诂""小学""器物"等"下学"，但大道之"理"却正是寄寓在这些"下学"之中的，不对"下学"有系统深入的研究，何谈大道？由此来看，方以智对"下学"的重视流露出他一贯的崇实观念，更重要的是，以"下学"之中寄寓"大道"，以"下学"见"大道"或许才是《物理小识》与《通雅》这两部书的宗旨。

方以智对"下学"的强调是有一定时代背景的，在那个王学末流泛滥的时代，时人的空疏已经到了难以挽回的地步，面对学问的空疏，方以智痛心疾首，因此他对当时人们普遍不重视的"下学"特别强调，其用心就在于唤醒士子，强调治学要从踏实处入手。方以智所谈的"下学"与"上达"并不矛盾，然而时人却常常将"下学"与"上达"截作两段来看，认为"上达"精微不可测，而"下学"则卑劣壅蔽。其实，待学者放平心态，精进入道之后，就会发现"下学"之中无处无"道"，甚至于无"下学"就无谓"道"之存在。这也就是方以智为何特别强调"下学"的良苦用心了。

第三节　方氏易学与"下学上达"

方以智"下学上达"的文道观并非其原创的思想，其对"下学"的重视很大程度上受到方氏家学的影响。方以智的祖父方学渐在《崇实论》中就谈到了对"下学"的看重：

---

① （明）方以智：《文章薪火》，载《方以智全书》（第四册），黄山书社2019年版，第5页。

方以智的艺文活动与学问之道

> 今晋人尊老聃，以无为本。裴逸民忧之，著崇实之论，使其说得行。今天下之溺于释，不啻晋之溺于老，明鉴不远，匪手援之，则夫同志之士相与讲求崇实之学，岂非世道之砥柱乎？①

我们看到，方学渐对"下学"的看重并非标新立异，而是不得已而为之，方学渐见"今天下之溺于释"，这与晋人"尊老聃，以无为本"又有什么区别呢？面对这种空虚之学对社会人心的损害，方学渐无法做到不为所动，因此他提出了"崇实之学"，正是后来方以智谈到的"下学"。

方氏家族对"下学"的重视自方学渐确立之后，方孔炤也认为"下学"（文章）与"大道"（"性道"）本是一体，无"下学"就无所谓"大道"：

> 潜草曰："性道犹春也，文章犹花也。砍其枝，断其干，而根死矣。併掘其根，以求核中之仁，而仁安在哉？言扫除者权夺也，欲人之读真书耳，非必惩咽废食也。固陋托以夸毗，而弦诵反自废耶？"②

中国古代常常有轻视文艺的传统，就连二程这样的大儒亦有"作文害道"的论述。方孔炤对此并不认同，他认为"道"与"文"犹如春天与花朵、根茎与枝叶的关系，二者本是一体，不能截然分立地去看。如果"砍其枝，断其干"（去"文"）那么"根死矣"（道亦无存）。世人辛辛苦苦追问"道"是什么，"仁"是什么，在方孔炤看来，"道"就在"日用"中，"仁"亦在文章中，那些"扫除者"就是没有弄明白"道"需要通过"日用"去践履，空疏论道而舍弃读书作文，这其实是"固

---

① （清）方昌翰辑，彭君华校点：《桐城方氏七代遗书》，黄山书社2019年版，第123页。
② （明）方以智：《文章薪火》，载《方以智全书》（第四册），黄山书社2019年版，第74页。

第四章 下学上达：方以智的文道观论略

陋"和"自废"的体现。

方孔炤"文道一贯"的思想对方以智有着深刻的影响，方以智也接着父亲的话头继续对文道关系进行讨论，他说：

> 夫核仁入土，而上芽生枝，下芽生根，其仁不可得矣。一树之根株花叶，皆全仁也。圣人知之，故老任斯文，删述大集，与万世共熏性与天道，岂忧其断乎？既知全树全仁矣，不必避树而求仁也明甚；既知全树全仁矣，培根也，护干也，处蠹也，收实也，条理灌输，日用不离也明甚；以冬炼夏，乃贯四时，则无寒无暑之在寒暑中也明甚。无妄、大畜，一多相实，两间森罗，无非点画，俯仰远近，皆备于我矣。文明以止，用光得薪。雷雨出云，有闻必先。羲、文、周、孔，不能违时，酬酢佑神，此最上之神于文章者乎！①

方以智在这里将花木的种子比喻成"仁"，将文艺比作"枝"与"根"，他认为花木的种子既然是"仁"，那么"一树之根株花叶，皆全仁也"，由此确立了他重视文艺的基本观点。接着，他还以孔子为例对此说明，他说孔子明白"文道一贯"的道理，因此"老任斯文，删述大集"，孔子这么做就是明白人性之"文"与"道"本来就是一回事。既然"文道一贯"的道理可以确立，那么我们就需要对花木的"枝"与"根"倍加呵护。那么，如何呵护培养呢？方以智不认为温室里能养成大树，他说"以冬炼夏，乃贯四时"，就是说要在"文"上下苦功夫，如此才能行文流畅，达到"无寒无暑之在寒暑中也明甚"的高度。《无妄》《大畜》二卦特别强调人要遵循规律，方以智所言"两间森罗，无非点画，俯仰远近"与引用《无妄》《大畜》二卦的用意类似，都是告诫学者要广泛吸收前人的人文经验，并能将其中的规律提炼出来加以融会贯通，如此就可以得到以前人之"光"燃己之

---

① （明）方以智：《文章薪火》，载《方以智全书》（第四册），黄山书社2019年版，第74页。

"心"的大受用。什么是"文"的最高范式呢？方以智认为"羲、文、周、孔"就是作"文"的楷模，他们何以能够达到最高的境界？就是因为他们能够"不能违时，酬酢佑神"，也就是说他们都能真诚地根据彼时之环境创作出有裨于社会发展的"文"。这里的"时"一词特别引起我们的注意，"文"要为"时"而发，这一点在方以智的诗歌创作中也体现得尤为明显。

方以智在《文章薪火》一文中甚至还将"文"与"道"的关系进一步上升到"道"与"器"的关系：

> 知全树之华皆核中之仁所为也，道器岂容两截哉？徒华鲜实，德不胜才，从古叹之。穷知种性，依然培根护干，不可离也。七接重华，偃盖焦核，亦知性者造其命耳。佛国五明有谓因明，言乎称名当义也。名身、句身、文身，文身言乎其成章也。载道叙事，析器纪物，但通本末，还其固然。水入笘管，方则方，圆则圆，自属天工，非杜撰也。（笘，盛物竹筐。）千世上之心，与千世下之心，引触感发，恩力在何处耶？①

方以智这里谈到了树木的"华"（枝叶）与"核"（树种）皆"仁"。他认为树叶、树枝、树干与树根、树种皆"仁"，树叶茂盛而树根凋敝，或者只重视树种而不重视树干都是偏颇的，由此，方以智认为"道"（树干与树根）与"器"（树叶、树枝、文章）不可截然二分。接着，方以智还用佛学思想对此问题进行进一步论述。方以智谈到了"佛国五明有谓因明"，"因明"与"声明"（语言文字学）、"工巧明"（工艺历算学）、"医方明"（医学）、"内明"（各学派自己的学说，对佛教来说则指佛学）合称"五明"，在他看来，"名身、句身、文身"与"因明"之关系恰如"华"（枝叶）与核（树种）的关系，"五明"皆"仁"，是以不要将形而下与形而

---

① （明）方以智著，张永义校注：《浮山文集》，华夏出版社2017年版，第514页。

第四章 下学上达：方以智的文道观论略

上截成两半去看。最后，方以智还用"水入盆筲，方则方，圆则圆，自属天工，非杜撰也"这样一个颇为形象的例子为我们说明"道"与"器"本来如一的面貌。正所谓"载道叙事，析器纪物"，器能载道，道能容器，明白了这个道理，就能"通本末，还其固然"。

由此来看，方氏"下学上达"的文道观思想是一脉相承的，可以说是方氏家族学术思想的一个非常重要的特点。

方氏家族"下学上达"的文道思想一方面源于方氏对当时社会环境的一种回应；另一方面也源于方氏易学，从学理角度来看，方氏易学甚至可以说是"下学上达"思想的理论依据。

方孔炤与方以智在他们合著的《周易时论合编》一书中对《周易》六十四卦的排列顺序进行阐述时说：

> 乾坤坎离四正卦也，故以居四正者居上经，而为上经之主，乾又为主于坎离，而乾更为坤主也。兑巽震艮四偏也，故以居四隅者居下经而为下经之主，兑巽又为主于震艮，而兑更为巽主也。故在上经，则乾坤十二递减而坎之八，震艮之七，兑巽之六，合之其六十体，而乾坤最尊也。在下经，则兑巽十二，递减而离之十，震艮之九，坎之八，乾坤之四，合之共六十八体，而兑巽最贵也。（《周易时论合编·图像几表·序卦说》）

按照方氏父子的意思，"兑巽之六"当为"离之六"，其下文应补"兑巽之四"。此是说，上经共三十卦，就二体说，共六十体。乾坤居经之首，坎离居其终。其中乾坤之体各十二，坎之体为八，震艮之体各七，离之体六，兑巽之体各四。乾坤坎离之体占主要地位，此即"以居四正者居上经，而为上经之主"。兑巽震艮四偏卦之体少于四正卦，为上经之客。就四正卦说，乾坤之体数又多于坎离，故说"乾坤又为主于坎离"。乾坤之体数最多，故说"乾坤最尊"。下经宫三十四卦，宫六十八体，兑巽艮震四隅卦居于下经。兑巽体数各十二，离为十，震艮各九，坎八，

· 199 ·

乾坤各四。兑巽体数最多，所以说"为下经之主""兑巽最贵"。总之，以先天卦位中的四正卦，为上经之主，四偏卦为上经之客；以四隅卦为下经之主，四正卦为下经之客。此是以先天八卦解释《周易》即文王后天六十四卦序的构成。乾坤坎离四正卦所以居上经，因为此四卦之体正，正则全，而乾尊于坤，坎右于离，以阳为贵。震巽艮兑四隅卦所以居下经，因为此四卦之体偏，偏则不全，而巽上于震，兑上于艮，以阴为贵。此即"文王分卦，亦本先天圆图"（同上），至于下经，兑以巽为主，亦是小法先天八卦图，即乾兑相连，居于东南之位，兑与巽对等，乾主坤，故兑亦主巽，此即"自先天图得之"（同上）。

方氏父子关于《周易》卦序理论的阐述同样在于说明文王后天之卦来源于伏羲先天之卦，而先天八卦方位即存于后天之卦序中。总之，方氏关于先后天二图式的论述，贯穿一中心观念，即以先天卦为体，后天卦为用。对于先天与后天之间的关系，方氏父子认为，不能离开后天时用，而别求先天之体，亦不能弃先天之体，只讲后天时用。同时，先后天在时间上并无先后之分，皆归结为趋势变化，以前民用。可以说，"先天在后天中"是方氏父子先后天八卦理论的归旨。

如果说先天八卦代表着"大道"，富有形而上的意义，那么后天之学则与"下学"相埒，更接近于形而下的范畴。方氏并不否认形而上学的原则，即不否认先天的东西，但断言形而上的东西不在人伦物理即后天之上。

综上来看，方以智"下学上达"的学术思想源于方氏家学。进一步追溯"下学上达"的根源，我们发现这一方面是方氏家族对当时空疏学风的回应；另一方面与方氏易学思想有着极为紧密的联系。

本章小结

方以智在中国传统文道观念的基础上提出了"文道一贯"的学术思想。方以智"文道一贯"的思想在文学方面主要体现在对炼字、炼句、炼章、炼意和用事等技法层面的重视，在书法方面主要体现在对临帖的重视，在绘画方面则主要体现在对绘画技法，尤其是西洋绘画技法的重视。方以智在艺文方面提出的"文道一贯"与他在学问方面提出的"下学上达"思想在学理构成方面是一致的，二者都强调形而下的层面对于形而上的层面的奠基作用。方以智告诫我们，文学艺术的创作一方面要重视基础的艺术语言训练；另一方面还要有精神层的追求，前者是基础，后者是目标，二者相辅相成，缺一不可。

第五章

论方以智艺文活动中的"奇"

方以智在艺文活动中对"奇"似乎有着特殊癖好，这体现在他艺文活动的方方面面。具体来讲，他对韩愈的奇崛诗风非常欣赏，对庄子之奇也尤为喜欢，他自己更是在晚年绘制《墨石图册》。那么，方以智艺文作品中的"奇"到底体现在哪里？为什么他对"奇"如此着迷？本章将围绕上述问题展开论述。

第一节 尚"奇"之癖

方以智对"奇"的艺术风格有特殊的兴趣，这体现在方以智艺文活动的方方面面。对于诗歌，方以智也同样对"奇"诗颇为欣赏：

> 长吉好以险字作势，然如"孝武秦皇听不得""直是荆轲一片心"，原自浑老。杜陵之"冯夷击鼓群龙趋""黑入太阴雷雨垂"，何尝不作奇语吓人。①

方以智对"奇言""奇句"似乎有着特殊的癖好，他评价李贺"好以险字作势"，但读到"孝武秦皇听不得""直是荆轲一片心"时又认为此举意境"浑老"。对于李贺好奇语的风格，方氏显然是颇为称许的，

---

① （明）方以智著，张永义校注：《浮山文集》，华夏出版社2017年版，第70页。

他甚至将李贺与杜甫相提并论,认为"冯夷击鼓群龙趋,黑人太阴雷雨垂"一句与李贺之"奇"一样,都是值得学习的。

方以智对"奇"有特殊兴趣还体现在对拗律的看重:

> 山谷曰:"宁律不谐,勿使句弱;用字不工,勿使语俗。"故古诗中亦可过对指点,律诗中亦可直行不对。①

对"奇"的偏好贯彻在方以智诗歌审美的方方面面,方氏甚至引用黄庭坚"宁律不谐,勿使句弱;用字不工,勿使语俗"的诗论观为佶屈聱牙的诗句辩护。在他看来,古诗并非要完全对仗,而律诗亦当以意为主,莫要为了声律协和而破坏诗歌整体感觉,"直行不对"讲的就是这个意思。

对于诗歌,方以智也同样对"奇"诗颇为欣赏。他在《耐庵李昌谷诗解序》中就对诗歌之"奇"有过一段颇为精彩的论述:

> 奇才间出,吐古吞今,造端引触,盖寂有所感而发不及知。后百世之心相见者,游息深深亦必有法前人所未发者,于是乎奇。不然,不必更为之解矣……才既已奇,时哉又奇,上下千年,心与心寂然相感,安得不奇?②

每一个时代都有一些"奇才",这类"奇才"与正统之人的最大区别在于他们绝少沿袭前人的老路,因此"奇才"在文学和艺术方面更容易出彩。方以智在这里谈到的"奇才"主要指诗歌方面,他认为"奇才"能够"吐古吞今",他们的诗歌也由此"造端引触",这类"奇才"写诗都是"有所感而发",但因为他们思维的天马行空,有时候连他们自己也不明白为何能够创造出如此奇崛生姿的诗。方以智对"奇才"是抱有同

---

① (明)方以智著,张永义校注:《浮山文集》,华夏出版社2017年版,第70页。
② (明)方以智著,张永义校注:《浮山文集》,华夏出版社2017年版,第396页。

情的,他觉得"奇才"之诗能够发前人所未发,在"法"上甚至对前人还有推进,这正是"奇才"与"奇诗"的价值所在。如果说"奇才"与"奇诗"没有对前人有所创新,那就称不上"奇"了。由此,方以智为"奇"加上了创新与推进的意涵。方以智还认为,"奇"诗不仅需要"奇才",还需要"奇"时,"奇才"不可多得,"奇"时更是千载难逢,当"奇才"遇见"奇"时那定能创造出"奇"之又"奇"的作品了。其实,方以智本人就是"奇才",他所经历的时代也正是天崩地裂的"奇"时,纵观方以智的诗歌,"奇"可谓是一条抹不去的主线。

方以智在他的艺文实践中亦呈现出"奇"的艺术风格,这一风格早在方以智青年时期与好友唱和时已经开始展露。我们不妨读一读方以智在云间社时创作的这首《社中诸子饮我醉后赋一物分赋得铜雀台瓦》,并以此诗感受方以智"奇"的风采:

  魏武初落铜雀台,井干百尺高崔嵬。风和箫鼓青烟动,晓列旌旗白日开。那知繐帷罗玉座,郁郁西陵松柏哀。已焉哉!漳水东流不复回,英雄一去不复来。远望萧条数千里,孤蓬自振杂尘灰。祇今犹有台前瓦,醉草徒夸邺下才。[①]

通读此诗之后,我们首先能看到方以智此诗用词之"奇","崔嵬""箫鼓""繐帷""孤蓬"等字词皆非常语,而方以智尤其喜欢这些奇崛生涩的字词。此外,方氏此诗的诗句也颇有"奇"致,譬如"风和箫鼓青烟动"一句,这又是何等奇妙的想象!最后,方以智此诗所营造的意境也颇为奇诡,读罢此诗,"奇"情也由此滋生出来。

方以智在绘画中亦偏好"奇"之体裁,《墨石图册》(见图3-7)这部作品就是其中最具代表性的一个例证。《墨石图册》作于清康熙九年(1670),方以智时年60岁,次年,方以智逝世,一代哲人在生命结束之前

[①] (明)方以智:《博依集》,载《方以智全书》(第八册),黄山书社2019年版,第249—250页。

还对"奇石"念念不忘,方氏对"奇"的偏爱也由此可见一斑了。

方以智的好友刘城在为方以智《九将》一文作序时也注意到了方氏作品的"奇":

> 予读方密诗,至《对酒》《从军》《庚午春日》诸作,暨览《拟上求治疏》《文论》等篇,则慨然曰:异乎密,其才奇,其言激切,其怀磊落而不羁,殆处迟暮贫贱者乎![1]

刘氏在评价《九将》一文时,还谈到了方以智的其他著作,他认为方以智的作品迥异时风,展现出奇特的才能。他认为,在语言方面,方以智"其言激切";在性情方面,方以智"怀磊落而不羁"。至于方氏为何会形成"奇"之风格,刘氏则认为方氏"处迟暮贫贱"。其实刘氏所说只是一个方面,"处迟暮"之乱世固然让方以智诗歌充满了离乱,但方氏对"贫贱"似乎并没有特别在意,甚至于他还甘于这种肉体上的折磨。

综上来看,方以智对"奇"之欣赏体现在他艺文活动的方方面面,从奇诗、奇画、奇人、奇书,都可见他对"奇"有着特殊的喜好。

第二节 为何尚奇?

奇人、奇事、奇情以常理定然难以诠说,方以智对古人"奇怀"曾有一段颇为精彩的论述:

> 古人奇怀突兀,跃而骑日月之上,愤而投潢污之中,不可以庄语,故以奇语写之。奇者多创,创创于不自知。俗人效步邯郸,则杜撰难免矣。[2]

---

[1] (明)方以智著,张永义校注:《浮山文集》,华夏出版社2017年版,第556页。
[2] (明)方以智著,张永义校注:《浮山文集》,华夏出版社2017年版,第66页。

方以智的艺文活动与学问之道

在方以智看来，古人的奇情"跃而骑日月之上"，以常情常理定然难以表达。又之，当一个人的愤怨达到一定程度时，他的情感表达就很难以一种庄重的形式表现出来，只能以"奇语"来表达这种愤懑了。值得注意的是，这种"奇语""奇情"并非"奇者"刻意为之，而是自然而然地表达出来，甚至于"奇者"创造出"奇语"也不自知，这其实就是"奇者"内心真诚的一种体现。对于无"奇情"者，若为"奇语"而求"奇情"，这无异于东施效颦，其所创造出的"奇语"也就陷入"杜撰"的窠臼之中了，求其根源，还是在于俗人无真挚之情感、非有感而发而来。

方以智对"奇"的艺术风格有特殊的兴趣，这与时代风气有关，更与方以智的个人经历密切相关。

方以智的一生是传奇的，他经历过少年裘马、家乡暴乱、中年亡国，还曾经数度经历生死关头，这些锥心刻骨的经历让方以智的诗歌风格几度发生转换，尤其是在甲申之变之后，方以智诗歌中的奇崛之风益加明显。《瞻旻》（《方以智全书》第九册）是方以智在崇祯十七年（1644）甲申巨变期间的诗作，作者取《诗经·大雅》中《瞻卬》《召旻》两个篇名首尾二字作书名，用以寄托明亡之痛，在这部诗集中，《告哀诗》一诗就如实记录了方以智当时内心无以复加的伤痛。

在这首之前，方以智还加了一段小引：

> 万死一生，转思自痛。语无伦次，何问温雅？维以告哀云尔。[1]

面对甲申巨变，方以智内心的伤痛已经达到极致，此时的方以智与其说在写诗，不如说以诗记录自己内心的伤痛：

> 宫中切齿恨朝班，纳陛簪缨总厚颜。（先帝决迁守及出东宫监南

---

[1] （明）方以智：《瞻旻》，载《方以智全书》（第九册），黄山书社2019年版，第240页。

都计,而宰相无一言应者,故退宫痛恨。)谁任虎闱当国事,虚传龙种在民间。阳痞尚恐搜穷巷,潜窜何因出武关。可叹咸臣倡议者,阖门一炬自投缳。(刘文炳与弟文耀、叔继祖及巩永固俱焚其宅而缢死。永固犹寄语舒章为作一传。)[1]

每每想到国破家亡,方以智内心对当时腐败"朝班"的痛恨就难以遏制,在方以智看来,这些"纳陛簪缨"的无耻之徒正是明亡的罪魁祸首。与这些"朝班"形成鲜明对比的则是刘氏家族,刘氏家族以死全身,这种节气与悲壮让人至今为之动容。综合来看,方以智此诗完全没有想要彰显所谓的"奇"情,然而面对国破家亡的巨痛,"奇"情却由此滋生出来。不得不说,方氏诗歌之"奇"或许正源于方氏诗歌之"诚"。

方中履在方以智《诗说(庚寅答客)》一文的最后有一段文字,这段文字也流露出类似的意思。

感时触事,声出金石,又何能避乎?《瞻旻》沦铺,转侧瘴徼,封刀溅血,余焉萍梗,异类中行,喀焉身世,有时冲口。乔宇侘傺耶?滑疑曼衍耶?不容自已,变不及知,所谓鹤唳半空,噫风济树耳。然戒小子辈不可乱学,闲提古人,表其自得,闻耳记之,以真怀为本,以好学为蕴,以雅叶为度,二十年来反覆合观,可以兴矣。[2]

方中履对方以智诗歌做了整体的评价,其言辞之贴切、用情之深厚,读之令人泪目。他说,父亲方以智的诗皆"感时触事"而发,他还专门谈到了《瞻旻》这部诗集。《瞻旻》作于崇祯十七年(1644)至顺治二年(1645),正是方以智在易代之际心绪的真实写照,此时方以智经历了

---

[1] (明)方以智:《瞻旻》,载《方以智全书》(第九册),黄山书社2019年版,第240—241页。
[2] (明)方以智著,张永义校注:《浮山文集》,华夏出版社2017年版,第73页。

"转侧瘴徼""封刀溅血",因此离乱心绪是贯穿此部诗集的一个主要情感。离乱情绪是一回事,有无信念又是另一回事,方以智遭受国破家亡之痛,但他内心的"忠"与"孝"没有丝毫减弱,因此方以智借用庄子的恣肆离奇来抒发自己矢志不渝的孤臣心志。方中履还谈到方以智诗歌中的何以"矞宇佗傺耶""滑疑曼衍",这并非方以智故意卖弄求奇,而是方以智内心孤愤难言,他自己甚至都"不容自己","所谓鹤唳半空,嘶风济树耳"也是方氏本人没有预想到的。方以智诗歌风格奇崛跌宕,但他不主张自己的儿子学习自己,他谆谆告诫儿子学诗入手处切不可求高务虚,正所谓"小子辈不可乱学,闲提古人"是也。方以智还说学诗应从踏实处起步,认真学习古人诗歌,"以好学为蕴""以雅叶为度"才能真正有所得。此外,方以智还认为诗歌书写一定要真诚,自己是什么样就写成什么样,"表其自得""以真怀为本"就是作诗起码的原则。只有经过长期、艰苦的训练之后,诗歌庶几才能"可以兴矣"。这段材料的重要之处就在于他为我们提供了方以智诗歌文本之外另一种诗论观念。

由此来看,方以智诗歌中的"奇"并非方以智刻意为之,而是在经历锥心刻骨的伤痛之后的真实情感流露。

值得注意的是,方以智虽然自己的诗歌以奇崛著称,但他并没有将"奇"作为衡量诗歌的标准,他还是坚持认为,诗歌是人内心真实情感表露的一种文字呈现,"平"也好,"奇"也罢,这些都不是诗歌好坏的标准,而"诚"才是方氏相对更看重的品质:

子建汲古好学,雠比简编,至老不辍。父子鼓舞,以古今为膳啖,乐业其业,是始终以雅道风世,不以变变者也。善乎维节氏之序之曰:平者烨者,丰者静者,悉丛咏歌文章生。得其道,可以伏处不恨。当其至专,寂如槁叶,一尘一芥,几会所关。惟其性之,是以志之,声满天地,是不欺者。无可道人智题。①

---

① (明)方以智著,张永义校注:《浮山文集》,华夏出版社2017年版,第363页。

方以智诗歌因为时局和个人寄寓的缘故，诗风经历了多重转变，但方以智对与自己诗风不同者，亦持一种包容态度。宋子建之诗"汲古好学"，"以古今为膳啖"，但宋氏之诗并没像方以智一样有过多次转变，而是"始终以雅道风世"，即使宋氏之诗"不以变变者"，但方以智对宋氏之诗依旧非常赞许。为什么呢？因为每一个人的境遇不一样，个人禀性也有不同，因此其诗歌风格也会因人而异，正所谓"平者焠者，丰者静者，悉丛咏歌文章生"。方以智没有说他的诗歌就一定是好的，只要饱读诗书，不欺"其性"，真实流露"其志"，那样的诗就是好诗。事实上，方以智晚年也有不少"寂如槁叶，一尘一芥"的静谧之诗，但每逢遭遇亲人、挚友发生变故，方以智内心的悲怆又流露在诗歌中。由此来看，方以智之诗在晚年并没有一个固定的模式，而是随情、随性而发，这正是方以智"不欺其志"的一种表现。

对于自己因为在诗歌中真情流露而遭到时人的诽谤，方以智在《送李舒章序》中谈到了这个问题：

> 感世救时，不知者为诽谤朝政矣，知之者又以为物禁已甚，无故而善悲怨，非君子之所喜也，故皆自燃其藁，绝不与人论及。①

方以智其实认识到了他的诗歌在当时会受到非议，他所写的"感世救时"之作，在一般人看来就成了"诽谤朝政"；在那些略微了解时政的人的眼中，他的"慷慨悲壮"又会被他们认作"为物禁已甚"，超过了"怨"的界限。因此，方以智后来写诗，绝少与人论及。其实，当时批评方以智诗歌的人都受到传统"温柔敦厚"诗教观的影响，在他们看来，方以智诗歌中激烈的情感是不合"中"道的。平心而论，"温柔敦厚"诗教观本身没有问题，但诗歌之"诚"比形式上的"温柔敦厚"更重要，不诚恳地迎合时风去创作所谓的"温柔敦厚"的作品，这无疑是

---

① （明）方以智著，张永义校注：《浮山文集》，华夏出版社2017年版，第91—92页。

虚饰的"温柔敦厚",对此方以智并不认同。

方以智数度经历生死,生死的淬炼让方以智的诗歌与一般人的诗歌乃至自己以前的诗歌都不一样,这些经历都促使方以智诗歌呈现出"奇"的风格,对此,方以智在《范汝受集引》一文中还有所提及:

> 专门生死之家,冲口进出,铿然中乎天地之音,况能以不变变者,诗而不自知其诗,而出入生死者乎?由此观之,诗固随生死、超生死之深几①也。②

方以智认为,当一个诗人经历过生死淬炼,那么他心中的患难真情就能"冲口进出",其诗中的"铿然"之音也能和"天地之音"打成一片。经历生死,乃能真知生死,当一个人跨越生死之后,他的诗歌定然与之前的诗歌有不一样的地方,然而大诗人之诗从来都是真挚的,他们是什么样,他们的诗歌也是什么样,这就是方以智所谓的"不变变者"是也。也就是说,诗中不变者,诗人之真挚也;变者,生死淬炼之后对生命的体悟也。当诗人"出入生死"之后,他们的诗歌固然与之前发生了变化,但诗人本身又无意于追求这些变化,所以当他们再次审视这些发生变化了的诗时,竟然"诗而不自知其诗"。这便是"出入生死"对一个人的改变。最后,方以智认为诗是人生老病死的外在流露,同时也是一个人超越生死之后最神妙的变化之理。方以智由此将诗提升到了展露生死、超越生死的高度,这是前人从未提及的。

方以智诗风由复古向"奇"的转变不是他无病呻吟发的牢骚,而是他屡经劫难之后内心最真实的流露,甚至于方以智都不知道自己写出的

---

① "深几",《周易·系辞上》曰:"圣人所以极深而研几也。惟深也,故能通天下之志;惟几也,故能成天下之务。"明清之际方以智用来说明事物之理。《物理小识·自序》曰:"通观天地,天地一物也。推而至于不可知,转以可知者摄之,以费知隐,重玄一实,是物物神神之深几也。"认为研究理解抽象的道理,要通过有形的具体事物,事物之理包含在事物之中,只有研究实际事物才能揭示隐藏的神妙的变化之理。

② (明)方以智著,张永义校注:《浮山文集》,华夏出版社2017年版,第359页。

诗是"变诗",《祭姜如须文》一文的相关材料可以帮助我们理解方以智当时的处境:

> 讵谓逾年,北极焚毁,子美先使,甄济矢死,奔就君亲,而党祸发炽于同里,老亲命之远游,历瘴海以转徙,沦铺被絷,复蹈刃而至此。此惟可以告君,君奈何其不我俟?呜呼哀哉,哭何能止?沸腾之中,传侯广僦庑于吴市,往来专诸之墓,酹酒太伯之里,有诗歌古文数千篇,时时播流人耳。嗟乎,变以世尽,变至无可如何,而继之以死,此岂特以《锦钱集》为苍天之所以眷吾乎?余既胶致之斗室,自以为外黄之车,闻赴掷怆,不能期白马而奠皋桥之庐,乃以冢笔,写此哀辞,椎心而歌,不知其为变诗。①

方以智在明亡之后,已经做好了赴死的准备,但方孔炤当时还在世,他无法自私地了断生命,但当他"奔就君亲"时,却发现家乡早已沦为战场,父亲也早已不见踪影。此时的方以智"历瘴海以转徙",在经历"沦铺被絷"与"复蹈刃"之后,又听说了挚友姜如须的死讯,方以智不由得发出"君奈何其不我俟"的感慨。方以智悲痛极了,当他看到姜如须的遗书《锦钱集》时,方以智的内心再也抑制不住那种肝肠寸断的沸腾,他的文字也像他当时的心境一样,沾满了鲜血,他不由得发出"变以世尽,变至无可如何,而继之以死"的决断之言。明白了方以智当时的处境,我们也就能理解方以智以"冢笔"写"哀辞",他诗中的"变"与"椎心"也能领略一二:

> 作者不得于君,续者又托古之不得于君者,以发愤其志。密乎曾有此乎?间即盱衡当世,有所感激,以不世出之才,起行为之,功名未有量,则密之拟《骚》示志,似非所宜。然士负奇才,砥行

---

① (明)方以智著,张永义校注:《浮山文集》,华夏出版社2017年版,第352页。

好古，冀即见用当世，鼓其盛气，立功名，以为宗族交游光宠，乃数上书而不一遇，退处草野，感叹今昔，而放其抑郁不平之气于声诗者，固比比。①

刘城在《九将序》中还指出，方以智《九将》一文之所以呈现出慷慨激昂的艺术风格，可能与方以智"不得于君"有关。他认为方以智因为得不到崇祯的器重，因此"托古"以"发愤其志"。纵观《九将》一诗，确实呈现出像屈原那样托物以表其志，亦流露出对君主的"怨"。但笔者认为，方以智之胸襟可能不止于此，父亲被冤、家乡零落，整个国家陷入动乱，这些都是方以智"怨"之缘由，如果将此仅仅归结于"不得于君"似乎有失公允。刘氏还指出，方以智有感于世道的沦丧，又加之自己"不得于君"，因此"拟《骚》示志"。这种解释是有合理之处的，刘氏显然看到了《九将》一文中寄寓着方氏的志向，但刘氏紧接着说方以智这种方式"似非所宜"。显然刘氏从诗学正统的角度来考量方以智，认为他感时伤心之作超过了"怨"的限度。刘氏站在诗学正统角度评价方氏"拟《骚》"之作，我们可以理解，但结合方氏的个人寄寓来看，他其实还没有真正理解方以智。刘氏还认为方以智"负奇才，砥行好古，冀即见用当世"，这些是没问题的。方以智本人不仅"负奇才"，其诗文作品也确实做到了"奇"之又"奇"；他早年饱读诗书，青年、中年乃至晚年也手不释卷，说他"砥行好古"也丝毫没有问题。方以智特别重视"时"，"时"一方面是时间，另一方面则是"用"，刘氏看到方以智有用世之心，说他"冀即见用当世"，这也是非常公允的判断。但刘氏后面说方以智"乃数上书而不一遇，退处草野，感叹今昔，而放其抑郁不平之气于声诗者"，这确实值得商榷。方以智青年时期确实多次向崇祯帝上书，崇祯帝大都不予理睬，但方以智对崇祯帝总体上是心存感激的——崇祯曾有感方以智之孝，大赦其父方孔炤。因此，如果将方以智诗中的"抑郁不平之气"归结于"不得于

---

① （明）方以智著，张永义校注：《浮山文集》，华夏出版社2017年版，第557页。

君",这是靠不住的。有一个例证即可说明整个问题,南明皇帝曾十次征召方以智,他均婉言拒绝。这能说方以智"不得于君"吗?显然,让方以智产生"抑郁不平之气"的不仅仅是"不得于君",他的个人境遇是一方面,他的家族、他的亲朋好友的遭遇也让方以智有了"抑郁不平之气"。最重要的是,整个晚明王朝的世道沦丧,方以智纵有万般才能也无法让一个气数将尽的王朝重焕光彩,这或许才是方以智诗歌中充满"抑郁不平之气"最重要的原因之一。

第三节 从"奇""平"融合到思想融合

正如上文我们所谈到的,方以智艺文活动中的"奇"并非有意为之,而是随外境变化而自然流露。值得注意的是,方以智虽然对"奇"有特殊的兴趣,但他本人却对"平"并不排斥,他甚至让自己的儿子作文先以"平"为主,方以智之子方中德在《文章薪火》一文后引用了其父的一段话,尤其值得我们注意:

> 老父则曰:"析理、举事、极物,文之正用也;达志、陶情,文之乐群也。士业生于典籍之后,何乐而不因其井灶,续其无欺之火也乎?闭防已甚,大决伤多,故以经学藏道,雅音作人。所慺慺于末世者,高标不可与争,而时风若以熏之,此即薪泯火之中和饮也。谨取辛巳至今前后条说汇而录之。"①

方以智自己崇实奇崛,喜好老庄,但他对儿子的教育却与自己作品所呈现的风格并不一样。他告诫儿子,写文章要把道理讲清楚,把例子举恰当,把描写对象尽可能生动地描绘出来,这才是写文章的正道。此外,他还告诫儿子,写文章可以传达出自己的志气、陶冶情操,也可以和朋

---

① (明)方以智:《文章薪火》,载《方以智全书》(第四册),黄山书社2019年版,第88—89页。

方以智的艺文活动与学问之道

友一起交流娱乐。文章要写好，必须对古人的典籍非常熟悉，对方氏家族的"井灶"（家学）要熟悉，最重要的是，要延续方氏家族"无欺"至诚的治学态度。方以智有感于明末"闭防已甚，大决伤多"的社会现状，因此他还希望儿子能够将自己的所学贯彻到"道"中，做一个儒雅的善人。在这个浑浊的"末世"中，方以智还谆谆告诫儿子莫要与那些标新立异者论争，若真的与那些人争吵，就是熄灭了自己内心苦苦修炼来的"中和"之气。

在方以智看来，艺文活动中的"奇"与"平"并非完全对立，相反，他认为"奇"与"平"之间存在一些密切联系，他在《浮山文集》中谈到这一点：

> 然而奇之极者，又转平地，或险诨，或故问，或影略，或冷汰，或即事实叙，或无中生有……不以平废奇，不以奇废平，莫奇于平，莫平乎奇。时因时创，统因创者，存乎其人。①

方以智认为诗歌之"奇"的表征并非"奇"一种，他甚至认为"奇"的极致就是"平"。由此，"平地""险诨""故问""影略""冷汰"，甚至于"实叙"都可归属于广义的"奇"。方以智其实是想告诉学诗者莫要拘泥一个"奇"的形式，也不要为了"奇"语而刻意为"奇"，而应该解放思维，举凡能展现奇之思维者，展现的形式并没有那么重要，平淡中亦可包含深深之"奇"。最终他还谈到了"奇"与"平"之间的关系，他认为"奇""平"皆是手段，不可偏废，"平"中寓"奇"，"奇"中又有"平"，"奇"到极致方为"平"，"平"到极致亦成了"奇"，这种"平""奇"转换其实有着丰富的"物极必反"的易学思想。"奇""平"之创造者皆系乎于"人"，因此人才是"奇""平"风格的最终决定者，方以智告诫我们创造出广义上的"奇"语需要继承古人传统（"因"），

---

① （明）方以智著，张永义校注：《浮山文集》，华夏出版社2017年版，第66页。

又要能懂得创新("创"),统合"因"与"创"之后,学者还要根据自身状况随时调整("时因时创"),如此方能创造出理想的"奇"语。

对于诗歌,方以智还援引苏轼的话,提出"灿烂"(广义上的"奇")的极致便是"平":

> 东坡曰:"灿烂之极,乃归平淡。外枯而中膏,渊明、子厚之流。"张为列宾主句,司空图《一鸣集》皆刻中平淡者也。寒郊瘦岛,正以冷蒨写生,台阁香奁,总是空谷响:岂以干剥剥为清真乎?①

这里进一步指出"外枯中膏"的语言形式,乃"先华丽而后平淡",平淡中已涵摄华丽茂实。由此看来,"中边皆甜"的诗歌语言艺术之精妙,所呈现的风貌应如惠洪论陶渊明诗时所指出:"大率才高意远则所寓得其妙,造语精到之至,遂能如此,似大匠运斤,不见斧凿之痕。"亦即苏轼所谓"灿烂之极,乃归平淡"之意。方以智援引此语,阐述他对诗歌创作中语言艺术的要求。方以智借用此典,同理说明孟郊、贾岛之诗,以"寒""瘦"风格之一二字,写画出足以传神之诗句。正如"寒""瘦"之能点妙,则"台阁""香奁"之香艳、工丽的形式也能警诫人们对诸法如幻,如空谷响音的觉察。此二者都是发明语言艺术能致"道"之意。"空谷响"强调实相本质原是无定相,就如空谷回声只是应物成音罢了,方以智此处举例着意在"外枯而中膏"的理想诗歌语言。换言之,他的要求是诗歌语言必须具备"表、里"的双重性。

欲借诗歌传达"道"的真理,也必须兼及此种"充分"的语言形式:

> 自老子正言若反,而惠施交易之,其历物也,大其小,小其大,

---

① (明)方以智著,张永义校注:《浮山文集》,华夏出版社2017年版,第70页。

> 长其短，短其长，虚其实，实其虚而已。

老子特别擅长看到事物的正反两面，其所谓"大音希声""大巧若拙"是也。方以智认为老子"大其小，小其大，长其短，短其长，虚其实，实其虚而已"的思维方式值得我们学习。事实上，老子这种思维方式对后世产生了非常深刻的影响，苏东坡所言"绚烂之极而归于平淡"就是看到了"绚烂"与"平淡"之间的关系，其实很大程度上就源于老子。

对于学问，方以智也持有类似的态度，他认为最"奇"的学问并没有那么高深玄妙，而是浑穆安静的。他在《瞿稼轩年伯诗序》中即流露出这种思想：

> 其学问岂与以智名勇功者乎？嗟乎，方求钟簴（社稷）不惊，勠力草创之会，功名可谓至难，然又至易。圭爵之加，封即三等。智见先生手不释卷，歌出金石，固夷然不再此也。功已高，故可以不言。学问已深，故可以不謦。（大呼）人尽能读先生之诗者乎？读先生之诗，想治世之音，宜可以忘悲。然小子跂此，几已乌邑阁笔，悲不自胜矣。转侧海底，惊见父执，近伤时事，远惟故乡，欲言有所不敢，苟欲歌，能无悲乎？[1]

方以智此段材料谈到了学问与诗歌的境界问题。方以智首先给我们抛出一个问题：学问是不是可以用"智名勇功"来衡量？显然不是。所谓大音希声、大巧若拙，最高的功名、最高的学问、最好的诗都是浑穆安静的，因为他们本性自足，已经无须借外在的名号来修饰了。因此，在方以智看来，在这个"勠力草创"的乱世中，功名之获取最难也最容易。功名最难获取是从实际情况来说的，正人君子很难在乱世中谋求功名；最易是从本质上来说的，获取了最高的功名便不会到处叫嚣，而是悠然

---

[1] （明）方以智著，张永义校注：《浮山文集》，华夏出版社2017年版，第247页。

自得，若能守了真身，何尝与获得最高功名的人的状态不是一致的呢？方以智为《瞿稼轩诗集》作序，他认为瞿稼轩在乱世中能够守得本心，每日在书中怡然自得，因此其诗化奇崛为平淡，让方以智在潺潺溪水般的寂寥中获得至大至刚的"治世之音"。一般人或许能读到瞿稼轩诗中的平淡，但瞿稼轩诗背后寄寓的家国情怀又有几个人能看到呢？方以智是真正读懂瞿稼轩诗的人，在看似平淡的诗歌中，方以智读到"悲不自胜""转侧海底"，他想到了父亲，想到了"近伤时事"，想到了故乡。方以智作此序时内心的情绪悲怆到了极点，甚至"几已乌邑阁笔"，这种化奇崛为平淡的诗歌在方以智晚年亦有不少。

方以智在《东西均》中还专设"奇庸"一章，其中就谈到了"奇"与"庸"（"平"）之间的关系：

已而玄者以奇高庸，庸者亦好奇以相高。又安知人之习奇为庸，其至庸者实至奇乎？舍庸而好奇者，好奇之奇，犹矢溺也。两丸循环而不蛾（俄）顷息，奇也不奇？羸四肢而窍其面，奇也不奇？不奇而后中庸，则天地先好奇之甚矣。好奇者又不自知其所以庸即所以奇也，而好言人之所不能言，知人之所不能知，以为夺人之良、穷人之技莫我若。若者，通自遁于鬼魅，惊愚民耳。[1]

在当时晚明"尚奇"的风尚下，人们都以"奇"为贵，人们普遍认为奇人高于庸士，一般的庸士也同样以"奇"为高。对于这样的思潮，方以智并没有指出"奇"与"庸"孰好孰坏，而是认为"奇"与"庸"之间并非截然对立，甚至他还认为"奇"到极致便是"庸"（"平"）。进而方以智进一步讨论"奇"与"庸"的关系。他认为"舍庸而好奇"失之偏颇，也没有捕捉到"奇"的精髓，事实上，"庸"才是"奇"发展到最后呈现的状态，失"庸"而求"奇"其实暗喻着方以智对当时那些

---

[1] （明）方以智著，庞朴注释：《东西均注释》，中华书局2001年版，第132页。

求"奇"、好"奇"之士的不满,在他看来,这些"奇"只是形式的"奇",并没有什么深刻的寓意,这是方以智对单纯追求"奇"而不满的原因了。此外,方以智还认为"庸"("平")应该以"奇"为前提,对"奇"的追求很有必要,因为对"奇"的追求是一个很好的扩展视野、培养独立思考能力的训练过程,这一过程让一个人能"言人之所不能言""知人之所不能知"。由此来看,方以智将"奇"与"平"的关系统一起来,强调了"奇"与"庸"之间的紧密联系。

紧接着,方以智进一步指出"奇"与"庸"特殊而又奇妙的关系:

> 惟无庸无奇、即庸即奇、奇命而安庸者(庄子奇〈倚〉命、倚人即奇命奇人),乃能实空,实空则可以不空。以奇金刚杵,化庸火宅;以庸甘露瓶,成奇香水海,是曰奇教,是曰庸宗,是曰神奇铎,是曰玄庸椎,是曰玄名教,是曰中庸第一奇义。①

在这里,方以智谈到了"奇"与"庸"之间的三种关系,它们分别是:没有"庸"就没有"奇",有了"庸"就有了"奇",以及"奇命安庸"。如果说"无"与"有"代表"一在二中",那么"奇命安庸"则代表"∴"中最上一之"·",亦即是说,方以智通过"奇命安庸"最终完成了"奇"与"庸"复杂而又圆融的体系。紧接着,方以智还指出以"奇"救"庸",以"庸"济"奇",主张"奇""庸"之间的互参、互用。读者读到这里或许已经为方氏圆融精微的思想所折服,但方以智对"奇"之意涵的论述还没有结束。他在这里俨然已经将"奇"视作一个哲学符号,而"神奇铎"(儒)、"玄庸椎"(释)、"玄名教"(道)都成为丰富、壮大"第一奇义"符号的思想原材料。"奇"之意涵之圆融、浩瀚令人震惊,方以智通过这一套极为精微、复杂的体系为"奇"注入了极为深刻的意涵,同时也化解了"奇"与"庸"、实与空乃至儒释道

---

① (明)方以智著,庞朴注释:《东西均注释》,中华书局2001年版,第136页。

三家之间的对抗,让我们真正见识到了一场极为震撼的圆融盛宴。

第四节 "奇"背后的深切寄托

从以上材料来看,方以智对"奇"情有独钟应该是可以成立的。接下来,我们还要思考一个问题,方以智对"奇"的关注是纯粹的理论性探讨,还是在"奇"背后又别有寄托。笔者认为,"奇"本身固然为方以智所喜欢,但更加让人动容的是,方以智"奇"背后还有其最深切的现实寄托。方以智在艺文活动中的"奇"与他在诗中表现的"怨"一样,都是面对浑浊世道时的一种无可奈何的回应。方以智面对家破人亡,以他"折千古之智"的宏志当然无法用常情、常理诠说,所以方以智说:

> 古人奇怀突兀,跃而骑日月之上,愤而投潢污之中,不可以庄语,故以奇语写之。奇者多创,创创于不自知。俗人效步邯郸,则杜撰难免矣。①

在方以智看来,古人的奇情"跃而骑日月之上",以常情常理定然难以表达。当一个人的愤怨达到一定程度时,那么他的情感表达就很难以一种庄重的形式表现出来,只能以"奇语"来表达这种愤懑了。值得注意的是,这种"奇语""奇情"并非"奇者"刻意为之,而是自然而然地表达出来,甚至于"奇者"创造出"奇语"也不自知,这其实就是"奇者"内心真诚的一种体现。对于无"奇情"者,若为"奇语"而求"奇情",这无异于东施效颦,其所创造出的"奇语"也就陷入"杜撰"的窠臼之中了,求其根源,还是在于俗人无真挚之情感、非有感而发而来。

方以智好友周岐在《流寓草叙》中也指出了这个问题:

---

① (明)方以智著,庞朴注释:《东西均注释》,中华书局2001年版,第66页。

> 然其天才纵逸，纵横一世，固不屑屑于苛细，内谨严而出之肆，一切庄语危论，谭笑发之，倍悚然可思也。①

周岐是熟悉方以智的，他当然知道以方以智这般"天才纵逸，纵横一世"，当然不屑于从俗，他的"庄语危论"既是他自身性情的真实流露，更是他面对现实无可奈何的一种回应。

方以智的学生在《合山栾庐诗跋》中也谈到了这个问题：

> 古人声出金石，音满天地，皆不得已，不知其然而然。以古今间出之才，读尽古今之书，穷尽古今之理，而历尽古今之患难，天之成人，人岂知？愚者大师伤尽古今之心而知天下之不得已，感此不得已之思，又岂人之所知乎！②

方以智早年"读尽古今之书，穷尽古今之理"，中年又"历尽古今之患难"，晚年"伤尽古今之心"，这样的天纵之才岂能用常理诠说内心的情愫？是以，方以智诗文作品中的"奇"绝不是偶然，而是一种必然选择。

方以智在《耐庵李昌谷诗解序》中就对诗歌之"奇"有过一段颇为精彩的论述：

> 而韩修武横盘雷硠，又杜所未有也。骚之苗裔，诚然哉！修武惜其理不及骚，须溪又谓其所长正在理外，世讵有解者？岂惟不解，且以牛鬼蛇神袭而冤之矣。③

---

① （明）方以智：《流寓草》，载《方以智全书》（第九册），黄山书社2019年版，第23—24页。
② （明）方以智：《合山栾庐占》，载《方以智全书》（第十册），黄山书社2019年版，第373页。
③ （明）方以智著，庞朴注释：《东西均注释》，中华书局2001年版，第396页。

方以智最后叹息道,世上真正能解"奇"诗者又有几人呢?更有甚者还以"牛鬼神蛇"抹黑这些"奇"诗。方以智为韩愈鸣不平,其实也是在为"奇"鸣不平。方以智本人的文学和艺术都有"奇"的风格特征,方以智读懂了韩愈,但谁又能读懂方以智呢?方以智说"且以牛鬼蛇神袭而冤之"时,其实也是在为自己的"奇"诗哀叹——世上懂我诗中之哀愤深沉者,又有几人?

方以智除了在"奇"中寄寓着对明末乱世无可奈何的怨愤之外,还有着他希望治病救人,以"奇"引导世人开悟的思想寄托。对此,他在《浮山文集》中就谈到了这一点:

渔父鼓枻而去,屈原似为所诃矣。且问是一人耶,二人耶?"东方有一士",又曰"我欲观其人",我是谁,东方之士是谁?曾知王骀之废足,为孔子之支离鼓笑乎?曾知垓下之歌为子长之颠头濡墨乎?未过此关,难与言诗。①

以晦涩难懂的问题逼迫读者开悟是方以智惯用的方法,这类方法在禅宗公案中比比皆是。在这段文字中,方以智也提出了几个刁钻的问题。我们不妨一一破解。《渔父》一篇的作者是谁,学术界至今没有定论,方以智似乎也曾注意到了这个问题,他说渔父与屈原对话,渔父劝说屈原要懂得变通,而屈原则不为所动,依旧坚持自己的信念,方以智由此发问:"且问是一人耶,二人耶?"也就是说渔父和屈原到底是不是一个人?我们先不着急回答这个问题。接下来,方以智又抛出了第二个问题,他说陶渊明在《拟古·其五》中谈到了"东方有一士"和"我欲观其人",他由此发问:"我是谁,东方之士是谁?"这个问题我们也不忙着回答。第三个问题谈到了《庄子》中出现的一个理想人物——王骀,王骀足断形残,但注重修明内德,处事能"守宗""保始""游心乎德之

---

① (明)方以智著,庞朴注释:《东西均注释》,中华书局2001年版,第73页。

方以智的艺文活动与学问之道

和",求学者甚众,他与孔子"中分鲁,立不教,坐不议",孔子对他也甚为佩服。明白了这一点,我们就知道方以智为什么要提出"曾知王骀之废足,为孔子之支离鼓筴乎"这个问题了。原来,孔子与王骀虽然身份、地位等都不一样,但他们在"游心乎德之和"方面是一致的。由此我们看到方以智的苦心:万事万物虽然形态各异,但最高的道统其实是不变而为一的,从这个角度来看,王骀和孔子就是一个人!方以智由此谈到了他的第四个问题:"曾知垓下之歌为子长之颠头濡墨乎?"垓下之歌为项羽临死前的绝唱,该诗将项羽的豪气与儿女情怀表现得淋漓尽致,抒发了他在汉军的重重包围之中那种充满怨愤和无可奈何的心情。子长就是张旭,张旭以狂草闻名于世,他写狂草时有时候"颠头濡墨",世人只看到了张旭的狂颠,但又几人明白张旭为何要"颠头濡墨",其实张旭与项羽在《垓下歌》中表达的怨愤是一致的,他的愤恨情绪已经无法用常规的书写来表现,只能用"颠头濡墨"这种看似狂颠的行为表露了。明白了方以智想让读者在不同中看到共同的苦心,前边两个问题就很容易理解了,渔父与屈原当然也是一个人,而"我"与"东方之士"也分明就是陶渊明自己!方以智最后还不忘戏谑式地调侃读者,他说"未过此关,难与言诗",方以智当然是想让读者明白他的用意,但他故意调侃读者,其实,他是想以此种方法勾起那些热心的读者的兴趣并打破内心中的分别,从而看到事物本来如一的超越精神。

方氏学问的魅力就在于以极为晦涩的语言逻辑打破读者一切成见之心,而此晦涩正是方以智"奇"之意涵在学问方面的延展,读者在重重烧脑的思维中对学问有了更深层次的认识,这正是方以智所希望达到的效果。方氏在《东西均》与《药地炮庄》中展现的晦涩难懂恰似一味猛药,让读者内心的执着轰然倒塌。此外,方以智在他的艺文活动中亦多流露以"奇"破"执"的思维。

方以智对"奇"与"平"的关系的讨论并非纯粹研究二者之间的逻辑关系,而是有着他一贯的时代使命感,其中也寄寓着他对当时学风的深切反思,他在《东西均·奇庸》中就谈到了这个问题:

掌修词（辞）立其诚之榘矱，故奇而以庸命之。"罕言"者，恐人之好奇而掠虚也，掠虚则规影真空以蠲免，而诡脱真空之计最矣。真空即实。真安于庸而好实学者，何实而非空乎？自杂玄黄，桥起庸有，帅气践行，一寓于万，藏云云于云云，今以实征其虚，彼乌能遁？必曰无所为、不能言、不能知者，此训诂也。终日以不能言、不能知者，匿形设械，莽莽人上，恐落一草，则实际质对之地，何能藏拙？此亦自厌久矣。人惟不知虚实之一，故为遁者之奇所云雾，而互相欺以死。呜呼哀哉！天地以奇予人，而不能知天地之所以奇；人当以庸安于天地间，而并不能自知其所以庸。知其所以为庸人者，真奇人矣。[1]

在方以智看来，圣人明白"修辞立其诚"的深意，所以圣人不会为了凸显自己是圣人而佯装奇特，相反，圣人最是平易，他们的"奇"也渗透在他们的平易之中。圣人同时也"罕言天命"，为什么呢？原来圣人害怕那些一知半解的人追求摸不着的"天命"而好奇掠虚。其实好奇掠虚本身并没有什么问题，只是有一类人自己并没有到达悟道之后化繁为简的状态，却以这种悟道后的"真空"示人，这是方以智无法认同的。在方氏看来，真正的"真空"都是从踏实处而来的，他们都经历过认真、刻苦的专业训练，化繁为简的"真空"看似容易，实则是最难到达的极高段位。方以智对"好奇掠虚"的批判其实寄寓着他以实救虚的良苦用心。当时学界除了存在"好奇掠虚"的弊病之外，还存在片面追求"实"的学问倾向，这类学问"无所为、不能言、不能知"，他们以"训诂"为能事，但学到最后仍不能窥得学问大貌，对于这种学问倾向方以智也同样不认可。在方氏看来，那些"不能言、不能知"的"好奇掠虚"之学，那些"匿形设械，莽莽人上"的"质测"之学都存在一定的片面性，这两类人所犯的毛病是一样的——他们都只看到自己眼前的一

---

[1] （明）方以智著，庞朴注释：《东西均注释》，中华书局2001年版，第134—135页。

片树林,却看不到树林远处更广阔的天地。其实,虚也好,实也罢,这本身都没问题,问题是只看到自己的好,却看不到别人的好,在方以智看来,这种优越感是要不得的。明白了这一点,我们就知道,方以智这里谈到的"奇"与"庸"既是一个哲学符号,同时也是方以智对现实的深切观照。

本章小结

方以智在艺术审美上偏好对"奇"的追求,这一方面固然与其个人的审美趣味有关;另一方面也与当时的时代风气有关。更重要的是,明清鼎革之际的家破人亡与清朝严酷的文字狱,让方以智无法用常情、常理诠说他的身世之痛。此外,"奇"还寄寓着方以智治病救人,以"奇"引导世人开悟的思想寄托。方以智还为"奇"注入了极为深刻的意涵,这种圆融的思想构造化解了"奇"与"庸"、实与空乃至儒释道三家之间的对抗。我们可以说,方以智的"奇"既是一个哲学符号,同时也有他对现实的深切观照。

第六章

方以智艺文活动中的会通精神

方以智的艺文活动与学问思想都呈现出浩瀚的会通气象，这种会通气象与方以智早年在"质测"方面下过工夫有很大的关系，同时也与方以智个人尚"全"的秉性有关。接下来，本章将主要探讨三个问题。第一，透过方以智的绘画来看方以智的会通精神。第二，以"公全"与"专偏"为切入点，探讨方以智艺文活动中的会通精神。第三，探讨方氏易学与方以智会通精神的关系，并以此印证易学是方氏会通精神的枢纽。

第一节 "合并诸偏"：方以智绘画中的会通精神

方以智对待学问的态度是开放的，举凡儒、释、道乃至西方的学术思想，他都乐于吸收，方以智这种对待学术的开放态度最终让他的思想呈现出一种会通古今、会通中西的博大气象，他晚年的《东西均》与《药地炮庄》就是这类具有会通精神的学术巨著。方以智在文学与书法中亦呈现出类似的会通精神，他早年对历代诗歌、法帖都有过系统的学习，在此基础上，方以智融会诸家特点，最终形成了自己独特的艺术风格。

方以智在绘画方面亦呈现同样的会通精神，关于这一点，目前学界似乎未有人关注。究其原因，笔者认为可能源于如下三个原因。第一，方以智不是以画家身份为后世熟知，一般绘画史甚至没有方以智的相关介绍，这就造成方以智绘画研究长期不受重视。第二，方以智的绘画与一般画家的画作有区别，与一般文人画也有差异，其中最大的差异在于方以智的绘画之中积淀着他丰富的思想，而方以智的思想是公认的难懂，这也是方以智绘画研究长期不被重视的一个重要原因。第三，学术研究分工的日益细密导致各个学科大都只关注自己学科领域的研究对象，传统文史学者大都关注方以智的哲学思想和诗歌，新兴的艺术研究者则大都关注方以智艺术的技法研究，这种分科对研究方以智这种通儒而言本就存在先天不足：方以智的绘画中不只包含技法，其思想性更是重要组成部分。综上来看，要想真正了解方以智的绘画，研究者本人必须要有广博的知识储备，更重要的是研究者要从内心打破学科之间的壁垒，让方以智绘画中的思想与技法同时呈现，如此才能算得上是接近客观的研究。在绘画方面，方以智对绘画确实呈现出相当程度的会通精神。接下来笔者将围绕方以智绘画到底是主张写意还是写实、是注重写生还是注重拟古、是注重理论还是实践等四个问题对此展开论述。

一　文人画与院体画的会通

方以智所处的明末清初正是文人画大行其道的时代，此时董其昌在绘画上提出的"南北宗论"俨然让"南宗"成为中国绘画的主流。一般来讲，南宗重水墨而求韵致，北宗重青绿而重写实。在这种环境下，方以智本人也在一定程度上受到文人画思想的影响。

在探讨方以智文人画思想之前，我们不妨先看看何谓文人画。关于文人画，陈师曾在《中国绘画史》中有一段极为精彩的论述：

> 何谓文人画？即画中带有文人之性质，含有文人之趣味，不在画中考究艺术上之功夫，必须于画外看出许多文人之感想，此之所谓文人画。[①]

如果以这条标准来审视方以智的绘画，则其大部分绘画应该属于文人画

[①] 陈师曾：《中国绘画史》，商务印书馆2015年版，第151—152页。

的范畴。我们不妨欣赏方以智晚年的一幅作品,以此来审视方以智绘画的文人画属性。

方以智的这幅《拄杖攀山图轴》(见图3-3)绘荒山野岭,全以水墨写就,构图似有倪云林一河两岸式结构,高台矗立,远山如屏,古树凋零,空亭孤立,临渊照水。以秃笔焦墨勾写,而绝少渲染,用线条的轻重、浓淡来表现作品的层次、虚实。笔墨枯劲生涩,完全舍弃了笔墨韵味,意境更显荒凉寂寥,风格应属新安一派。对于这幅绘画,后人评曰:"无可大师纯用秃笔,意兴所到,不求甚似,细钩皴,免渲染,而生趣天然。"前人所说的"意兴所到,不求甚似"正是文人画最典型的特征。

方以智无论早期、晚期的大部分绘画都呈现出浓厚的文人画特点,不仅如此,方以智在他的许多绘画题跋中也展现出浓厚的文人画观念。譬如,方氏在《题画寄俞邰》中就谈到这一点:

一日临窗无事,天气干苍,败笔又渴,遂成此种云树,不知摩诘、巨然,当时曾梦到否?[1]

"文人画首重精神,不贵形式,故其形式有所欠缺而精神优美者,仍不失为文人画。"[2] 方以智在为俞邰创制绘画时,"败笔又渴,遂成此种云树",这样的运笔、行笔显然不会做到绘画形式上的精准。但谈到此幅绘画的精神,方以智又说:"不知摩诘、巨然,当时曾梦到否?"王维、巨然皆为董其昌眼中文人画的鼻祖,方以智这句话的意思是说:他绘画中的精神和王维、巨然一脉相承。

又如,方以智在《又春溪图》画跋中也流露出深厚的文人画观念:

石田欲显春溪,不复设色,夹岸作翘起蒲杨,间以桃树,焦点

---

[1] (明)方以智著,张永义校注:《浮山文集》,华夏出版社2017年版,第465页。
[2] 陈师曾:《中国绘画史》,商务印书馆2015年版,第152页。

作花，而春色烂然矣。老手卖弄，以意为之，奇哉！①

除了要有画面上的优美，在形式上，文人画更重视淡墨的使用。在此，方以智就谈到他画桃花"不复设色"，而是"焦点作花"。即使没有颜料衬托，但绘画的意思到了，因此此幅画在方以智看来依旧"春色烂然"。在谈到创作的心态时，方以智说他是"老手卖弄，以意为之"，这种创作态度再次坐实了方氏文人画的创作理念。总体来看，方以智在此表达的重意而不重形的绘画观念几乎可以确认他浓厚的文人画观念。

文人画还有一个特点，就是通常用书法之笔法入画，陈师曾先生对此有详尽的论述：

且画法与书法相通，能书者大抵能画，故古今画兼长者多，画中笔法与书无以异也。②

可见文人画不但意趣高尚，而且寓书法于画法，使画中更觉不简单，非仅画之范围内用功便可了事，尚须从他种方面研究，始能出色。故宋元明清文人画颇占势力，盖其有各种素养、各种学问辏合而来。③

陈师曾先生所说的文人画"画法与书法相通"的观点在方以智的绘画题跋中也有出现，方以智在《题萧尺木画》中就谈到了这一点：

以干笔枯线写吴装人物，故是尺木奇致。④

---

① （明）方以智著，张永义校注：《浮山文集》，华夏出版社2017年版，第245页。
② 陈师曾：《中国绘画史》，商务印书馆2015年版，第155页。
③ 陈师曾：《中国绘画史》，商务印书馆2015年版，第156页。
④ （明）方以智著，张永义校注：《浮山文集》，华夏出版社2017年版，第469—470页。

方以智"以干笔枯线写吴装人物"能增加绘画线条的质感，更重要的是能让"尺木奇致"，这或许是方以智更为看重的。方以智谈到的这一点其实也就是陈师曾先生所说的"画中更觉不简单"。

方以智在绘画实践中也同样展现出了"寓书法于画法"，我们去欣赏方以智晚年的《枯木图轴》（见图3-14）也同样能看到这一点。

方以智的《枯木图轴》充分运用了书法的笔性。此幅作品以书法中起收的严谨笔法切入画面的树干线条，在线条中的转折处亦如书法中的折笔一样用顿挫来过渡。

方以智的身份以及他绘画中的文人画特点非常容易让我们产生一种错觉——方以智鄙夷院体画。事实上，方以智非但对院体画没有丝毫鄙夷，还对董其昌提出的南北宗之说颇有微词。他在《膝寓信笔》中就谈到了这一点：

> 字画亡于董云间，诗、古文亡于钟竟陵、王山阴，理学亡于山农、心隐，禅亡于天童。画鬼魅易，画犬马难，掠虚易，核实难，无怪其然。①

读到这里，我们不禁产生了几个疑问：方以智本人不是认可文人画吗？他的绘画也多为文人画，为什么他会否认董其昌呢？实际上，绘画南北宗的观念是由董其昌提出的，但文人画的思想却在中国由来已久，方以智的文人画思想更多是从中国传统中来的。此外，董其昌提出的南北宗有明显的崇南抑北的倾向，崇南没问题，但抑北是方以智难以接受的。究其根本，这与方氏家族的崇实思想有关。方以智在《文章薪火》一文中谈到了父亲方孔炤的崇实思想：

> 潜草曰："性道犹春也，文章犹花也。砍其枝，断其干，而根死

---

① （明）方以智：《膝寓信笔》，载《方以智全书》（第八册），黄山书社2019年版，第493页。

方以智的艺文活动与学问之道

矣。併掘其根,以求核中之仁,而仁安在哉?言扫除者权夺也,欲人之读真书耳,非必惩咽废食也。固陋托以夸毗,而弦诵反自废耶?"①

中国古代常常有轻视文艺的传统,就连二程这样的大儒亦有"作文害道"的论述。方孔炤对此并不认同,他认为"道"与"文"犹如根茎与枝叶的关系,二者本是一体,不能截然分立去看。如果"砍其枝,断其干"(去"文"),那么"根死矣"("道"亦无存)。世人辛辛苦苦追问"道"是什么?仁是什么?在方孔炤看来,"道"就在"日用"中,仁亦在文章中,那些"扫除者"就是没有弄明白"道"需要通过"日用"去践履,空疏论道而舍弃读书作文,这其实是"固陋"和"自废"的体现。理解了方孔炤的艺道观念,我们就知道方以智为何反对董其昌提出的崇南抑北论。原来,在方氏家族看来,院体画虽然重视形似,但院体画确实是绘画的基础,没有基本的绘画技法,妄谈神采那不过是为自己自欺寻找借口罢了。在方以智看来,明代诗学的竟陵派、理学的心学末流以及禅学的天童派犯的毛病与董其昌一样,都是过于务虚而丢掉了基础,这一点是方以智难以认同的。理解了这一点,我们对方以智提出的"画鬼魅易,画犬马难,掠虚易,核实难"就有更深切的感受。原来,在方以智看来,踏踏实实做事比那些还没打牢根基就务虚难多了,务虚不是不能有,那是能量达到一定阶段以后的事情,还没做事就务虚,这种做法不仅不科学,有时候还会误导人心。由此,方以智认为院体画对绘画本身也同样重要,因为完全掌握了如何形似的技法之后,再谈神似也不迟。

对此方以智在《膝寓信笔》中再次强调了这一点:

虽分南北二宗,然未有不备北法而能行南意者。士大夫分或高,一二笔有致,岂可以绝句而废律,且扫长篇古文乎?②

---

① (明)方以智:《文章薪火》,载《方以智全书》(第四册),黄山书社2019年版,第74页。
② (明)方以智:《膝寓信笔》,载《方以智全书》(第八册),黄山书社2019年版,第493页。

第六章 方以智艺文活动中的会通精神

绘画有主张形似的北宗，也有追求神似的南宗，但在方以智看来，二者之关系并非像董其昌表述的那样截然对立。在方氏看来，"未有不备北法而能行南意"，也就是说，北宗追求形似的技法是绘画的基础，绘画基础都没有掌握好，追求南宗的神似无异于痴人说梦。在明中后期以后，包括董其昌在内的一大批士大夫标榜神似而贬低形似，对此方以智显然是不认同的，他将北宗比作绝句，将南宗比作律诗与古文，其用意正是在于说明：北宗写实的技法是基础，绘画要传神，略过北宗的训练而妄求南宗的神韵是不切实际的！

实际上，方以智对文人画与院体画本身都不排斥，他更认同将二者结合起来，他在《通雅》中谈到了这一点：

> 初宗董源，晚年自变，渐老渐熟，不从北苑筑基，岂易至哉？纵横长篇；远山疏麓，如五七言绝。北苑派在云间，孟颊派在金阊，彼此门户，遂至相非，士大夫分文秀，正苦法力不足。画家熟于匠法，所乏远韵丰神，自非上根，几能神语？野狐藏丑，匿附南宗，以不学夸绝学，又可许乎？①

方以智刚开始学画时以五代时的董源为宗，董源是绘画史上南宗的代表人物，方以智以董为宗当然没有问题。但方氏学董一段时间之后，好像发现了一些问题：没有北宗的写实基础，绘画能画好吗？显然，方以智主张先学北宗之写实，继而再寻南宗之写意。对于写实与写意、院体与文人、形似与神似的纷争，方以智认为与其"彼此门户，遂至相非"，不如各取所长，以"匠法"破"野狐"，以"远韵"破"质实"，如此方能成就绘画打通之通途。

方以智打通院体画与文人画的会通精神在他的绘画中亦体现得非常

---

① （明）方以智：《通雅》，载《方以智全书》（第五册），黄山书社2019年版，第492页。

明显，《千峰烟云图》（见图6-1）就是方氏融合南北宗的一幅代表之作。

图6-1 方以智《千峰烟云图》

此大幅山水留传至今，尤为珍贵，山石整体架构取自宋人，三远兼具，又以元人气息会通，而在具体的笔墨处理上多得法于吴门沈、文，可见其山水师法也是渊源有自：如画面中下段两株古木，挺健高耸，让人仰观称奇，似从吴镇处学来；中段烟云弥漫，杂树掩映，得黄公望之润泽、洒脱；上端山石奇特，数峰凭叠，益显气魄宏大；山石皴法以披麻为主，间有解索、牛毛，勾擦简练，施以淡墨皴染，统其阴阳，稍显平板，有伤整饬，浓、淡墨点牵引节奏，绝类文徵明之胡椒点。对于绘画语言技巧的态度，方氏曾有这样的论述："世之目匠笔者，以其为法所碍；其目文笔者，则又为无碍所碍。此中关捩子，原须一一透过，然后青山白云，得大自在。"就此而论，本幅山水在凸显方氏杂糅各家技巧的同时，又可感其自身综合素养的孕化，由此形成略带生涩的文人绘画特点。

二 中西会通

方以智所处的明末清初之时，正是西学东渐之时，此时西方传教士进入中土，方以智正是在这一时代思潮下接触到了不少西方的技术。

方以智青年时候甚至还接触到了一批受西方传教士影响的士人，方以智在《膝寓信笔》中就谈到了他向熊明遇、梁毕公等谈论利玛窦之事：

> 西儒利玛窦泛重溟，入中国，读中国之书，最服孔子。其国有六种学，事天主，通历算，多奇器，智巧过人，著书曰《天学初函》，余读之多不能解。幼随家君长溪见熊公，则尝谈此事。顷南中有今梁毕公，诣之，问历算奇器，不肯详言，问事天则喜。[1]

方以智对学问本身毫无成见，纵使当时很多人都视西学为"奇技淫巧"，但方以智依旧对西学非常有兴趣。在方以智少年时期，方以智就知道利玛窦，并认为西方"通历算，多奇器，智巧过人"，方以智当时甚至还

---

[1] （明）方以智：《膝寓信笔》，载《方以智全书》（第八册），黄山书社2019年版，第502页。

方以智的艺文活动与学问之道

读过利玛窦《天学初函》,虽然他自己说"余读之多不能解",但方氏对学问不存成见,敢于突破学问边界的精神是值得我们敬畏的。方以智青年时期还或多或少地受到熊明遇、梁毕公等人的影响,这些都为方以智打通中西的学问观起到了很好的铺垫作用。

西学对方以智的绘画也有一定的影响,方以智晚年甚至还将西洋画法融入绘画,在当时还非常罕见。我们不妨先来欣赏《奇石画册》中的作品。

《蓬莱珊瑚图》(见图6-2)是《墨石图册》中的一幅作品,方以智用浓墨方折劲线勾形,淡墨短线解索皴法表现暗面和沟壑,偶于结构交接之处或水墨轻濡淡染以示深度,最后复用焦墨重笔果断勾醒要处,令物象处势稳固而精神鑵发。若我们再去细究此幅作品的细节,我们很明显能够发现此幅作品运用到了西洋"凹凸"画法,这正是方以智在实践层面吸收并运用来技法的一个明证。

关于西洋"凹凸"画法,方以智甚至还有专门的研究。他在《题吴季六乾笔佛像》一文中就谈到了他关于"凹凸"画法的认识:

> 高丽画大夫,原出于唐尉迟乙僧笔意。今西洋堆染细皴之法,能使颡高眼深,正其不约而同者也。至以干笔写生纸,不藉影本,不试朽枝,信手展挥,轻埃襞积,亦与西画同其凹凸,此则吴季六真未曾有矣。①

尉迟乙僧是唐代西域画家,他的绘画常常采用阴影法,故能使得所绘对象富有凹凸立体感,其对有唐一代吸取西方画法有很大的帮助。方以智指出高丽画有凹凸笔意源自尉迟乙僧,而此画风又与"今西洋堆染细皴之法,能使颡高眼深"相似,对于方以智这样的论断,我们不得不发出惊叹。

---

① (明)方以智著,张永义校注:《浮山文集》,华夏出版社2017年版,第447页。

第六章 方以智艺文活动中的会通精神

图 6-2 方以智《墨石图册》之《蓬莱珊瑚图》

　　方以智本人的绘画亦以文人画为主，但最难能可贵的是，他对与"文人画"精神相背离的"西洋画法"并不排斥，其《墨石图册》更是对此种画风的亲身实践。对于"高丽画"的特点，方以智进行了概括，并认为其与西洋画相似，实际上，方以智已经对"西洋画法"的特征有了比较详尽的概括，他说："至以干笔写生纸，不藉影本，不试朽枝，信手展挥，轻埃襞积，亦与西画同其凹凸，此则吴季六真未曾有矣。"由此可见，他认为"西洋画法"的特点是"干笔写生纸"、不用参考画本、不用触摸树枝、自然简便、寡墨能画纹理，以此来看，方以智这里所言的"西洋画法"实际上相当于今日的"速写"。方以智在晚明就能看到

· 235 ·

并总结出"西洋画法"的特征,这不得不让我们再次感到惊讶。

方以智不仅在《墨石图册》中应用了西洋技法,他在其山水册页中亦积极应用了这一绘画技法。美国学者高居翰就指出:"方以智册页中的线条风格,并没有像邹之麟那么严格苛刻,他还大量利用墨色的皴擦,营造出一种和碳棒素描没有两样的效果——而且,因为中国的墨系由烟灰所制成,材料在基本上其实相通,只不过使用的方式有所不同罢了。"① 以墨色皴擦来形成绘画对象的立体感在同时代的画家中还非常少见,而借由方以智的实践之后,这种画法也在安徽画家群体中逐渐流行起来,对此,高居翰指出:"到了十七世纪后半叶,安徽画家便发扬此一画法,以之作为传统利用晕染和皴法来处理物象外表的另一种选择。"② 反观清代早期新安画派的诸多画家,我们确实发现了这一特殊现象,而溯源这一现象的源头,方以智则是不容忽视的一个人物。高居翰甚至认为,方以智在绘画技法上的大胆革新决定了新安画派日后的发展,他说:"一方面,他对线条和几何化的风格已经有所探索,随后在弘仁及其他画家笔下臻于成熟;再者,他对墨色皴擦画风的开拓,则在稍后成为程邃和戴本孝二人拿手的作画方式。"③ 从某种程度上说,高居翰过度放大了方以智绘画对后世之影响,但这让我们认识到方以智绘画技法上的创新属性。

方以智对西洋画法的态度与他对待学问之态度一样,都主张博采众长之后的会通,西学也好,中学也罢,只要是有裨于学,方以智都乐于接受。

方以智在《星土说》中的一些观点可以看到他对中学与西学的态度:

---

① [美] 高居翰:《山外山:晚明绘画(1570—1644)》,王嘉骥译,生活·读书·新知三联书店 2009 年版,第 187 页。
② [美] 高居翰:《山外山:晚明绘画(1570—1644)》,王嘉骥译,生活·读书·新知三联书店 2009 年版,第 187 页。
③ [美] 高居翰:《山外山:晚明绘画(1570—1644)》,王嘉骥译,生活·读书·新知三联书店 2009 年版,第 187 页。

第六章 方以智艺文活动中的会通精神

> 今泰西合二图补金鱼火鸟，天河坤维续参、井，艮维续箕、斗，首尾相环，此何以分焉？尝考地球之说，如豆在胙，吹气则豆正在中，其理然矣。然未言其如蓏有蒂脐，而赤道之腰，分南北东西，与二极为六合矩也。卵之所伏，必分上下。圆物而水浮之，丝悬之，便自定分。三轮五线，证知中国当胸，西乾当左乳。中土以卦策定礼乐，表性命，治教之大成，独为明备中正，岂偶然乎？①

我们看到，方氏对西方自然科学已经有了相当程度之了解，他甚至能将西学与中学互参：以西学之精密弥补中学"质测"之不足，再以中学之通贯弥补西学"通几"之不足，真正做到了学问上的无问东西。

值得注意的是，方以智对西学虽然不否定，但并不是说方氏对西学全盘肯定，他在《物理小识》自序中曾说西学"详于质测，而拙于言通几"。落实到"奇石"创造方面，方以智亦秉持这样的态度。

方以智在《跋画石卷》一文中谈到了他理想中的奇石绘画创作：

> 黑又白，圆又方。干又湿，柔又刚。茸然毛，截然光。其枯若朽，其腴若肪。其落笔也，次第秩然有先后，而适还其无先后。②

方以智对奇石的理解更多还是从中国传统美学观念出发的，他更欣赏富有变化的奇石作品。具体来讲，方氏所谓"黑"与"白"、"圆"与"方"、"干"与"湿"、"柔"与"刚"、"毛"与"光"、"枯"与"朽"、"腴"与"肪"皆是这些变化在奇石绘画作品中的具体表征。但以上变化不是单独存在，亦非对立存在，而是你中有我、我中有你的和谐共存。此外，方以智还认为，奇石绘画的落笔次序可以有先后亦可以无先后，有先后是为了"次第秩然"，而无先后则是"适意"，也就是说，笔次的先后其实没有一个固定的范式，而是需要将绘画作品的"次第"和创作者本人的

---

① （明）方以智著，张永义校注：《浮山文集》，华夏出版社2017年版，第193页。
② （明）方以智著，张永义校注：《浮山文集》，华夏出版社2017年版，第470页。

"情绪"结合起来,至于到底偏向哪一个,需要根据绘画情境及时调整,所以"时"应当是决定落笔次序的一个重要因素。

综上来看,方以智对待绘画和学问都不会预设任何成见,他对西学的态度是有所取、有所不取,对中国的学问他亦秉持同样的态度。因此,我们可以说,中西会通、各取所长是方以智绘画的又一特征。

三 拟古与写生的会通

方以智的绘画主张与他的诗歌、书法主张相类似,都主张学画当从师古开始。方以智在青年时期就和朋友郑超宗等人遍览历代名画。

> 同郑超宗、千里、完德观吴充符珍藏黄大痴画。周传于、吴宗道处见之,有杨铁崖题诗,王逢、赵镇和之。又一幅溪堂秋树,崖石两层,以大远山衬之,倪云林题云:"子久虽不能梦见房山,要亦非近世画手可及。"何其狂也!云林一幅,有顾敬、高启、张羽、吕敏、王行、俞允、卞同、陈则、金震题。高彦敬尚书《夜山图》卷,有赵孟頫、虞集、曹山雄觉、鲜于枢、盛彪、汤炳龙、姚式、屠约、周密、仇远诸公题,金华吴福孙又跋。后吴门申氏转歙吴氏,盖异笔也。以无浓墨苔,远近两重,皆次第淡,故显其夜月耳。石田仿倪迂皴法,老秀非时人所造。唐伯虎《延陵挂剑图》半工文甚,诸画册不能悉记。鼎彝玉器,留俟他日。小酌肴核,皆宣嘉窑。深者官汝杯,成五色也。几上一宣铜鱼,耳藏金色,望之灿然如生,水云实无所加其上。①

郑超宗是方以智青年时期的好友,郑氏曾多次带方以智从他人处欣赏名画真迹。方以智谈到他看到了黄公望、倪瓒、高彦敬、唐伯虎等人的绘画真迹,还看到了杨铁崖、顾敬、高启、张羽、赵孟頫、虞集、鲜于枢

---

① (明)方以智著,张永义校注:《浮山文集》,华夏出版社2017年版,第496页。

等名家的书法题跋。方以智青年时期能够观览众多真迹，无疑对绘画中的师古活动提供了很大的帮助。

方以智不仅热心古画，对时人有特点的绘画，方以智也热心学习：

> 得朱宗远一幅《雪》，忆壬申秋与卧子、舒章同集宗远园亭，观宗远《长江万里风雪卷》，使人对之生寒，而意气已忧，急以巨觥浇之。今见此幅，犹昨日事业。皴用钩斫，而渴笔无起止，隐漫解散，似乎错乱，然石棱耸出枯枝，屋角层曲俨然，故是叔明别调。①

朱宗远是与方以智同时期的画家，方以智得到了朱氏一幅绘画，在观览之后还对该画的技法进行了细致分析。方以智明确指出了朱氏运用了何种"皴"法、用墨的干湿、用笔的状态，甚至于方氏对整幅作品的构图与造景也有非常中肯的评价，最后，方氏还指出朱宗远的用笔乃至意境从五代画家董源处而来。试想，方以智如果没有对名家绘画有过大量的模仿，没有对绘画技法有过刻苦的训练，以上这段极为专业的术语无论如何也很难道出。

事实上，方以智本人也确实在他的绘画活动中有过拟古行为，他在绘画题跋中就毫不避讳地谈到他的画中有模仿倪云林山水的地方：

> 此卷独仿云林，皴山磊落，都似矾石，不点一苔。而以墨沙衬其下，回渚层折，枯树离离，又造一郁秀深澹之境。②

方以智在他的《浮山此藏轩别集》中多次谈到倪瓒，可见方以智对倪瓒其人其画是比较认同的。方以智在这里没有丝毫的掩饰，说他的绘画就是模仿倪瓒而来。模仿云林什么呢？方以智偏爱云林的"皴山磊落，都似矾石，不点一苔"，也喜欢倪氏"以墨沙衬其下，回渚层折，枯树离离"，然

---

① （明）方以智著，张永义校注：《浮山文集》，华夏出版社2017年版，第501页。
② （明）方以智著，张永义校注：《浮山文集》，华夏出版社2017年版，第246页。

而，方以智最看重的就是倪云林绘画中的那种"郁秀深潈之境"。从方氏现存绘画来看，我们确实发现方氏绘画对倪云林有很直接的继承。

方以智在拟古上强调古今会通、南北宗会通，在绘画实践上也确实呈现出博采众长而自成一家的博通气象。我们先来看下面这幅《古木乔松图》（见图6-3）。

图6-3 方以智《古木乔松图》

《古木乔松图》是方以智《明末山水册页》中的一幅作品，有孙逸辛卯年（1651）落款，现藏湖南省博物馆。此幅作品大概作于1651年，方以智时年41岁。此幅作品款识处有"两公皆影汝为高逸，故仿云林古木乔松"，以此来看，此作为方以智拟云林笔意。然而，此幅作品画面虽然呈现出一片孤寂萧寒，但无云林的那股冷逸，这实际就是两位画家心境上的差异，笔由心出的原因。从画面中可以看出方以智的用笔线条多用圆润中锋,这与其早年在桐城接触当时盛行的新安画派有所关联,江北的桐城距离徽州也不过 300 里路,而萧云从、孙逸等此时正在芜湖避难,虽无史料证实二者在晚明时有过接触,但方以智的笔墨却是流淌着新安的韵致。正是因其画风的笔墨有着新安的"静格"特征,加之桐城有文学的学派,却无单独的绘画学派,故将其编入新安画派一并探讨,也算是有点"搬弄是非"之嫌。此外,从取法上来讲,此幅作品均用干笔浓墨层层披擦,点以卧锋横出,颇有米芾笔意,却又与米点皴笔法有所不同,某些山峦效笔则具董源、黄公望笔意。坡石上丛树,树干以湿笔略勾,叶以浓淡相间的阔笔横点,远树不勾枝干,纯以横点草草写之,峰峦中显现葱郁沉厚之趣。山中大片烟云,只用淡墨渍出云态,与浓重的山林、丛树形成黑白与虚实对比,生动地再现了丘峦山峰中白云缭绕的迷蒙景色,这种渍云法也从董源、米芾笔意中来。此画充分体现董其昌将五代、宋元画法融为一体所达到的艺术高度。

总之,方以智无论在绘画理论抑或绘画实践上都强调拟古,不同于一般的拟古画家,方以智强调应该会通各个朝代的师古,他对古今绘画、南北宗之绘画都主张融会之后的会通,这也同样是方以智绘画中呈现会通精神的又一个很好的例证。

方以智在绘画中除了主张拟古之外,还主张写生。

写生在中国有着悠久的传统,唐宋的山水画大半全由写生得来,因各人所住的地方不同,所见的景致不同,笔法也就因之而异了。到了元朝,文人学士多隐居于山水清幽处,为遣兴而任笔涂画,加上宋朝的士人画家(文人画家),作画不求形似;元代赵孟頫又提倡"复古",并说:"作画贵有古意,若无古意,虽工无益。"明代董其昌提出"南北宗论",到了清代四王,就只是"守法"和"仿古",并提出:"以元人笔墨,运宋人丘壑,而泽以唐人气韵,乃为大成。"他们所画的画品越高,而实际上离真景越远,只讲求临古、复古,就不论什么写生不写生了!直到明末清初之际,石涛提出"我自用我法",才重新开始了对写生的重视。

方以智的众多山水画中,有一部画册比较特殊——可能是从写生而来。这部山水画册一共由十幅绘画组成,这十幅绘画分别是《黄山松》《武夷山》《仙岩》《龙眠山峡》《浮山》《洞庭君山》《康乐石门洞》《鲤湖丹灶珠帘》《匡山三叠泉》《太华》。这十幅画作原画并没有多少题跋,但在《浮山此藏轩别集》中我们找到与这十幅画几乎对应的题跋,这些题跋对我们了解方氏这部画册意义非凡。

我们先看在《龙眠》中的一段文字:

东西龙眠皆先垅,今日伯时不待尽画矣。俨玉峡瀑流最壮,叔祖户部公取以为号。寥天一峰,即老父跨涧之游云阁也。俱从境主庙入,左忠毅之三都馆在焉。极半天岭而北为舒矣。固非一幅可写,但指幽石清湍,即当归梦耳。①

龙眠山是方以智少年时期居住过的地方,方以智对此地是非常熟悉的。方以智在题跋中提到"俨玉峡瀑流最壮",我们在《龙眠山峡》画中央也确实发现了巨大的瀑布。此外,方以智最后还提到"固非一幅可写,但指幽石清湍,即当归梦耳",这显然是针对写生而言的。由此来看,方以智在绘画实践中确实有过写生经历。

值得注意的是,方以智写生有时候并非在现场,他在《石门洞泉》中就流露出这一点:

青田石门洞,非洞也。舟入峡口,两崖菁暗,潭渚深碧。篁刺里许,背面如阙,全河下倾。对岸沙拥,作亭观之,瀑未有大于此者。壁上刻"天下第一泉",谢灵运书。陈谦笑其咫尺而失雁荡,何用伐山开道为?古人亦从其兴之所至而已。少从老父出长溪游此,聊记仿佛。②

---

① (明)方以智著,张永义校注:《浮山文集》,华夏出版社2017年版,第430页。
② (明)方以智著,张永义校注:《浮山文集》,华夏出版社2017年版,第431页。

第六章　方以智艺文活动中的会通精神

此段文字前段全是白描石门洞泉的细节，而且这些细节均在《康乐石门洞》这幅画中展现出来。方以智在这段文字末尾有"少从老父出长溪游此，聊记仿佛"，也就是说，以上对石门洞泉细节的描述是方以智回忆的细节，而不是方以智当时亲眼所见的细节。

综上来看，方以智在这套《名山图册页》中的作品确实是从写生而来，但方氏这里的写生既有在现场的写生也有依靠回忆而创作的"写生"。

《黄山松》（见图6-4）是方以智《山水册页》中的第一幅作品，这幅作品背后其实有一段渊源。我们不妨先来欣赏这幅作品之后再来聊聊这件事。

图6-4　方以智《名山图册页》之《黄山松》

黄山松树，苍劲挺拔，虚无缥缈的云烟，气象万千，可谓峰峰入画，景景皆诗，自古就是中国山水画家的最爱。尤其是明代万历以后，以浙江为代表的新安画派画家多在此写生取景，近代画家黄宾虹九上黄山，当代画家张大千、李可染等，也都把黄山当作汲取养分、激发创作灵感的源泉。以黄山为素材进行绘画创作的大师们，不断从黄山山水中汲取养分，它激发了画家们的创作灵感，丰富了画家们的艺术生命，也由此形成了画家不同的表现方式及风格。对于一个艺术的学习与创作者来说，追随大师们的脚步，以黄山为师，学习大师们的优点，应该是最好的学习方法。方以智或许正是受到这一时代风气的影响，也来黄山写生。从这幅画中我们可以看到，黄山的绝壁奇峰、飞瀑流泉、云海烟岚的变化，奇松的千姿百态，都被方以智收入笔底。方以智以极度的提炼、概括，甚至夸张的手法，表现出了黄山的真性情，形成了淡雅、清新、秀逸的艺术风格。同为明遗民的石涛也曾多次游览黄山，他甚至还刻了一方著名的印章"搜尽奇峰打草稿"表示他对写生创作的重视。笔者认为，这一点在方以智身上似乎也能找到影子。

综上来看，方以智在绘画上既强调拟古的会通，同时还受到时代风气的影响，对写生非常重视，方以智对拟古与写生的并重也同样展现出一种会通气象。此外，方氏对拟古与写生的重视还颇具现代意义，此种绘画观念放置今日仍不过时。

四 小结

在中国传统文人画观念中，文人画一般对于院体画、西洋画和写生都带有有色眼镜。然而，方以智的绘画打通了院体画与文人画、西洋画与中国画、拟古与写生之间的界限，在他看来，院体画、西洋画和写生对于文人画技法、内容的丰富都是有一定价值的。因此，方以智在绘画创作与学问上所呈现的态度一致，二者都追求一种会通古今中外的博大气象。

第二节 "公全"不害"专偏"：论方以智艺文活动中的会通精神

在方以智的艺文活动中，会通精神是不容忽视的一个特征。在《通雅·自序》中，方以智就谈到了他的这一志向：

> 函雅故，通古今，此鼓箧之必有事也。不安其艺，不能乐业，不通古今，何以协艺相传。①

"函雅故"者，融摄各个艺文之门类也；"通古今"者，通达古今学问之大成也。方以智认为"函雅故，通古今"是做学问的基础，在他看来，"不通古今"，各类艺文的真精神就无法捕捉。方以智不仅在学理上强调会通，亦体现在他艺文活动的方方面面，接下来本章将从"专偏"、合诸"专偏"、"公全"不害"专偏"三个问题对此展开论述。

一 方以智艺文活动中的"专偏"特性

方以智艺文活动有一个比较特殊的地方，就是他从不肯死守一家一派，他的艺文学习一般都建立在他对整个艺文史的学习之上展开，这在他的诗歌、绘画、书法学习中都体现得非常明显。

方以智在《博依集》中就谈到了他学习历代诗歌的经历：

> 永社十体，首古歌辞，以《卿云》《八伯》《获麟》《大风》等有兮侯之声也。曰"风雅体"者，以《三百篇》不限定通章四言也。五言古，《河梁》《十九首》尚矣，曹、阮、陶、杜庶几近之。七言古，实兼长短歌行，以唐之起伏陡峭、雷硠顿挫者足法也。近体五七言律，

---

① （明）方以智：《方以智全书》（第四册），黄山书社2019年版，第5页。

当从王孟入老杜,而义山之刻艳、香山之爽快皆可收也。①

方以智不同于其他学诗者从自己喜欢的诗人入手临摹学习,而是以时间为线索,对历代诗歌都进行细致的研习和模仿。具体来看,方以智甚至先从上古时代的《卿云》《八伯》《获麟》《大风》等诗歌入手,先认真学习这些诗歌的精神气韵,然后再结合自己的情感模仿这些诗歌的精神。除了上古诗歌之外,方以智还将古人诗歌进行分体,然后再依体例进行系统学习。方以智学习四言诗,以《诗经》为主;学习骚体诗,则以《楚辞》为主;学习五言古诗,以汉乐府、三曹、阮籍、陶渊明、杜甫等人的诗歌为主;学习七言古诗和歌行体诗,则以唐代诗歌为主。从其他文献中可以看到,方以智显然对白居易、高适等人的七言古诗下过苦功;对于五言、七言律诗,方以智说他"从王孟入老杜,而义山之刻艳、香山之爽快皆可收也"。他能从诗歌的体裁入手,对每一种体裁的诗歌进行非常系统的学习,这样的学习经验放在今日仍旧是科学且值得借鉴的。

除了诗歌学习之外,方以智还对历代画家都作了系统的学习,方以智在《通雅》中就对他了解的画家作了一个简要的回顾:

怪石崩滩,始于道子,成于李思训。树坡之状,妙于韦偃,成于张通。而后论遂分南北二宗;北宗则李思训父子着色山水,流为宋之赵干、赵伯驹以至马远、夏珪辈;南宗则王摩诘始用諠谈,一变钩斫之法,传为张璪、荆浩、关仝、郭忠恕、董巨、米家父子、元四大家。(黄公望、吴仲圭、王蒙、赵子昂,今称倪瓒而姑置赵,故有旨。)茅一相曰:"人物牛马,近不及古,山水花石,古不及近。"莫是龙曰:"有轮廓而无皴法,谓之无笔。皴而无轻重、向背、明晦,谓之无墨。"赵大年平远,绝似王右丞,此派传之云林。

---

① (明)方以智:《方以智全书》(第八册),黄山书社2019年版,第367页。

第六章　方以智艺文活动中的会通精神

> 米虎儿谓："多见王维，刻画不足学也，惟以云山为墨戏。"张伯雨题倪迂画云："无画史纵横气。"迂自题云："此真得荆、关意，非王蒙辈所能梦见也。"初宗董源，晚年自变，渐老渐熟，不从北苑筑基，岂易至哉？纵横长篇；远山疏麓，如五七言绝。北苑派在云间，孟頫派在金阊，彼此门户，遂至相非，士大夫分文秀，正苦法力不足。画家熟于匠法，所乏远韵丰神，自非上根，几能神语？野狐藏丑，匿附南宗，以不学夸绝学，又可许乎？①

方以智对古代绘画史非常熟悉，他能明确指出绘画南北宗的代表人物，并能对他们的绘画理论作相当深入的评价。方以智将古代绘画分成南北二宗的意识可能受到董其昌的影响。但值得注意的是，方氏并不认为南宗与北宗是截然对立的，他认为两派其实是相互促进的。具体来讲，方氏认为"不从北苑筑基，岂易至哉"，也就是说，绘画从北宗的技法入手是学习绘画的基础；同时，方氏还认为"远山疏麓，如五七言绝"，也就是说北宗技法的训练不是目的本身，"远山疏麓"般的意境营造才是绘画的归旨所在。面对当时"北苑派在云间，孟頫派在金阊"的门派纷争，方以智也颇为不喜。在他看来，"士大夫分文秀，正苦法力不足；画家熟于匠法，所乏远韵丰神"，也就是说，有的文人固然胸有点墨，但他们绘画的"法力不足"，因此也很难画好；同样，匠人画在技法上非常熟练，但他们却缺乏"远韵丰神"，这类人也同样画不出好的东西。那么如何才能画出好画呢？认真学习北宗的技法，在达到一定火候之后，再来学习南宗的神韵，如此才能画出一幅好画，如果没技法的底子，还以"野狐藏丑，匿附南宗"般自欺欺人，终究难成大器。

方以智对书法的学习也同样建立在他对书法史有精深学习的基础上，他在《物理小识·器用》中就谈到了他对历代书家的看法：

---

① （明）方以智：《通雅》，载《方以智全书》（第五册），黄山书社 2019 年版，第 491—492 页。

方以智的艺文活动与学问之道

> 书贵钟王，而虞取其健秀，褚取其紧俊，欧颜取其矩法。后则分体擅长。黄山谷谓《乐毅论》为王著书，小僧缚律，杨凝式为散僧入圣，独服东坡之沉着。张旭书智雍壁，楷法绝妙，而草书颠逸，字字皆在法度中。此善评也。①

方以智认为，书史看重钟繇和二王，这一点放置今日仍是不可攻破的。他还能从流变角度分析虞世南、褚遂良、欧阳询、颜真卿对钟、王的继承与发展，其论述之合理与精微，非遍临诸家所不能道。短短数行文字之中，方以智还谈到《乐毅论》作者、杨凝式与苏轼书法之关系、张旭草法之严谨等书史上比较重要的几个问题，其观点之深刻、论述之简洁亦让人叹服。

方以智除了以史的眼光来学习各类艺文，他还积极学习域外文化，尤其是对西学有相当程度的研究，这正是方以智会通精神的又一表征。在《浮山文集》中，方以智谈到了他以西方音韵学的知识补缀中国音韵的一段经历：

> 今日得西儒《耳目资》，是金尼阁所著。字父十五，母五十，有甚、次、中三标，清、浊、上、去、入五转，是可以证明吾之《等切》。沈约但明平仄四声，未明七音。宋因孙愐本而班《礼部韵》，故学士从之，亦以莫究其故耳。德清定中原音，发明阴阳，但少入声。《洪武正韵》，宋文宪所定，以同文而不遵，何哉？杨去奢笺之，可惜王伯良所叹尚有音路未清者，孰正定乎？（杨时传，字去奢，著有《洪武正韵笺》）范仲闇用《正韵》，自引一正韵章。愚谓论明此理，则万世自永奉矣，目前且听兼用。②

---

① （明）方以智：《物理小识·器用》，载《方以智全书》（第七册），黄山书社2019年版，第378页。

② （明）方以智著，张永义校注：《浮山文集》，华夏出版社2017年版，第500页。

方以智对中国音韵的研究与他之前对待其他艺文的态度一样，他依旧以一种全面、系统的态度来研究。方氏在此段文字中谈到了古代的沈约、孙愐、周德清、宋文宪，还谈到了时人杨去奢、王伯良、范仲闇，方氏对古今中国音韵学史的研究正是他会通精神的体现。然而，更难能可贵的是，方以智还将中国与西方的音韵学相会通，最终有了他会通中西的音韵学著作，这一点不仅在当时比较罕见，放在今日，也依旧值得我们学习。具体来讲，方以智谈到的金尼阁是法籍耶稣会传教士，方以智认真研究此人的《耳目资》后认为，其"可以证明吾之《等切》"，亦是说，他发现西方音韵学与自己的观点相会通，这正是方以智学问会通中西最好的一个佐证。方以智学问会通古今也好，会通中西也罢，这些并非方以智刻意要彰显的，他的终极目标是要"求是"与"求真"，会通只是他探求真理的一种手段。明白了这一点，我们就知道，方以智的学术理想正是寻找"万世自永奉"的真理，而"且听兼用"只是他确保真理不讹的一种手段罢了。

方以智对西学的热情远不在音韵学，他在自然科学中尤其重视对西学的学习，他在《通雅》卷一一中就谈到了由西方而来的地理知识，方以智在讨论地球五大洲时谈道：

> 地与海本是圆形，而同为一球，居天球之中，如鸡卵，黄在壳内。
>
> 故以瓜喻之，自北蒂而南脐为五带：曰北极圈内，曰南极圈内，远日而冷者也；曰在昼长、昼短二圈之间，其地甚热，应赤道近日故也；曰在北极昼长二圈之间，曰在南极昼短二圈之间，此二地谓之正带，日迤照者也。

从此段文字的语言以及观念来看，显然是从西方地理学而来，方以智也在《通雅》中标注了此文来自耶稣会教士利玛窦的《坤舆万国全图》及汤若望的《职方外纪》。方以智在当时能对西学抱有极大热情，尤其在面对西方自然科学方面尤为倾心，方氏的学术眼光值得我们钦佩。

对于以上专偏之学，方以智认为要真正掌握亦非易事，他在《东西均·全偏》中就谈到了这一点：

> 众盲之于象也，尾之、蹄之、牙之耳，况抚铁牛以为象乎？不二如如，全牛矣。空全牛其不二者，以全而适得不全之牛。执浑浑噩噩之不二，而厌廛廛蕤蕤之万不二，犹盲之梦铁牛也。①

正如庞朴先生所说，方以智这里谈到的"众盲"所摸到的"尾""蹄""牙"其实暗寓专偏之学。方以智认为，专偏之学想要搞懂其实也不大容易，学者如果先入为主地以"铁牛"认知"大象"，那么纵使专偏之学也无法领悟其中的道理。对此，方以智还以"空全牛其不二者，以全而适得不全之牛"为例为我们做了说明。方以智认为先入为主地以"性空"为前提，那么"全牛"就不是"全牛"，而是"性空"之"牛"了。方以智后面谈到的"执浑浑噩噩之不二，而厌廛廛蕤蕤之万不二"说的也是这个意思。那么如何才能看到"全牛"呢？方以智认为要依靠"不二如如"的方法。何谓"不二如如"？"不二如如"中"不二"是"一"，"如如"亦指事物的本性皆通，依笔者来看，"不二如如"应当是指在万事万物的不同之中寻找共通之理，此即方以智所谓识得"全牛"的一种方法。

综上来看，方以智认为诗歌、书法、绘画等专偏之学想要做出成绩并非易事，它们皆需要学者对其进行深入系统的研究。方以智对上述专偏之学非常重视，他对古今、中外的艺文思想都广泛吸收。方氏对前人的吸收似乎还不是随心所欲的散漫阅读，而是一种带有自主性的系统研究。方以智通常围绕一个议题，广泛吸收古今、中外的研究观点，并将这些研究观点折中而化为己用，方以智这种研究方法放至今日依旧是十

---

① （明）方以智著，庞朴注释：《东西均注释》，中华书局2001年版，第139页。

分科学的研究方法。值得注意的是，方以智虽然对西学有很大兴趣，但他并没有盲目信从西学，同时，他也没有持有"凡古必宝"的"退化论"观点，方氏真正做到了从学术本身出发，以求是、求真为宗旨。方氏在明末清初的乱世中有如此超前的研究思想，这是笔者感到异常震惊的地方，这样的研究态度即使放至今日今时，亦难能可贵！大哉密之先生也！

二 合诸"专偏"

系统、全面是方以智"专偏"的一个显著特性，这种特性是方以智会通精神的缩影，在不同的艺文门类之间，方以智也同样持有一种会通的态度，认为不同艺文门类之间也有共通之理。

古人作画常常是为了寄托某种情思，而这个情思的生成是通过诗、书、画用各自的艺术语言表现出来的。诗、书、画三者在古人作品中通常不是为了创作而创作，三者更不是割裂没有联系的，相反，优秀的绘画作品，诗书画三者之间都具有一种内在的精神契合，这种契合生成了古人作品的情思，作品意境的生成也通过三者紧密协调之后产生。对此，方以智在《写憩寂图寄益然大师》中谈到了这个现象：

> 李龙眠为柳仲远作《松石途》，取杜诗"屈铁交错回高枝，偏袒右肩露双脚，叶里松子僧前落"。①

古人绘画的妙处在于诗书画三者之间的精神是相通的，因此，即使我们不看《松石图》，亦能从杜甫《戏为双松图歌》一诗中感受到《憩寂图》的意境。该画题诗有"屈铁交错回高枝，偏袒右肩露双脚，叶里松子僧前落"，基于此，我们可以还原此幅绘画的场景：茂密繁盛的松针相互交错，松针之下可贮阴凉，一个僧人路过松下，僧人的模样我们虽然不得

---

① （明）方以智著，张永义校注：《浮山文集》，华夏出版社2017年版，第446页。

而知，但我们透过僧人"偏袒右肩露双脚"就能看到他洒脱的情貌了；这时候一个成熟的松子掉落，正好落在僧人面前，为本是寂寥的山林添了一些生机。从松树的茂密程度、僧人的服饰以及松子成熟的季节来看，此画中之境当为夏秋之间。"叶里松子僧前落"本是一句颇有动感的诗句，但古人通常喜欢以动衬静。我们试想，在喧闹的市井之地，一枚松子落地谁会关注？松子落地仿佛都有声音，那么画面中的山林得有多么宁静啊！读到这里，我们仿佛感受到了王摩诘"涧户寂无人，纷纷开且落"般的禅意。方以智继续说："东坡目为《憩寂图》，系之以诗。一日晚对隐屏，松云溪雪，不容人语。因泼墨为一幅，寄吾益兄，聊当旧期小桃源之憩。"看来苏东坡因杜甫《戏为双松图歌》一诗而有所感，遂作《憩寂图》，并系老杜此时以为跋，而方氏"一日晚对隐屏，松云溪雪，不容人语"，此情此景又与东坡之画、老杜之诗中所含情境何其相似，方氏在此已经完全打破了时间和空间的桎梏，将诗情画意与当时情境完全融为一体，我们虽不得见密之先生寄给益然大师的这幅画作，但其画中的淡淡禅境是可以想见的。

方以智认为每一个艺术门类虽然有其自身语言，但艺术背后所蕴含的法则却是相通的，他在《为荫公书卷》中举了几个例子：

> 孙位画水，张南本便能画火。道子画像，杨惠去而学塑。法开学医，即是说法。一行衍历，早已超宗。是则相代相错，迹且舛矣，其贯之者果何在耶？①

孙位和孙南本二人均为晚唐画家，据《焦氏类林》记载："蜀张南本与孙位并学画水，皆得其法。南本以为同能不如独胜，去而画火，独得其妙。"② 可见，张南本与孙位都清楚画水之"法"，但张南本却能另辟蹊径以画水之"法"以画"火"，终于为其在画史赢得一席之地。同样地，

---

① （明）方以智著，张永义校注：《浮山文集》，华夏出版社2017年版，第449页。
② （明）方以智著，张永义校注：《浮山文集》，华夏出版社2017年版，第449页。

杨惠与吴道子同师张僧繇学画,杨惠看到吴道子之人物画已经道尽绘画之妙,故转而学人物雕塑,方以智认为杨慧的转变是正确的,这种转变也确实为杨慧赢得"古今第一"的美誉。法开又名竺法开,是晋代名僧,僧之职责在于弘法,而竺法开以佛法之"法"学医,又以此"法"医人,可见在方以智看来,佛法之"法"与医之"法"有相通之处。一行又名僧一行,是唐代天文学家,在方以智看来他对历法的推演已经超越历法本身之范畴,可以达到与佛法相化的境界,可见历法之"法"与佛法之"法"亦存在共通之处。

方以智以上所引材料其实并不是随意的,而是有一定逻辑次序的,他通过层层上升的相通之理为我们揭开了世间之法本来不二的真谛。他从绘画对象之转化谈到绘画与雕塑的转化,这其实是"法"之相通的第一个层次,即艺术之法本来不二。继而,他又谈到了佛法与医法的相通,历法与万法的相通,这其实是"法"之相通的第二个层次,即世间之法皆通。方以智万法皆通的论断与其在学问上的融会贯通必然有深刻联系,如此大胆的论断定然会引起狭隘之人的非议,对此,他替这类人发问:世间的万事万物本来就有区别,它们也各有各自的规律,为什么说它们之间的法则是相互会通的呢?

对此,方以智还专门作了说明:

> 以元人笔写宋人法,又苍又秀,明暗交参,则营丘、昭道,不见钩斫之痕,解索、梅苔,总是破焦之点。先吟摩诘、达夫,而后扩以杜陵、义山,能为昌黎、东坡,而散为香山、放翁。于是乎曰,诗有别才,画有别致,落落穆穆,消归可也。①

原来,元人之绘画笔法与宋人固然有差异,但若以融通开放之态度将宋元人之笔法包容吸收,取其所长,弃其所短,那么就会创造出"又

---

① (明)方以智著,张永义校注:《浮山文集》,华夏出版社2017年版,第449页。

苍又秀,明暗交参"的笔法,营造出"不见钩斫之痕"的画面。以方以智宏通之才识当然不会举绘画史中的人物进一步论证他的观点,因此,方以智话锋一转,又谈到了诗歌,他说学诗当先吟诵王维和高适,进而扩展到杜甫和李商隐,再到韩愈和苏轼,最后到白居易和陆游。方以智列举上述诗人时完全没有提到诗"法",但我们细细体味方氏所列人物,就能发现一些有意思的地方:方氏共列一组诗人的诗风有较大差异。王维是唐代著名的山水田园派诗人,而高适则是边塞诗派中的代表人物,杜甫与李商隐、韩愈与苏轼也莫不如是。以上一组中的两位诗人的风格是有较大差异的,方以智的理想风格正是融会两类风格差异较大的诗风,形成一种既有情韵又不失风骨的诗风。我们再结合方氏此段话的前后语境,其实不只是绘画与诗歌内部之间可以相互融通借鉴,绘画与诗歌之间亦可融通借鉴,以此来看,打破艺术之间的界限,确认艺术精神的共通性是方以智非常重要的一个艺术主张。

方以智认为艺术之间的精神具有可以联系的地方,各种艺术门类之间的法则亦具有一定共通性,但这并不意味着方以智泯灭差别,在方以智看来,差别与联系同时在各个门类之间流转:

钟无鼓响,鼓无钟声,本来证空,饭碗依位。寂寥非内,宽廓非外,南看北斗,午打三更。兼中到者,代错于一毫头,岂阔三重四破哉?借喻取快,亦偶摭其一重一破耳。宗固无所不统,而变变各止其极者也。随类不二,本泯何言?过关者少,曼语者多,塞壑填沟,何消气急?愚者尝谓天公是第一画手,伏羲是第一诗人,得毋引孙休之诧否?[1]

这里,"钟无鼓响,鼓无钟声,本来证空,饭碗依位"是确认事物之间是有差别的,这是自然之理,但我们不能就认定万事万物的差别是

---

[1] (明)方以智著,张永义校注:《浮山文集》,华夏出版社2017年版,第449页。

绝对的。而"寂寥非内，宽廓非外，南看北斗，午打三更"就是方以智打消这种观念的一剂良药。"寂寥非内，宽廓非外"是打破自身与外在差别的执着，"南看北斗"是打破空间范围的执着，"午打三更"是打破时间范畴下的执着。打破对一切差别的执着心之后还要打破对统一的执着，二者全部打破才能融会贯通，才能做到"变变各止其极"，做到"随类不二"。但实际上，打破重重执着心已经难上加难，更遑论做到真正的融通之后的自然随性呢？因此，大部分人不过是"过关者少，曼语者多"。那么什么人能真正做到随性自然？方以智认为"天公是第一画手，伏羲是第一诗人"，可见，内心不要太多欲望，浑穆厚德如天公、如伏羲，方能做得第一手画家与诗人。这里看似方以智是打通了诗画，实则方以智已经将自然之理与道德品性相打通，艺文蕴藏其中，做到浑穆与超然之后，一流诗画作品也不过是随性的显露罢了。

除了文学和艺术之外，方以智甚至还认为其他艺文门类亦可会通，他在《文章薪火》中就谈到了这一点：

> 有专言德行者，专言经济者，专言文章者，专言技艺者，专言权势者，专言兵符者，专言法纪者，专训诂者，专记事者，专寓喻者，统而言之，无非道也，无非性命也。而有专言性命之道者，离事离法以明心，而举其冒统者也。因有专言生死鬼神者，因有废世事以专言仙定者，因有专言养生者，因分忘世之言、出世之言，因有别传善巧若奇兵者。不出于质论、通论、考测天地之家，象数、律历、声音、医药之说，皆质之通者也。百家纷如，何以折中？圣人罕雅藏用，弥纶道器，忞忞乎，洋洋哉！①

关于"言"的分类，方以智认为有"德行""经济""文章""技艺""权势""兵符""法纪""训诂""记事""寓喻"，"言"之分类虽然很多，

---

① （明）方以智：《文章薪火》，载《方以智全书》（第四册），黄山书社2019年版，第75页。

但它们大体可以分为"性命"与"质测"之言。"性命"者务虚，此类"言"有"离事离法以明心""生死鬼神""废世事""仙定""养生""忘世""出世""别传""奇兵"；"质测"者求实，此类"言"有"质论""通论""考测天地""象数""律历""声音""医药"。面对百家纷纭的局面，方以智忧心忡忡，他思考的问题就是"何以折中"。探讨"折中"问题我们就不得不还原到方以智所处的晚明时代，晚明学风从整体上来讲是比较偏向于"性命"之学的，对此方氏家族都非常不满，从方以智的学术研究来看，"质测"之学占了很大比例，这其实就是对时代的一种回应，方以智想要通过这种方式纠正当时空疏的学风。但我们千万不要认为方以智对艺文或者学问是偏向"质测"的，方氏本人其实对片面的务虚与求实都不满意，会通才是他于"文"之理想。是以，他才说"圣人罕雅藏用，弥纶道器"，这其实就是主张"道"与"器"不分离，"质测"与"通几"同时才是他真正欣赏的学术态度。

对于读书之事，方以智也特别重视会通，他在《文章薪火》中也予以强调：

> 读书必开眼，开眼乃能读书。三才之橐籥，万理之会通，有所以然者存。不明所以然中之各各当然，而用当然之所以然，则百家坚白同异之舛误，何一不可疑我？我则惑矣。支离动赜之象数，何一不可难我？我则恶之。①

方以智认为读书必须开眼，开眼才能更好地读书，二者呈现一种回环往复的上升趋势。这其实就是告诫后学，不可死读书，读书要有所悟，而此悟又非凭空得来的，须借由读书来完成。如何才能更好地将读书与开悟结合起来呢？方以智谈到了学问的会通精神。所谓"三才之橐籥"就是指天、地、人中间的道理（或可解释为儒释道），"三才"之道要会

---

① （明）方以智：《文章薪火》，载《方以智全书》（第四册），黄山书社2019年版，第75页。

通，而后才能真正理解"三才"，如果没有这种会通精神，那么学者理解的"三才"就会存在偏颇，"三才"之间的"坚白同异"就不能解决。因此，以一家学问为主的读书必然会陷入支离破碎和相互矛盾之中。

综上来看，方以智不仅重视同一类艺文古今中外的会通，对于不同的艺文门类，方以智亦认为它们之间依旧有共通之理，可以会通。方氏从文学、艺术，到"德行""经济""文章""技艺""权势""兵符""法纪""训诂""记事""寓喻"，最后甚至谈到"三才"，认为各类艺文门类之间皆可折中而会通之。方以智这种会通天地、会通三才的气魄着实令人震撼。

值得注意的是，方以智能够形成会通天地的浩瀚气魄一方面源于超拔常人的才力；另一方面也源于方氏早年刻苦的积累，这一点正是促成方氏会通气象最重要的原因。对此，方以智的学生钱澄之在《通雅序》中有所提及：

> 凡生平父师所诂，目所涉猎，苟有可纪者，无不悉载，即一字之疑、一音之讹、一画之舛，亦必详稽博考，以求其至是。人言道人生平手不释卷，搦管处指为之胝。要其三十年心血，尽在此一书矣。①

以此来看，方以智在青年时期也下过一番苦功，也正是因为方氏不放过"一字之疑、一音之讹、一画之舛"，这才为方氏"详稽博考"和会通天地万物打下了坚实的基础。天才如方以智这样的鸿儒在未识天地会通之前，他对待学问亦如此勤奋与不苟，这是值得我们进一步深思的事情。

三 "专偏"不害"公全"

我们上述讨论的方以智的诗学、画学、书学乃至方以智对西学的认

---

① （明）方以智：《通雅序》，载《方以智全书》（第四册），黄山书社2019年版，第3页。

方以智的艺文活动与学问之道

识都可划归到所谓的"专偏"之学,在"专偏"之学之外方以智还特别强调了"公全"之学,方以智在《东西均·全偏》中就讨论了"专偏"之学与"公全"之学之间的关系:

> 凡学非专门不精,而专必偏,然不偏即不专,惟全乃能偏。偏而精者,小亦自全,然不可瞩小之足全,而害大之周于全也。容专门之自精,而合并统之,是曰公全。公全能容偏精,而偏精必厌公全,必驾公全之上。①

方以智认为学问必须经过"偏"(专)的过程,正所谓"凡学非专门不精"也。然而,方以智还提醒学者在"偏"(专)的道路上还要注意"全"(通)。在方氏看来,以"偏"(专)来深入了解一门学问并非学问的归旨,在诸"偏"之中悟"全"(通)才是学问更高级别的追求,因此方氏提出"不可瞩小之足全,而害大之周于全也",这就是说不能将窄而精的研究视作学问的全貌,更不能以此来损害学问之"全"(通)。那么,如何做到由"偏"(专)至"全"(通)呢? 正如我们上文所谈到的,方以智会通学问的方法就是对多个领域做窄而深的研究,然后再在"偏"(专)的基础上领悟学问之"全"(通)。这种研究方式非常考验一个人的精力、体力与悟性,因为绝大多数人在一个领域做到"偏"(专)就已经非常困难了,但方以智却同时要对多个领域做窄而深的研究,更困难的是,方以智还要在诸多窄而深的研究之上触类旁通,最终合并诸"偏"以至于"全",这实在是一件难上加难的事。值得注意的是,方以智的会通之学是从专门之学而来,因此方以智对专门之学丝毫没有贬低的意思,这也就是说"公全"能容"偏精",而"偏精"难容"公全"。

对于何谓"公全",方以智在《东西均·全偏》中也有一段精彩的

---

① (明)方以智著,庞朴注释:《东西均注释》,中华书局2001年版,第140页。

第六章　方以智艺文活动中的会通精神

论述：

> 盖公全者，知而安于无知，致无知之知，而不自诿于不知为不知。人之于世也，愦以乐之而已矣，故其充实不可以已，充实者，所以空虚者也。其立法也，因万物之自为法，极高深而无高深可见，无中、边而中道立，平为表而备纵横，一切容之，一切集之，一切化之，厌我亦听，驾我亦听，天之用日、月也，土之用五行也，世遂以公全不知偏精，井蛙耳。[①]

"公全"之人始终持有一种虚心的求学状态，因此他们能视"无知"为"知"，才能"知而安于无知，致无知之知"，方以智后面所讲的"充实者，所以空虚者也"强调的也是这一点。面对陌生或艰难的事情，一般人常常会以"不知为不知"的借口掩盖自己畏难的心绪，然而"公全"之人却不会这样，他们会直面这种艰难，然后用尽全力去搞懂那些自己不懂的事情。事实上，方以智在《物理小识》与《通雅》中记载了大量新奇古怪的事情，这些事情大都是形而下层面的小道，但真要搞懂这些事情必须得花不少的力气，方以智不轻视这些小道，更不会以"不知为不知"而躲避遇见的困难。"公全"之人还有一个特点，那就是看似平易近人，但实则深不可测。一般人只看到了"公全"之人平易近人的一面，以为"公全"之人只会"因万物之自为法""无中、边而中道立"，他们甚至以为"公全"之人没有做任何事情。其实，"公全"之人最"高深"之处正在于"因万物之自为法"，他们看似无为，其实却最接近"道"的本质，他们看似"平"，但"平"是多少"纵横"丘壑苦苦修炼而来的，这岂是一般人所能体会、感悟得到的！方以智本人正是这种"极高深而无高深可见"之人，他的艺文作品中的伤心世人当然能看到，但伤心背后的大伤心又有几人能体会？理解方以智之难也正在于此。最

---

① （明）方以智著，庞朴注释：《东西均注释》，中华书局2001年版，第140页。

后，方以智还谈到"公全"之人最后一个特点——包容。气量狭隘之人对与自己意见相左的人常常不能包容，其根源就在于他们缺乏包容心，这种狭隘心在损害他人的同时，其实也在缩小自己的气度。方以智本人就具备包容的品性，他能容纳与自己不同的意见，对于训诂章句也好，义理辞章也罢，方以智都能集之、化之、均之、用之，真正做到了"厌我亦听，驾我亦听"。

四 小结

方以智认为在文学艺术方面做出成就并不容易，每一门学问都需要系统的学习和研究。方以智主张治学应从"专偏之学"开始，这一方面是对当时空疏学问的回应，另一方面也已经有了现代意义上的"分科治之"的意味。方以智对"专偏之学"的涉猎非常广泛，从文学、艺术，再到"德行""经济""文章""技艺""权势""兵符""法纪""训诂""记事""寓喻"，最后到"三才"。方以智学问的会通就是通过在"偏"（专）的基础上领悟学问之"全"（通）。

第三节 何以会通？——论方以智的合并诸偏与以易会通

一 合并诸"偏"以至于"全"

方以智青年时期做学问的方式很踏实也很特别，他既不认为学科没有分别，也没有打着"道"的幌子轻视形而下的研究，同时他也不认为在每个学科领域内的深耕是学问的终极目标，合并诸"偏"之后，以此通往"全"之会通才是做学问应该秉持的态度。方以智对"全"和"偏"的认识打破了以往"全""偏"截然对立的面目，让诸"偏"化"全"，让"全"以"偏"入。

方以智对于"公全"有特别的强调，但对于"专门之精"亦不排斥，在他看来，合并"专门之精"方可为"公全"。他在《东西均·全偏》中就提到了这一点：

> 天容物之芸芸也，犹道容百家众技之效能也，虽不全之偏，何所不可？而精偏日变，其变亦精，疾舞也，快口也，齿便嚼舌，手便自击，而爱疾快篇捷法；既传捷法，即是不精之死法，而自以其偏，求胜天下，自尊于天地，天地冤乎哉！拱而掷砲，不如独臂之远；雕者察秋毫，不如斜睨之容。辕驶旁疾，骊力侧受。全而偏者，锋其耑（端），利其几，激以为救，过而合中也。①

天能容万物，方以智认为"道"与天一样都有博大的胸怀，因此"道"亦能容"百家众技"。"百家众技"虽是小道，小道虽"偏"，但终究亦是道。在方以智看来，"道"之精微正贯穿于百姓日用、"百家众技"中，因此不仅不能轻视，还要悉心学习。"百家众技"要重视，但学"百家众技"之目的并不是为了掌握小道，而是要借由这些小道领悟大道，如果学习者为自己掌握的小道沾沾自喜而忽视了更广阔的天地，那他领悟的就不是天地本来的面貌了，对于这些人，方以智认为"天地冤乎哉！"在方以智看来，"偏"的学习是为了"锋其端，利其几"，也就是说，专门的学习可以给学者一个抓手，让学习者不至于妄谈天道，学者通过专门的学习让他有所专长，而此专长又为他们悟道提供了很好的积淀。方以智同时还强调，在充分掌握一个专长之后，最好不要固守一个领域而止步不前，而是要尽可能地涉及更多领域，并且尝试在不同领域之中发现共通之理，这就是方以智所说的"合并诸偏"了。

在方以智看来，在学术研究上为了专精，往往不免有偏，但是偏而能精，其偏亦全，此"全"谓之"小全"。"大全"包容所有"小全"，与"小全"并不冲突。一般人见小全之专精迅利，往往轻视大全，以为不如小全。方以智在《东西均·全偏》中如是说：

---

① （明）方以智著，庞朴注释：《东西均注释》，中华书局2001年版，第141页。

> 有大全,有小全。专门之偏,以求精也,精偏者小全。今不精而偏,必执黑路胜白路,而曾知黑、白之因于大白乎?入险则出奇,愈险则愈奇,而究竟无逃于庸也。惟全者能容偏,惟大全者能容小全;而专者推人以自尊,大全因物以作法,法行而无功,天下皆其功,而各不相知;专者必自露得法,而不容一法在己之上,以故闻者屈于其迅利,遂以为大全诚让专偏一等矣。①

在方以智看来,"小全"就是"专门之偏","小全"虽有偏颇,但不能全废,因为"小全"是我们掌握"精偏"之理的一条很好的通道。然而,如果将"小全"视作学术研究的最高宗旨,那就大错特错了,时人以"小全"(专精之学)大过"大全"(通达之学),方以智认为这样的思想是不可取的。"小全"(专精之学)做得好也会让人称奇,但这种奇只局限于"小全"之内,与"大全"相比,这种出色的"小全"研究依旧逊色很多。为什么呢?因为方以智认为"大全"(通达之学)能包容"小全"(专精之学),但"小全"(专精之学)却常常鄙夷"大全"(通达之学)。纵观整个学术史,我们发现方以智说的确实符合学术发展的事实。譬如,戴震的《孟子字义疏证》是公认的乾嘉之学的高峰。《孟子字义疏证》从考证训诂而阐发"理""天道""性""才""道""仁义礼智""诚""权"等哲学范畴的根本意义。《孟子字义疏证》是朴学时代下的产物,它当然能包容朴学,但又散发出一般朴学著作所不具备的通达。《四书章句集注》是朱熹的苦心之作,这部著作是宋代理学发展的典范之作,然而我们不仅能看到此书义理的通达,在辞章训诂方面,此书也无可挑剔。由此来看,学术史上第一流的著作都是"大全"(通达之学),他们虽然都不同程度地受到时代思潮的影响,但通常能超越那个时代,展现出其他著作很难具备的通达。与"大全"(通达之学)相比,有一些"小全"(专精之学)以为自己在某个方面取得了别人没有看到

---

① (明)方以智著,庞朴注释:《东西均注释》,中华书局2001年版,第140页。

的成绩,且以此自矜,在方以智看来,这种狭隘的学术气量终究是不若"大全"(通达之学)宏阔的。

方以智在《东西均·全偏》中还提出了"合并诸偏"的学术思想,这一思想某种程度上解决了"偏"与"全"之间的矛盾:

合并诸偏,偏亦不偏矣。①

所谓"偏"者当指诗歌、书法、绘画、医学、物理等形而下色彩更重的质测之学,所谓"全"者当指偏向形而上色彩的"道"。方以智认为,"偏"与"全"之间并不矛盾,要悟"全",非经"偏"不可。也就是说,学者在学习、掌握诸多偏精之学之后,学问的共通之理就慢慢浮现出来。方以智以诸多"偏精"之学悟"大全"之学,这与方以智在《物理小识》中所谈到的"质测不碍通几"的思想其实是一致的。在方以智看来,形而下层面的"偏精"研究就是"质测"学习的过程,这一过程琐碎而费力,但这一过程却是"通几"与"大全"之前必不可少的一个环节,学者在还未开悟之前莫要急于求成,而是要守住初心,调整火候,等火候到了,学者自然能从"诸偏"中悟得"公权"之理。

二 以易会通

方氏家族以儒学立身,而《易》则是桂林方氏四代人立身之学。"一在二中"是方以智易学思想最精华的部分之一,同时也是方以智继承和发扬方孔炤"公因反因"思想而提出的颇有原创性的哲学思想。

关于"一在二中"的表述集中体现在《药地炮庄》一书当中:

寓教约几,惟在奇偶方圆、即冒费隐。对待者,二也。绝待者,

---

① (明)方以智著,庞朴注释:《东西均注释》,中华书局2001年版,第139页。

一也。可见不可见，待与无待，皆反对也，皆会通也。一不可言，言则是二。一在二中，用二即一。南北也，鲲鹏也，有无也，犹之坎离也，体用也，生死也。善用贯有无，贯即冥矣。不堕不离，寓象寓数，绝非人力思虑之所及也。①

由此来看，"一"者，殆为"绝待""不可言"，方氏所谓的"无极""先天""形而上"亦可归为"一"；"二"者，殆为"对待""可言"，"器物""后天""日用""形而下"亦可归为"二"。方以智"一在二中"的思想贯穿于他著作的各个方面，举凡方以智著作中提到的"太极在阴阳中，绝待在对待中，义理在象数中，地在天中，先天在后天中，道心在人心中，未发在已发中，无在有中，理在事中，通几在质测中，义理在象数中，公因在反因中，隐在费中，性在习中，泯在随中，道在艺中等"②，这些都是方氏"一在二中"的变形。

综上来看，方氏所言"一在二中"有着非常丰富的意涵。

方氏所言"一"与"二"决然不是一事。"一在二中"就是说"一"之内涵隐藏在"二"之中，也就是说，"一"精微难言，但"一"确乎存在，"一"虽无形，但"一"却寄寓在我们日用生活的各个方面——是为"二"，要了解"一"，必然需要借由"二"去探寻，由此，方氏学问确立了注重"日用"、注意崇实的思想观念。进一步来讲，方氏"一在二中"其实也是对当时空疏学风的一种回应，方氏指出"一"与"二"并非一事，其良苦用心就在于——莫要认为"本性自足"。没有经过层层淬炼的"心"无法体会到"道"的精微，要了解"道"，不在实处下功夫同样不可能真正了解"道"！

方氏所言"一"与"二"又不能决然对立去看。"一"与"二"虽非

---

① （明）方以智：《药地炮庄》，华夏出版社2011年版，第101页。
② 田智忠：《一在二中与即用是体——方以智对理学的回应》，《中国哲学史》2020年第2期。

一事，但二者密不可分，真正理解"一"要通过"二"去探寻，真正要把握"二"又须将"二"上升到"一"才能把握"二"的全貌。也就是说，道理需要借由万事万物的运转去了解，真正把握万事万物的道理又须将万事万物之运作上升到道的高度。方氏提出"一在二中"同样有着现实的关怀，这不仅体现在对晚明空疏学问的回应，同时也是对宋代理学的一种回应。譬如说，朱子强调"理一分殊"，表面上来看，朱子也认同体用不分，但实际上，朱子还是认为"体"是根本，而"用"为末，在"体"与"用"相互矛盾之下，朱子还是会选择"体"。"总之在朱子那里，本体论是极本穷源之学，以追寻一阴一阳变化如斯之背后的所以然者为使命，并将一阴一阳之变化与所以一阴一阳者二分开来。"[1] 方以智"一在二中"的思想真正从学理上泯灭了"体用"矛盾的问题，真正做到了"体用一源，显微无间"。

方以智"一在二中"不仅吸收邵雍和方氏易学思想，同时还广泛吸收庄禅思想，这些都为方以智形成自己博大会通思想体系提供了很好的帮助。方以智在《易余》一书中引用的《华严经》的一段文字特别值得我们关注。

> 于有为界示无为法，亦不破坏有为之相，于无为界示有为法，亦不分别无为之性，此明谓无为在有为中。[2]

"有为"可示"无为"法，而不害"有为"；"无为"可示"有为"法，而不破"无为"，由此可明"无为在有为中"。方以智这里谈到的"无为"与"有为"恰恰与他在"一在二中"所言的"一"与"二"对应。由此来看，方以智"一在二中"的思想也受到了佛教思想的影响。

方以智在广泛吸收宋儒、方氏易学以及佛教思想之后，最终形成了

---

[1] 田智忠：《一在二中与即用是体——方以智对理学的回应》，《中国哲学史》2020年第2期。

[2] （明）方以智撰，张昭炜点校：《易余》，上海古籍出版社2018年版，第192页。

他"太极不落有无"的博大思想体系,他甚至还自创了一个符号,是为"∴"。方以智在《东西均》中的一段材料可以帮助我们理解方以智所谓的"∴"的意涵。

必暗后天,以明先天,又暗先后,以明中天①

所谓"后天"者,即方以智所谓的"二",亦即"质测""两极""日用"等形而下层面的物质。所谓"先天"者,即方以智所谓的"一",意即"通几""无极""先天"等形而上层面的"道"。"必暗后天,以明先天"就是说以形而下的物质窥探形而上层面的"道"。"又暗先后,以明中天"也就是说从"一"(涵摄"二")通达不落"一""二"的"三",此"三"者就是"中天""太极""不落有无",亦是我们前面提到的"∴"。由此来看,方以智在"一在二中"的基础上,最终提出了"∴"的思想,"∴"既不是"一",亦不是"二",而是在"一"与"二"之上又重新构建一个"三",此"三"是对"一"与"二"的精神超越,但又同时依靠"一"与"二"。方以智"∴"的提出解决了哲学史上纷争数千年"有""无"之辩的问题,同时也调和了朱子与阳明的纷争,是具有开创意义的哲学思想。

总而言之,以"∴"为代表的方以智易学思想真正做到了思想的会通,其中既有对古人(朱子)与今人(阳明后学)的会通,又有三教的会通,同时还能将"日用"与道统打通,形成了会通古今、会通三教、会通天地的盛大气象。

三 会通有"时"

在如何会通的问题上,方以智采取了"合并诸偏"和以易会通的方法,值得注意的是,在这两种方法之前,方以智认为"会通"不是任何

---

① (明)方以智撰,庞朴注释:《东西均》,中华书局2001年版,第48页。

第六章 方以智艺文活动中的会通精神

时间都能完成的，而是需要一定的时机，方以智在《药地炮庄》中谈到了这一点：

> 道至于孔子而后集大成，盖几千百年而一出，孔子之上，圣人之因时者，有不得已也，孔子之下，诸子之立教者，各是其是也，道德仁义，裂于杨愚，无为清净，坠于田彭，庄子欲复仲尼之道而非其时，遂高言以矫卑，复朴以绝华，沉浊不可庄语，故荒唐而曼衍，盖谓道非集大成之时，则虽博大真人，犹在一曲。①

方以智谈到孔子之所以能够成为道统的集大成者，这与"圣人之因时者，有不得已也"有莫大关联，也就是说，孔子的集大成一方面是时代的必然选择；另一方面也是孔子面对时风不得已的一种回应。之后，方以智还列举了田彭、庄子等人，他认为这些人虽然都有精深的学问，但都或多或少失之于"偏"，至于原因，方以智认为"非其时"，也就是说，以上诸人所处的时代让他们不可能形成"大全"的会通思想。由此来看，"大全"的会通思想不仅与学者自身有关，同时也与学者所处的时代有关，没有恰当的时间，"大全"之人可遇而不可求。

在方以智看来，明末正是一个必须集大成的时代，因为这是一个道术日裂的时代，是一个是非不明的时代，在这样一个动乱的时代中，方以智有感于学术思想界之失去是非标准，故终生以尚大全、集大成为志。他早年主张"坐集千古之智，折中期间"就是集大成的表现。方以智在《考古通论》一文中就谈到了这一点，他说：

> 生今之世，承诸圣之表章，经群英之辨难，我得以座集千古之智，折衷期间，岂不幸乎！②

---

① （明）方以智：《药地炮庄》，华夏出版社2011年版，第101页。
② （明）方以智著，张永义校注：《浮山文集》，华夏出版社2017年版，第128—129页。

方以智的艺文活动与学问之道

看来,方以智的会通古今、中西的集大成思想一方面源于自身的刻苦学习和超于常人的悟性;另一方面也源于方以智所处的晚明时代已经积攒了诸多"圣之表章",正是因为这些"经群英之辨难"为方以智提供了"座集千古之智,折衷期间"的可能性。由此来看,"时"之于方以智的会通意义确实非同一般。

方以智还在《东西均·兹燚䇷》中谈到了"集大成"与"时"之关系:

> 所谓集大成者,能收古今之利器,以集成一大棘栗蓬也;而使离劫高者时时化而用之,卑者时时畏而奉之,黯者时时窃而假之,贤者时时以死守之,尽天下人时时衣而食之,故万劫为其所毒,而人不知也。①

在方以智看来,真正的集大成者能够广收古今中外一切思想,并将之融会贯通形成受用自身和天下人的"棘栗蓬"。对于集大成的思想和"高者""卑者""黯者""贤者",方以智还特别强调了"时",也就是说,善用"时"才能成就真正的集大成。

方以智还在《周易时论合编后跋》中强调了方氏家学何以对"时"有特殊的强调:

> 嗟乎,环中寂历,善用惟时。拂迹者胶柱,窈冥者荒芜,统御谓何?独立亦未易也。②

"环中"者,指方孔炤。"环中寂历"意思就是指方孔炤提出的"寂历同时"的哲学观点。方以智认为,方氏家学的一个特点就在于"善用惟时",也就是说方氏家族素来不会以一个固定的观念去解释万事万物,而

---

① (明)方以智撰,庞朴注释:《东西均》,中华书局2001年版,第287页。
② (明)方以智著,张永义校注:《浮山文集》,华夏出版社2017年版,第363—364页。

是随外界环境、随时间变化，他们看待万事万物的理论也会相应调整。对此，方以智还专门指出执着于训诂的"胶固"之人以及执着于谈玄的"窈冥"之人，他认为这两类人的问题就是将一种治学方式无限放大了，这类人的治学方式本身没有问题，但若以此统观一切事理，这就有问题了，解决此问题的关键就在于"时"。由此来看，对"时"的强调并非方以智一人的发明，方氏家学对方以智的影响是不容忽视的。

四 小结

方以智学问注重会通，对"公全"的强调正是方以智学问注重会通的体现。方以智认为学问的会通不是凭空而来的，只有掌握诸多偏精之学之后，学问的共通之理才会慢慢浮现出来。方以智以诸多"偏精"之学悟"大全"之学，这与方以智在《物理小识》中所谈到的"质测不碍通几"的思想其实是一致的。方氏易学是方以智会通古今、调和学术纷争的非常重要的方式。他在继承前人的基础上，提出的"∴"解决了哲学史上纷争数千年"有""无"之辩的问题，同时也调和了朱子与阳明的纷争，是具有开创意义的哲学思想。方以智的会通思想与其所处的时代有密切关系，正是因为有了这些"经群英之辨难"，才为方以智提供了"座集千古之智，折衷期间"的可能性。

本章小结

方以智是中国历史上罕见的"百科全书"式的通才。方以智在他整个艺文活动中就呈现出会通古今、会通中西、会通艺文的博大气象。

方以智的绘画主要以文人画为主基调，但他对"院体画"也很欣赏，他在《墨石图册》等绘画作品中还对偏向院体画的"西洋画法"加以实践，这在当时属于罕见的绘画技法，从某种程度上来讲，方以智是中国最早一批将"素描"引入中国绘画界的文人画家。方以智对待绘画的态度与他对待学问的态度一样，都是在会通中西之中谋求整个文化事业更好地发展。此外,方以智无论在绘画理论抑或绘画实践上都强调拟古,不同于一般的拟古画家,方以智强调应该会通画史,而不是根据自己的个人喜好有选择地会通一家、一派。方以智还受到时代风气的影响,对写生非常重视,方以智对拟古与写生重视的同时也同样展现出一种贯通气象。

中国传统道学家对艺文之事不甚看重,然而,方以智对于诗歌、书法、绘画等"专偏"之事却非常看重。他认为"专偏"之事也需要进行深入系统的研究学习,这样,才可能在一个领域取得一定的成绩。方以智通常围绕一个议题,广泛吸收古今、中外的研究观点,并将这些研究观点折中而化为己用,方氏在明末清初的乱世中有如此超前的研究思想,这是值得我们注意的。而且方以智对"专偏之学"的系统学习是对当时空疏学风的一种回应。

方以智认为不同学问之间都有一个共同之理,因此,不同学问之间完全可以互参、互鉴、互用。在方以智早年的《物理小识》《通雅》中体现出方以智会通文艺,会通"德行""经济""文章""技艺""权势""兵符""法纪""训诂""记事""寓喻"乃至"三才"的宏愿。方以智在《东西均·全偏》还专门论述了"专偏"之学与"公全"之学之间的关系,认为学问必须经过"偏"(专)的扎实训练,继而在诸"偏"之中悟"全"(通),这才是学问更高级别的追求。方以智对于"公全"有特殊的强调,但对于"专门之精"亦不排斥,在他看来,合并"专门之精"方可为"公全"。也就是说,学者在学习、掌握诸多偏精之学之后,学问的共通之理就慢慢浮现出来。方以智以诸多"偏精"之学悟"大全"之学,这与方以智在《物理小识》中所谈到的"质测不碍通几"的思想其实是一致的。方以智的会通思想的产生很大程度上源于方氏易学。方以智在统合方孔炤"公因反因"与吴应宾"三一"说之后形成了"∴"说。"∴"既不是"一",亦不是"二",而是在"一"与"二"之上又重新构建一个"三",此"三"是对"一"与"二"的精神超越,但又同时依靠"一"与"二"。"∴"是方以智具有原创性的理论思想，也是方以智会通艺文、互通古今、会通中西、互通天地万物的哲学理论基础。方以智还认为，会通思想的产生与时代有非常大的关系，没有恰当的时间，"大全"之人可遇而不可求。晚明时代已经积攒了诸多"圣之表章"，正是因为这些"经群英之辨难"才为方以智提供了"坐集千古之智，折衷期间"的可能性。

结　　语

　　方以智是明清鼎革时期享有盛名的思想家，除了在哲学思想方面的成就之外，他还对诗歌、绘画、书法、园林等方面有不菲的贡献。然而，方以智在艺文方面的成就被其哲学成就所掩盖，学界对此方面的研究似乎还有进一步深化的空间。

　　研究方以智的诗书画作品不是一件容易的事情，这也是笔者真正进入方氏艺文作品世界之后才真切感受到的。方以智的艺文作品绝不仅仅是一种情绪宣泄或者浅层次的情感流露，他的作品背后常常夹带着他原创性的哲学思考和他对时事深刻的见解。因此，要真正理解方以智的作品，必须对晚明那一段历史非常熟悉，对方氏家族的学问也应有相当程度的了解，最重要的是，还要真正在《药地炮庄》《东西均》《周易时论合编》等方氏哲学著作上下很大的功夫。对于晚明历史和方以智的哲学著作，笔者是认真通读过的，但必须承认的是，笔者对方以智哲学思想的理解，更多受惠于专门从事方以智哲学思想的前辈学者。随着对方以智的哲学思想和艺文作品有了一些体会之后，笔者尝试把方以智的思想和他的诗书画作品结合起来，而本书其实就是对于方以智诗书画和他学问思想之间关系的探讨。

　　最后，还想谈一谈对于方以智艺文活动整体的一些感受作为本书的结语。

　　第一，方以智对艺文活动非常重视。不同于一般的道学家，方以智认为诗书画等艺文作品不是小道，他甚至将"文"放置于与"道"等同的位置，认为二者本来就是一体的。方以智强调，"道"与"文"的关系就犹如树木的"根"与"叶"，"道"不远人，"道"就在日用之中，"道"就在诗书画的创作之中，因此，在方以智看来，诗书画不是小道。由此，方以智从理论层面为"艺文"翻案，确立了"艺文"的重要价值。方以智在实践层面对于艺文也确实非常看重，新近出版的《方以智全集》中，诗歌所占整部全集的比例几乎为三分之一，由此可见方以智诗歌之成就。方以智一生笔耕不辍，现在安徽、广东等地的博物馆内都存有方以智大量的书法墨迹，这些作品形式多样，内容丰富，是方以智热爱书法创作最好的证据；方以智对于绘画创作也很用心，从少年时期开始，方以智就临摹古人绘画，体会古人的用笔，后来还专门去各地写生，为绘画积累创作素材，甚至其在临终前一年还创作了一组《墨石图册》，可见方以智对于绘画也是发自内心地喜欢。当然，方以智的艺文活动不仅仅限于诗书画，他早年的著作《物理小识》和《通雅》还涉及音义、天文、地理、身体、称谓、姓名、官制、礼仪、乐曲、乐舞、器用、宫室、饮食、金石、算数、动植物、脉考等艺文之事，是真正意义上的百科全书式的著作。方以智热爱艺文，对于当时道学家鄙夷的"小道"也异常重视，从这个意义上来讲，方以智身上带有一些启蒙色彩。

第二，方以智非常看重文艺创作的基本功，看重文艺创作的技法，看重文艺作品的形式。中国传统文艺创作历来重神似而轻形似，这种文艺理念在明代与王阳明心学在学理上有诸多契合之处。到了明中后期之后，文艺创作更加强调"情"的作用，例如文学上出现了钟惺的"竟陵派"，绘画上出现了董其昌的"南宗北宗"说，书法上也出现了张瑞图、黄道周、王铎等善于表现独抒己见的书法群体。文艺创作对于"情"的强调本身没有问题，但有的文艺家却打着追求"神似"的幌子，不愿意练习基本功，相反，他们还以"一超直入"为理论依据，轻视技法、轻视文艺作品的形式。基于此，方以智提出了一系列理论主张。在诗歌创作方面，方以智提出"中边"诗说，这里的"边"就更加偏向于格律、辞藻、技法等形式方面，方以智认为好的诗歌创作首先得有熟练的创作技法。在书法上，方以智主张学书当追求"法"与"神"的兼备，但对于初学者而言，方以智特别强调应先从临帖开始，只有下得一番苦功夫之后，才有资格谈融会贯通。在绘画创作方面，方以智提出"顿在渐中"，认为"渐"是"顿"的基础，只有经过一定量的学习积累之后才有可能领悟绘画之道。方以智在文艺创作方面强调基本功，看重技法与形式与他在做学问方面主张崇实相近，也主张先从实际处用功。

第三，方以智强调艺文学习的系统性。方以智对古代诗歌有过非常系统的学习，从《诗经》《楚辞》再到六朝、唐、宋乃至时人诗歌，方以智都曾进行过刻苦的学习。方以智学诗的"学"不是庞杂无序，而是将诗歌分为不同体裁，并对不同体裁的诗歌进行分门别类的系统学习，这一点在《博依集》的目录中就能很清楚地看到。方以智对古诗、乐府、律诗、绝句都有涉猎，这些分类一方面体现出方以智的学诗道路严谨、踏实；另一方面也展现出方以智"学"的学术特质。方以智对前人诗歌的系统学习没有止步于理论层面，而是在深入学习古人诗歌的基础上创作了大量模拟之作，这些作品有许多与古人的诗歌题目是一致的，但内容、具体的情思却全然不一样，没有下过苦功，这是无论如何也难以达到的。除了诗歌创作，方以智对于书法、绘画创作也同样如此，他的学习都是先对古代经典作品进行系统的学习，而且在这个过程中不偏向任何一家，尽可能地多体会古人作品中的精华。方以智艺文学习的系统性为其日后的艺文会通打下了坚实的基础。方以智认为在诗歌、书法、绘画等专偏之学上做出成绩并非易事，它们皆需要学者对其进行深入系统的研究，实际上，方以智也确实在专偏之学中带有一种自主性的系统研究：他通常围绕一个议题，广泛吸收古今、中外的研究观点，并将这些研究观点折中而化为己用，方以智这种研究方法放之今日依旧是非常科学的研究方法。

第四，方以智看重艺文作品的会通。会通是方以智艺文活动中的一个显著特征。在诗歌创作方面，方以智博采众长、转益多师，最终成为当时最具影响力的诗人之一。在绘画方面，方以智的绘画打通了院体画与文人画之间的界限，同时，他还主张中西会通以及拟古与写生的会通，他在《墨石图册》《山水册页》等作品中践履他的创作理念，最终形成富有个人风格的绘画作品。在书法创作方面，方以智也强调尽可能多地学习前人作品，在广泛吸收古人创作经验的基础上，方以智最终形成了颇具碑帖融合样态的个人风格。方以智不仅重视诗书画内部的会通，对于不同艺文门类，方以智也尝试会通。从文学、艺术，到"德行""经济""文章""技艺""权势""兵符""法纪""训诂""记事""寓喻"，最后到"三才"，方以智在《通雅》和《物理小识》中都尽可能地将其折中而贯通之，方以智这种贯通天地、贯通三才的气魄着实令人震撼。在学问层面，方以智强调"道"与"器"的会通，强调"质测"与"通几"的会通，强调三教（儒释道）的会通，《东西均》与《药地炮庄》就让我们看到了古今会通、中西会通的会通盛宴。可以说，方以智的会通是对当时几乎所有学科门类的会通，是真正意义上的博古通今。

第五，方以智对"奇"有着特殊的偏好。尚奇是明末的时代风气，方以智身上也有这种"奇"的特质。方以智的诗歌创作不喜欢沿袭经典诗歌中既有的语汇，他往往从经典入手，再根据自己对于经典的切身体会，重新创造了一些新的语汇；在诗歌意蕴层面，他的诗也有"奇"气。方以智的书法作品有不俗的气韵，而这种不俗的根本原因就在于方以智本人身上"奇"的特质。方以智在晚年有一组《墨石图册》的绘画作品，这组作品的题材就是奇石，可见方以智对"奇"是何等钟爱了。方以智的哲学著作以艰深晦涩著称，这不仅表现在方氏著作文字表达上的诡谲，在哲学思想上，他一层又一层的烧脑逻辑，也让读者称奇不已。那么，方以智为什么对"奇"如此喜欢呢？一方面是时代风气的原因；另一方面，方以智的一生是传奇的一生，他经历过国破家亡、生离死别，还经历过多重身份的转变，方以智"不平"的一生很难对"平"产生共鸣。方以智对"奇"的偏爱还不仅仅是一种个人审美，其中还有他想要以"奇"来破除人心对小我的执着，继而让人们看到更为广阔的天地就是他良苦用心的学问寄寓。"奇"还是方以智在清政府政治高压下的一种无可奈何的选择,是他以文艺宣泄孤愤的一种方式,同时,也是一代鸿儒不忘家国,祈愿以一己之力保存文化种子的时代担当。总而言之,"奇"既有着方氏个人的审美趣味,又有着方氏对学问的深沉寄寓,最重要的是,方以智还在"奇"之中寄寓着他祈盼人心复归于正的深切关怀。

第六,方以智的艺文作品和理论中都贯穿着一个"诚"字。方以智是至诚之人,他的诗书画作品都是他心底里最真诚的心绪流露。在方以智看来,无"诚"之"中和"不是真正的"中和"。方以智对"诚"的看重直接导致方以智在经历重重患难之后,诗文作品中呈现出"怨"的风格特征。方以智认为士子有志,且能发乎真情,纵使诗文作品中有怨、有怒,亦不碍"中和"。方以智提出"怨怒亦中和"的诗论观,就是想要告诉人们,真诚地流露此时此刻的情感就是真"怨",亦是"中和"意涵之所在。纵观方以智一生的文艺作品,我们会发现一个非常奇怪的现象——方以智的文艺作品风格非常多元,且情感表达也非常丰富。其中很重要的一个原因就在于,方以智真诚面对自己人生每一个时间节点,因此,他才会创作出"中和"、"怨怒"、狂喜、恸哭、奇崛等不同情感的作品。

第七,方以智的艺文作品和理论都强调为时而发。与一般文人不同,方以智的艺文作品背后常常都有他对现实的深刻思考。正如我们前边谈到,方以智对于诗歌法度非常重视,对于书法技法和西洋绘画技法也非常看重,如果我们把方以智这些主张放置到他所处的晚明时代其实就能看清楚方以智的苦心。原来,晚明正是王学末流肆虐的时代,那个时代的士人打着"一超直入"、重"神"、"一念成佛"的口号,文人们由此不愿意在基本功上下笨功夫,当时的文人画、行草书和主流诗文创作都出现了这种重"意"而不重"形"的创作倾向。方以智在诗歌创作中提出的"中边"说,在绘画创作中提出的"顿在渐中",在书法创作中提出的"法神兼备"其实都是针对当时这种创造风气而提出来的。在学问方面,方以智对于"专偏之学"和"质测之学"都非常看重,这其实也是对当时空疏学风的一种回应。此外，方以智提出的"∴"也是针对当时儒学衰微而发，他的用意就在于用佛老来拯救儒门，让儒家思想的生命重焕生机。

第八，易学是方以智学问的根底，是他构建学术体系的原始理论根据。方以智祖上四代，方学渐、方大镇、方孔炤都是易学大家，均有易学著作留世，可以说，易学是方氏的家学，是方以智家族学问最重要的传承。基于对方以智整个艺文理论的考察，我认为方以智的艺文理论都是根据方氏易学模型延展而来。方氏父子在《周易时论合编》中讨论伏羲八卦和文王八卦的关系，最终提出"先在后中"的命题。所谓"后天"者，即方以智所谓质测、两极、日用等形下层面的物质，所谓"先天"者，即方以智所谓通几、无极、先天等形而上层面的"道"。方氏父子由此提出了"一在二中"和"∴"的理论模型。方以智在诗歌创作方面提出的"中边"说其实就是根据"一在二中"的模型设计而成。"一在二中"中的"中"与"一在二中"的"一"类似，它们都是一种更高层次的符号，这与方氏所谓的无极、先天、形而上、"不可言"等相类似；同样的"边"与"二"类似，都是相对带有形下色彩的符号，这与方氏所言的"对待"、"可言"、器物、后天、日用、形而下相类似。此外，方以智在《东西均》中还探讨了"奇"与"正"，"专偏"与"公全"等概念之间的关系，这些概念的关系背后使用的模型其实都基于方以智提出的"∴"说。

参考文献

一 古籍文献

安徽博物院编：《方以智文物集萃》，安徽美术出版社2021年版。

（汉）班固撰，（唐）颜师古注：《汉书》，中华书局1983年版。

（汉）班固撰，（清）王先谦补注，上海师范大学古籍研究所整理：《汉书补注》，上海古籍出版社2012年版。

（晋）陈寿撰，（宋）裴松之注：《三国志》，中华书局1982年版。

程俊英译注：《诗经译注》，上海古籍出版社2014年版。

（宋）范晔撰，（唐）李贤等注：《后汉书》，中华书局1982年版。

（清）方昌翰辑：《桐城方氏七代遗书》，黄山书社2019年版。

（明）方孔炤撰，许伟导读：《周易时论合编导读》，华龄出版社2019年版。

（明）方孔炤、方以智撰，郑万耕点校：《周易时论合编》，中华书局2019年版。

（明）方孔炤、（清）方以智著，蔡振丰、李忠达、魏千钧校注：《周易时论合编校注》，新文丰出版公司2021年版。

（明）方以智著，庞朴注：《东西均注释》，中华书局2005年版。

（明）方以智著，张永义注释：《药地炮庄笺释·总论篇》，华夏出版社2013年版。

（明）方以智著，张永义、邢益海注释：《药地炮庄（修订版）》，华夏出版社2016年版。

(清)方以智撰,庞朴注释:《东西均注释(外一种)》,中华书局2016年版。

蔡振丰、魏千钧、李忠达:《药地炮庄校注》,台大出版中心2017年版。

(明)方以智:《方以智全书》,黄山书社2018年版。

(明)方以智撰,张昭炜整理:《易余(外一种)》,上海古籍出版社2018年版。

(明)方以智撰,张昭炜注释:《性故注释》,中华书局2018年版。

(明)方以智编,彭战果、郭旭校注:《图像几表》,华夏出版社2021年版。

高亨注:《诗经今注》,上海古籍出版社1980年版。

(明)顾炎武著,黄汝成集释,栾保群、吕宗力校点:《日知录集释》,上海古籍出版社2014年版。

(清)郭庆藩撰,王孝鱼点校:《庄子集释》,中华书局2016年版。

(晋)郭象注:《庄子注疏》,中华书局2010年版。

(明)黄宗羲:《明儒学案》,中华书局1985年版。

(明)黄宗羲:《明夷待访录》,中华书局2011年版。

(唐)慧能著,郭朋校释:《坛经校释》,中华书局1983年版。

(清)胡文瑛:《昭明文选笺证》,江苏广陵古籍刻印社1990年影印版。

(汉)孔安国传:《尚书正义》,上海古籍出版社2007年版。

孔凡礼点校:《苏轼文集》,中华书局1986年版。

(明)来知德:《易经集注》,上海书店出版社1988年版。

(唐)李白著,瞿蜕园、朱金城校注:《李白集校注》,上海古籍出版社1980年版。

(唐)李隆基注:《孝经注疏》,上海古籍出版社2009年版。

李民、王健译注:《尚书译注》,上海古籍出版社2004年版。

(宋)黎靖德编,王星贤点校:《朱子语类》,中华书局1986年版。

(南朝梁)刘勰著,范文澜注:《文心雕龙注》,人民文学出版社1958年版。

（晋）陆机撰，张少康集释：《文赋集释》，上海古籍出版社1984年版。

（宋）陆九渊著，钟哲点校：《陆九渊集》，中华书局1980年版。

（清）钱澄之：《所知录》，上海古籍出版社1996年版。

（清）钱澄之撰，殷呈祥校点：《庄屈合诂》，黄山书社1998年版。

（清）钱大昕著，杨勇军整理：《十驾斋养新录新注》，上海书店出版社2011年版。

（清）钱谦益：《钱牧斋全集》，上海古籍出版社2003年版。

（宋）邵雍著，郭彧整理：《邵雍集》，中华书局2010年版。

（清）释大成、释大峻校：《天界觉浪盛禅师全录》，民族出版社2008年版。

（清）施闰章撰，何庆善、杨应芹点校：《施愚山集》，黄山书社1992年版。

（汉）司马迁撰，（南朝宋）裴骃集解：《史记》，中华书局2014年版。

（晋）陶渊明著，逯钦立校注：《陶渊明集》，中华书局1979年版。

（魏）王弼撰，楼宇烈校释：《周易注校释》，中华书局2012年版。

（魏）王弼注，楼宇烈校释：《老子道德经注校释》，新编诸子集成本，中华书局2018年版。

（明）王阳明著，梁启超点校：《传习录集评》，九州出版社2015年版。

（清）王文诰辑注：《苏轼诗集》，中华书局1982年版。

（清）王先谦撰，沈啸寰、王星贤点校：《荀子集解》，中华书局2016年版。

萧涤非主编：《杜甫全集校注》（全十二册），人民文学出版社2014年版。

（明）吴应宾撰，张宗炜点校：《宗一圣论·古本大学释论》，复旦大学出版社2019年版。

（东汉）许慎撰，（清）段玉裁注：《说文解字注》，上海古籍出版社1981年版。

游国恩主编，金开诚补辑，董洪利、高路明参校：《离骚纂义》，中华书局 1980 年版。

元音老人著述：《心经抉隐》，世界图书出版公司 2019 年版。

（清）张廷玉等：《明史》，中华书局 1974 年版。

章诗同注：《荀子简注》，上海人民出版社 1974 年版。

（清）章学诚著，叶瑛校注：《文史通义校注》，中华书局 1985 年版。

（宋）张载著，章锡琛点校：《张载集》，中华书局 1978 年版。

（梁）钟嵘著，曹旭集注：《诗品集注》（增订本），上海古籍出版社 2011 年版。

（明）朱棣：《金刚经集注》，华东师范大学出版社 2016 年版。

（宋）朱熹：《四书章句集注》，中华书局 2012 年版。

（南宋）朱熹、（南宋）吕祖谦撰，严佐之导读：《朱子近思录》，上海古籍出版社 2000 年版。

二　专著

白梦：《方以智传》，安徽大学出版社 2020 年版。

曹德本：《中国古代辩证法思想探索》，吉林人民出版社 1986 年版。

樊树志：《晚明大变局》，中华书局 2015 年版。

樊树志：《重写晚明史：新政与盛世》，中华书局 2018 年版。

樊树志：《重写晚明史：朝廷与党争》，中华书局 2018 年版。

樊树志：《重写晚明史：王朝的末路》，中华书局 2019 年版。

樊树志：《重写晚明史：内忧与外患》，中华书局 2019 年版。

［美］高居翰：《山外山：晚明绘画（1570—1644）》，王嘉骥译，生活·读书·新知三联书店 2009 年版。

葛兆光：《禅宗与中国文化》，上海人民出版社 1986 年版。

邓克铭：《明末清初庄子注解研究——以憨山德清、方以智、王船山为例》，文津出版社 2016 年版。

邓克铭：《方以智论心之研究》，文津出版社 2019 年版。

方叔文编著：《方以智先生年谱》，安徽师范大学出版社 2018 年版。

侯外庐：《中国思想通史》（第四卷），人民出版社1956年版。

嵇文甫：《晚明思想史论》，东方出版社2013年版。

蒋国保：《方以智哲学思想研究》，安徽人民出版社1987年版。

蒋国保：《方以智与明清哲学》，黄山书社2009年版。

蒋维乔撰，邓子美导读：《中国佛教史》，上海古籍出版社2004年版。

梁启超撰，朱维铮导读：《清代学术概论》，上海古籍出版社1998年版。

梁启超：《中国近三百年学术史（新校本）》，商务印书馆2017年版。

刘平：《易经图解》，文化艺术出版社1991年版。

刘伟：《天下归仁：方以智易学思想研究》，知识产权出版社2016年版。

刘瑜：《方以智物论研究》，花木兰文化出版社2023年版。

刘元青：《方以智心性论研究》，北京师范大学出版社2014年版。

吕澄：《中国佛学源流略讲》，中华书局1979年版。

南炳文：《南明史》，南开大学出版社1992年版。

罗炽：《方以智评传》，南京大学出版社1998年版。

庞朴：《一分为三》，上海古籍出版社2003年版。

彭迎喜：《方以智与〈周易时论合编〉》，中山大学出版社2007年版。

彭战果编：《无执与圆融：方以智三教会通观研究》，民族出版社2012年版。

钱斌主编：《浮山遗韵：方以智研究寻踪》，合肥工业大学出版社2019年版。

钱王刚：《方以智传》，安徽人民出版社2008年版。

任道斌：《方以智年谱》，安徽教育出版社1983年版。

任道斌：《方以智、茅元仪著述知见录》，书目文献出版社1985年版。

任道斌：《方以智年谱（修订版）》，浙江古籍出版社2021年版。

[美]司徒琳：《南明史1644—1662》，李荣庆等译，上海古籍出版社1992年版。

疏利民：《方以智传》，合肥工业大学出版社2017年版。

宋豪飞编：《明清桐城桂林方氏家族及其诗歌研究》，黄山书社2012

年版。

苏克勤：《天下文章出桐城：桐城方氏家族文化评传》，郑州大学出版社 2015 年版。

孙振声编著：《易经入门》，文化艺术出版社 1988 年版。

陶善才：《大明奇才方以智》，安徽艺文出版社 2013 年版。

田文军：《中国辩证法史》，河南人民出版社 2005 年版。

吴言生：《禅宗思想渊源》，中华书局 2001 年版。

吴言生：《禅宗诗歌境界》，中华书局 2001 年版。

吴言生：《禅宗哲学象征》，中华书局 2001 年版。

萧鸿鸣：《方以智黎川四年》，江西人民出版社 2019 年版。

谢明阳：《明遗民的"怨""群"诗学精神——从觉浪道盛到方以智、钱澄之》，大安出版社 2004 年版。

邢益海编：《冬炼三时传旧火：港台学人论方以智》，华夏出版社 2012 年版。

邢益海：《方以智庄学研究》，北京师范大学出版社 2015 年版。

邢益海：《方以智禅学研究》，安徽教育出版社 2021 年版。

徐成志、江小角主编：《桐城派与明清学术文化》，安徽大学出版社 2008 年版。

朱伯崑：《易学哲学史》（第三卷），华夏出版社 1995 年版。

章太炎撰，陈平原导读：《国故论衡》，上海古籍出版社 2003 年版。

张立文：《中国哲学范畴发展史天道篇》，中国人民大学出版社 1988 年版。

张学智：《明代哲学史》，北京大学出版社 2000 年版。

张永义：《异类中行——方以智的思想世界》，商务印书馆 2022 年版。

周成强：《明清桐城望族诗歌研究》，武汉大学出版社 2017 年版。

三　论文

蔡振丰：《方以智三教道一论的特色及其体知意义》，《台湾东亚文明研究学刊》第 7 卷第 1 期，2010 年。

陈秀美：《论〈药地炮庄〉及其"三教归易"之会通思想》，《空大人文学报》第 14 期，2005 年。

陈秀美：《论方以智"三教归易"的会通思想》，《宗教哲学季刊》第 62 期，2012 年。

陈一壮：《黑格尔、方以智辩证法思想比较研究》，《河北学刊》2007 年第 1 期。

程曦：《从〈东西均〉"药"喻看方以智"集大成"思想的特质》，《中国社会科学院研究生院学报》2008 年第 2 期。

邓克铭：《方以智的禅学思想》，《汉学研究》第 27 期，2009 年。

邓克铭：《试论方以智的知与无知》，《鹅湖学志》第 52 期，2014 年。

方锡球：《论方以智诗学思想的文化美学特色》，《文学评论》2005 年第 1 期。

郭永锐：《方以智家族女性作家论略》，《运城学院学报》2007 年第 6 期。

何涛：《从方以智王夫之〈庄子〉内七篇诠释的异同看儒道会通问题》，《江西教育学院学报》2007 年第 2 期。

侯外庐：《方以智——中国的百科全书派大哲学家（上篇）：论启蒙学者方以智的悲剧生平及其唯物主义思想》，《历史研究》1957 年第 6 期。

侯外庐：《方以智：中国的百科全书派大哲学家（下篇）》，《历史研究》1957 年第 7 期。

姜伯勤：《论方以智"粤难"的性质——兼论曾灿为大汕所作〈石濂上人诗序〉的文献价值》，《中山大学学报》2008 年第 6 期。

蒋国保：《〈三征〉注释正误》，《哲学研究》1983 年第 2 期。

蒋国保：《方以智哲学范畴体系刍议》，《江淮论坛》1983 年第 5 期。

蒋国保：《方以智的"合二而一"新论》，《哲学研究》1983 年第 10 期。

蒋国保：《方以智哲学思想研究综述》，《哲学动态》1983 年第 9 期。

蒋国保：《〈东西均〉三题》，《安徽史学》1984 年第 5 期。

蒋国保：《方以智哲学思想研究在日本》，《哲学动态》1984 年第 5 期。

蒋国保:《方以智〈一贯问答〉刍议》,《安庆师范学院学报》2000 年第 4 期。

蒋国保:《方以智"三教合一"论之学术旨趣》,《船山学刊》2016 年第 1 期。

江筱角:《方以智〈论书法〉手卷述评》,《文物天地》2000 年第 3 期。

李波、方勇:《论方以智对庄子学说的整合与改造》,《求索》2009 年第 7 期。

李波:《明代桐城〈庄子〉研究》,《安庆师范学院学报》2010 年第 5 期。

李波、王学刚:《论晚明桐城文化对桐城派的影响》,《文艺评论》2014 年第 8 期。

李忠达:《晚明文学评点视阈下的〈药地炮庄〉》,《清华学报》新 48 卷第 4 期,2018 年。

李忠达:《〈周易时论合编·图像几表〉的〈易〉数与数学:以〈极数概〉为核心》,《清华学报》新 49 卷第 3 期,2019 年。

廖璨璨:《易学哲学视野下的方以智圆∴思想探析》,《中国哲学史》2016 年第 4 期。

廖肇亨:《药地愚者禅学思想蠡测》,《中国文哲研究集刊》第 33 期,2008 年。

刘军:《方以智其人其画》,《艺术百家》2003 年第 1 期。

刘贻群:《方以智与王夫之辩证思想比较》,《安庆师范学院学报》2008 年第 4 期。

刘元青:《"质测即藏通几"说申论——兼论方以智的中西文化观》,《安徽大学学报》2008 年第 6 期。

刘元青:《方以智易学思想研究》,《周易研究》2010 年第 5 期。

刘元青:《"道寓于艺":方以智论天道与实学之关系》,《孔子研究》2014 年第 5 期。

刘元青:《方以智对中西文化的比较与会通——以"质测即通几"为中

心》,《哲学与文化》2018年第7期。

罗炤:《"一分为二"不能完整地表述对立统一学说》,《哲学研究》1979年第8期。

马将伟:《易堂九子与皖中遗民之交游及其文化意蕴》,《聊城大学学报》2009年第5期。

马数鸣:《对方以智哲学思想的再探讨》,《江淮论坛》1980年第2期。

冒怀辛:《方以智的哲学思想探讨》,《江淮论坛》1979年第2期。

冒怀辛:《方以智死难事迹续考》,《江淮论坛》1981年第3期。

梅痴:《哲人方以智及其翰墨》,《收藏界》2007年第4期。

彭战果:《〈易余〉与方以智的易学观》,《王学研究》2013年第1期。

饶宗颐:《方以智之画论》,《中国文化研究所学报》1974年第1期。

任道斌:《方以智的〈和陶诗〉》,《文献》1983年第4辑。

任少武:《"别路"救世,"异类"中行——从方以智〈易余〉卷首诸篇看该书主旨》,《鹅湖月刊》第525期,2019年。

宋定莉:《乾坤一场戏,生命一悲剧:方以智晚节之平议》,《鹅湖月刊》第512期,2018年。

宋豪飞:《方以智与桐城泽社考论》,《安徽大学学报》2009年第6期。

宋豪飞:《方维仪对方以智的教育述论》,《安庆师范学院学报》2012年第1期。

宋豪飞:《方以智逃禅之实情及其心态探微》,《船山学刊》2012年第2期。

宋豪飞:《方以智家族之家学传承与望族之生成》,《安庆师范学院学报》2015年第5期。

孙钦善:《方以智与古文献学》,《北京大学学报》1987年第5期。

孙兆泽:《论方以智"火"本原思想的逻辑结构演变》,《齐鲁学刊》2007年第6期。

唐艳秋、彭战果:《一二之辩与方以智三教合一思想》,《山东大学学报》2009年第1期。

陶新宏：《方以智对生死的诠释向度》，《东南大学学报》2014 年第 4 期。

田海舰：《方以智〈东西均〉矛盾思想探析》，《河北大学学报》2003 年第 4 期。

田海舰：《论方以智〈东西均〉哲学的历史定位》，《河北大学学报》2005 年第 6 期。

田海舰、舒民：《方以智〈东西均〉的认识论意蕴》，《河北大学学报》2008 年第 3 期。

王国席：《方以智的史学思想》，《史学史研究》2007 年第 3 期。

汪孔丰：《陈子龙与桐城文人交游考论》，《牡丹江大学学报》2009 年第 12 期。

汪孔丰：《方以智与陈子龙交游考述》，《安庆师范学院学报》2009 年第 1 期。

王泽应：《圆神方智合一境界的向往与追求》，《湖南社会科学》2005 年第 4 期。

谢仁真：《方以智思想中"不落有无"与境界超越的问题》，《淡江大学中文学报》2001 年第 2 期。

谢仁真：《方以智由儒入佛之检视》，《哲学与文化》2005 年第 2 期。

谢明阳：《明遗民觉浪道盛与方以智"怨"的诗学精神》，《东华人文学报》2001 年第 1 期。

谢明阳：《陈子龙方以智的史学论交与分趋——以"雅"的观念为讨论中心》，左东岭、陶礼天主编：《中国古代文艺思想国际学术研讨会论文集》，学苑出版社 2005 年版。

谢明阳：《方以智与明代复古诗学的承变关系考论》，《成大中文学报》第 21 期，2008 年。

谢明阳：《方以智与龙眠诗派的形成》，《台大中文学报》第 44 期，2014 年。

谢明阳：《方以智〈痒讯〉的家国忧患与诗学转向》，《清华中文学报》第 24 期，2020 年。

邢益海：《方以智研究进路及文献整理现状》，《现代哲学》2013 年第 1 期。

邢益海：《方以智著作的家传与整理》，《中山大学学报》2018 年第 2 期。

邢益海：《方以智的逃禅及其前两期行实》，《中国文化》2019 年第 2 期。

邢益海：《儒宗别传——方以智的庄禅一致论》，《鹅湖月刊》第 472 期，2014 年。

许福谦：《关于〈通雅〉的成书时间》，《辞书研究》1984 年第 4 期。

许孔璋：《方以智医学哲学思想初探》，《医学与哲学》1984 年第 8 期。

许伟、许慧敏：《〈周易时论合编〉文本学阐微》，《济宁学院学报》2020 年第 4 期。

杨亮：《方以智〈印章考〉溯源》，《南京艺术学院学报》2009 年第 3 期。

杨儒宾：《继成的人性论：道体论的论点》，《中国文化》2019 年第 2 期。

杨自平：《方以智〈东西均〉的生死哲学》，《兴大中文学报》第 33 期，2013 年。

尹文汉：《王船山与方以智的交往——兼及船山相关诗作之分析》，《船山学刊》2015 年第 6 期。

张岱年：《中国古代辩证法思想发微》，《学术月刊》1980 年第 6 期。

张西平：《西学与清初思想的变迁》，《现代哲学杂志》2007 年第 4 期。

张业康：《"舍""摄""入""夺""即"——方以智的"十错"观》，《安庆师范学院学报》2014 年第 4 期。

张永堂：《方以智与湖湘文化》，《湖南大学学报》2004 年第 6 期。

张永堂：《方以智与王夫之》，《书目季刊》1972 年第 2 期。

张永义：《方中通〈哀述〉诗释读》，《中山大学学报》2018 年第 1 期。

张昭炜：《传心堂法脉薪火相传：从王阳明至方以智》，《浙江学刊》2016 年第 4 期。

郑万耕：《论"质测"与"通几"之学的本义》，《哲学研究》2001 年第 7 期。

周锋利：《青原学风与方以智晚年思想》，《安徽师范大学学报》2007年第5期。

周明秀：《论桐城派诗论的主要内容及其形成过程》，《文艺理论研究》2002年第4期。

钟英法、杜秋华：《方以智〈东西均·反因〉思想发微》，《江西科技师范学院学报》2010年第6期。

周勤勤：《方以智"∴说"解析》，《中国社会科学院研究生院学报》2005年第5期。

周勤勤：《"中"与"均"——方以智变易中求调和思想探讨》，《中国社会科学院研究生院学报》2007年第2期。

周勤勤：《方以智"三为约法"解析》，《中国哲学史》2007年第1期。

周勤勤：《方以智的易学观》，《齐鲁学刊》2015年第4期。

朱志学：《论方以智"大伤心人"视域下的解庄进路》，《中国文化》第50期，2019年。

四 学位论文

崔晨：《方以智僧后交游考》，硕士学位论文，南京师范大学，2015年。

崔恩帅：《〈药地炮庄〉哲学思想研究》，硕士学位论文，山东大学，2014年。

陈贵弘：《药树的生成——方以智〈药地炮庄〉研究》，硕士学位论文，台湾大学，2016年。

傅大为：《中国近代史上对传统科学的呈现——以方以智研究为焦点》，硕士学位论文，台湾大学，1992年。

郭立峰：《方以智哲学图式∴探析：以〈东西均〉为中心》，硕士学位论文，湖南大学，2014年。

黄伟铭：《方以智"儒释会通"思想研究》，博士学位论文，辅仁大学，2015年。

江淑蓁：《方以智"中和"诗学思想研究》，硕士学位论文，彰化师范大学，2010年。

康冬阳：《方以智书画美学思想研究》，硕士学位论文，安徽大学，2013年。

李玉莲：《论方以智的哲学和史学思想》，硕士学位论文，宁波大学，2013年。

李忠达：《以学问为茶饭——方以智的读书与学道研究》，硕士学位论文，台湾大学，2011年。

刘浩洋：《方以智〈东西均〉思想研究》，硕士学位论文，"国立"政治大学，1998年。

刘浩洋：《从明清之际的青原学风论方以智晚年思想中的遗民心志》，博士学位论文，"国立"政治大学，2004年。

刘谨铭：《方孔炤〈周易时论合编〉之研究》，博士学位论文，中国文化大学，2004年。

刘元青：《三教归儒——方以智哲学思想的终极价值追求》，硕士学位论文，武汉大学，2005年。

刘蕴娇：《方以智〈药地炮庄〉研究》，硕士学位论文，陕西师范大学，2015年。

彭战果：《方以智儒佛道三教会通思想研究》，博士学位论文，山东大学，2009年。

马旭垚：《方以智〈周易图象几表〉易图内涵研究》，硕士学位论文，曲阜师范大学，2020年。

汪恺：《方以智"学"思想的研究》，硕士学位论文，武汉大学，2019年。

汪青：《方以智晚年人生定位研究》，硕士学位论文，中南民族大学，2012年。

吴娇：《方以智三教融通思想研究》，硕士学位论文，陕西师范大学，2017年。

谢仁真：《方以智哲学方法学研究》，博士学位论文，台湾大学，

1995 年。

谢明阳：《明遗民的庄子定位》，博士学位论文，台湾大学，2000 年。

许伟：《〈周易时论合编〉易哲学思想研究》，博士学位论文，山东大学，2021 年。

薛明琪：《方以智"三教归〈易〉"思想研究》，硕士学位论文，昆明理工大学，2018 年。

张永堂：《方以智的生平与思想》，博士学位论文，台湾大学，1977 年。

张建梅：《论方以智思想及其在融西入中方面的贡献》，硕士学位论文，河北师范大学，2010 年。

周锋利：《方以智三教会通思想研究》，博士学位论文，北京大学，2008 年。

后　记

能够与方以智结缘是我此生最大的幸运。

方以智给我最大的改变是看待矛盾问题的态度。方以智身处明末清初那样一个天崩地裂的时代，他不得已要去直面很多矛盾，这些矛盾既是困扰方以智的难题，更是那个时代面临的难题。在忠臣与孝子、舍生取义与明哲保身、质测与通几、儒家立命与佛老超脱、专精与博通之间，方以智到底如何选择？令人称奇的是，方以智拒绝做一边倒式的选择，他认为事物对立的两面是世界万事万物普遍存在的现象，要解开这些矛盾，不是做选择，而是肯定矛盾、包容矛盾，在矛盾之上，他居然建立了一个更超越的概念，这个概念就是方以智创造的"∴"。"∴"最上面的那个"·"不是禅宗式的超越，而是建立在对矛盾双方有深刻体悟之上"务实性质"的超越。换句话来讲，方以智提出的"·"不是看破世事的解脱，而是智者在经历患难之后的坦然与无畏，"·"不求消解矛盾，而重在尊重差异之后的"和而不同"，"·"是方以智历经患难之后的原创性理论，也是方以智献给世界的一剂中国式药方——如何消解个体、社会普遍存在的各种矛盾。

方以智对待学问的态度也让我震惊不已，给我当时的精神带来了很大冲击。方以智是中国历史上比较罕见的文理兼通的文化巨人。方以智最为人所津津乐道的是他思想家的身份，但同时，方以智还是一代诗坛盟主，他的书法和绘画也很有自身的特点，他还是博物学家、郎中。最让人称奇的是，他对自然科学也有研究，在中国科技史上，方以智更是

后 记

有着不同寻常的历史地位。方以智从早年就开始关注当时他所能接触到的一切学问,为此他整理了《物理小识》和《通雅》,这两本书中包罗万象,举凡中国历代天文地理、虫鱼鸟兽、琴棋书画、园林造物、医学百科,这两本书几乎都有涉猎。更难能可贵处在于,方以智还将他接触到的西洋知识和中国学术互参,甚至自己做一些科学实验,在比照和实验中追问真理,谁能想到,这些都发生在距今400年以前的方以智身上。请注意,方以智前期"坐集千古之智"的宏愿与他后期对形而上思辨的兴趣并不矛盾。在方以智的精神世界里,形而上的哲学思辨已经与形而下的文学、艺术、医术、技术完全打通,那里既有复杂精微的逻辑体系,又有可见、可感、可触、可用的实在之物。"质测不碍通几",这样圆融通透的精神世界,如何不让人沉醉与向往呢?

方以智的视野与胸襟也让我膜拜不已。随着晚明甲申之变的到来,方以智中晚年之后将自己的主要精力用在了反思明亡之痛,他的反思主要通过对中国文化的反思展开。在此阶段,他写下了《药地炮庄》《东西均》,以及续编了父亲的遗作《周易时论合编》,这三部著作集中体现了方以智晚年的精神世界。在这里,我通过自己有限的理解能力看到了方以智广阔的视野与胸襟。我们现在处在一个"专家"的时代,我们现在的研究多以"窄而深"的研究为主,这样的研究当然有好处——能够促进学术进入更深层面的探讨。然而,随着"窄而深"研究的推进,弊端也逐渐开始显现,学问开始变得琐碎,学问开始变得不是为"人"本身。方以智作为明清鼎革时期的先哲,他为我们立下了范式。方以智学问的出发点是为了让"世道"和"人心"变得更好,他的著书不是为了"留得身后名",更不会为了一己私利。学问要想做好,得有公心,还得有广阔的学问积累。方以智很小就能背诵十三经,古代的经史子集、琴棋书画更是无所不通。此外,方以智还和当时各界社会名流交往,甚至还向当时的西洋传教士请教科技问题。方以智虚怀若谷、真诚之至,他通古今、通中西、通儒释道、通诗书画、通天地万物。他的虚心、真诚与会通最终让他成为中国历史上罕见的百科全书式的文化巨人。方以智的文艺作品也由此区别于一般文人——他的文艺作品不只是作品，同时也有他学问的寄寓和他对世界的深刻理解。方以智的广阔视野、博大胸襟与会通精神难道只是在整个思想史上有价值吗？我不这样认为。举凡我们现实生活的各行各业，我们要做成一件事情，必须持有开放的心态吸收古今中外的一切有益观点，然后结合自身处境，融会贯通。我想，这是方以智教给我很重要的一个道理。

能完成本书，我首先要感谢我敬爱的刘梦溪先生。刘先生是文史研究的大家，但刘先生平时的生活非常朴素，他的主要生活除了读书就是写书。可以说，刘先生是为书而生的人。三年时间里，我与刘先生的交往也主要围绕书展开。刘先生根据我个人心性专门开列书单，仔细审阅我的读书笔记，打电话告诉我他对我读书笔记的判断。我的博士论文当然凝聚着先生巨大的心血，从题目的方向、题目的确定，到论文的展开，先生对我关爱有加。先生太喜欢方以智了，他几乎读完了方以智所有的著作，先生告诉我，他夜里读密之先生常常读到浑身颤抖。刚开始，我不知道先生为何要给我一个如此艰难的选题，现在似乎明白了刘先生为什么要把自己心爱的研究对象让我研究了。或许，先生的苦心就在于想让方以智浩瀚精深的学问敲醒这个比石头还顽固的学生。先生料到，我之前积累的那点孤陋的知识面对方以智这样的通儒，我的成见根本没有用武之地。我只能一点一点地补课，试图接近方以智到底想要表达什么。刘先生和方以智应当是一类人，他们都是心理医生，他们都有治疗人心病的本领。他们都是热心肠的人，他们都关心家国。他们都经历过重重患难却不改其志。他们都平易极了，但平易背后，没几个人能真懂，甚至说，他们也不希望人懂。三年时间与刘先生的交往，先生对我的呵护事无巨细，我无法用言语一一道出，此时此刻，我只能用苍白的文字感念先生的好。

在写论文过程中，我还得到许多师友的帮助，我心里的感动、感激难以言表。我首先要感谢蒋国保老师，蒋老师是研究方以智的大家，我的论文写作也多受惠于先生的文章。去年方以智学术研讨会召开，蒋先

后 记

生亦邀请我参加学术会议,虽然因疫情影响,研讨会没有按时召开,但蒋先生的好我一直铭记于心。我还要感谢我敬爱的邢益海老师,邢老师在我开题答辩时给予我太多切实的指导,开题之后,邢老师隔几天就发一些材料给我(他自己也是研究方以智的专家,却毫无保留地分享给我),为了让我了解学术现状,他还邀请我参加安徽大学的方以智研讨会。喻静老师、秦燕春老师、李修建老师都是我开题答辩的委员,在我开题时,三位老师都给过我非常中肯的建议,秦老师、李老师平时也很关心我的论文写作情况,他们深知方以智研究的艰难,常常鼓励我。谷卿老师是安庆人,他对我的论文很有兴趣,在一次艺研院召开的研讨会上,谷老师还专门为我邀请了校外专家点评我的论文,前几日,谷卿老师还关心我的工作情况,这些都让我非常感动。我还要感谢李忠达老师,我与李老师素昧平生,然而,在我写论文最艰难的时候,我读过他的一篇方以智的文章,当时我感触极深,遂写了一封感谢信,没过多久,李老师就回信了,与李老师的通信让我感受到学问的魅力:纵使远在天涯,同一个研究对象常常让人与人的心变得很近,这种"近"不是奉承、吹捧,而是一种无功利的惺惺相惜。我的师兄张健旺最让我动容,他前前后后多次帮助我,从题目到撰写,再到可能遇见困难和策略,他都跟我谈,每次他跟我打电话都能说半个小时以上,他是真正的"读书种子",我能遇见这样的人,是我这辈子的荣幸。我的师兄黄彦伟是极好的人,我的开题答辩老师均是黄师兄帮我邀请的专家,他为我博士论文的事忙前忙后,前后打过很多电话。在此,我还要感谢本书的责任编辑石志杭,石老师在本书文献核查和文字修订方面付出了大量心血,本书能够顺利出版,石老师有莫大的功劳。

我要感谢我的父母,他们不仅支撑我完成学业,也一直帮助我照顾一双儿女,他们的付出是我完成博士学位论文最大的生活和物质保障。还要感谢我的妻子,我们相识于校园,在我过得最窘迫的时候,她选择和我结婚生子。我们一起度过了很多人生的艰难时刻。我的妻子是一个好人,如果还有下辈子,我想我还会娶她。最后,我还要感谢我现在的

· 295 ·

单位内蒙古大学，宽松的科研环境与充足的科研启动资金让我能有更多时间投入学术研究当中，感谢内蒙古大学给予我的关怀。

  写博士学位论文的时候，我的女儿刚刚出生，此时，我的儿子已经快两岁了。时间过得真快。如今，我博士毕业两年多了，博士论文也即将出版，但关于方以智的研究，我认为我还有很长的路要走。做学问需要读书，也需要人生阅历。我越来越感受到生而为人的不易。我的做人与治学还在路上，我当然还得继续修、继续磨、继续在读书与锅碗瓢盆中体悟宇宙人生。如果说我对自己以后有什么期待，我希望自己有生之年不能只为名利而活，希望我的方以智研究还能继续深入下去，我还希望我能为社会做一些有益的事情。

韩　琛

2023 年 2 月